Understanding
the History of China
from a Global Perspective

全球史下看中国

轴心时代的到来

翁启宇 —— 著

上海社会科学院出版社
SHANGHAI ACADEMY OF SOCIAL SCIENCES PRESS

　　以往历史研究的一大缺陷，就是把民族国家作为历史研究的一般范围，这大大限制了历史学家的眼界。事实上，没有一个国家能够独立地说明自身的历史问题。应该把历史现象放到更大的范围内加以比较和考察。

——［英］汤因比《历史研究》

（Arnold Joseph Toynbee，1889—1975）

总 序

　　这是一部全球史，也就是说这是一部讲述全球各文明而不是某一国家或地区文明的历史，是一部以全球为舞台，展现世界各文明发展与交流的历史。同时这也是一部以中国历史为主线的全球史，中国历史及中国与世界的联系与对比，将是这部全球史的重点内容。全球史上的各个时期也将对照中国历史上的各时期进行划分。

一、创作这部全球史的目的

　　人类共处在同一个世界，故任何文明都不是孤立的，而是在与其他文明的碰撞、交融中发展演变。一个国家的重大历史事件，需放到同时期世界历史背景下才能更好地分析其成因和影响。同样，中国历史也是世界历史的一部分，不可能完全分割出来。以往国内的许多历史书都习惯将中国史和世界史分开，将世界历史的内容隔在"中国史"之外，而"世界史"则更多是指"中国以外的世界历史"，进而造成对中国历史与世界历史解读上的脱节：读过世界史，却不知道外国同时期对应的是中国哪个朝代，世界各国之间的历史事件发生的先后顺序同样无法一目了然，更难以了解同时期中国与世界的互动及其影响。事实上，中国历史的发展离不开世界，世界历史的发展也离不开中国，只有将中国史与世界史联系起来，才能更清楚地了解中国历史与世界历史的进程。

人类的历史证明，文明交流对国家发展至关重要。一个国家再大，其资源和人力也是有限的，只有通过和世界各国更多地交流，才能获得更多相互学习和发展的机会。大体上，能有效吸取其他文明成果的地区更可能成为相对发达的地区。在古代，相对与世隔绝的美洲、大洋洲、撒哈拉以南非洲等地区在近代交通普及之前就是相对落后的地区。世界上最原始的部落也大多是那些长期与世隔绝的小部落。

随着人类通信设备和交通工具的不断进步，曾经"无尽"的世界变成现在的"地球村"，全球化的浪潮已经势不可当，任何拒绝与世界接轨的国家都将被世界孤立进而淘汰。在世界全球化、中国走向世界的今天，以全人类历史发展为研究对象的全球史已然兴起，以中国历史为主线来研究全球史也显得更有意义。

二、中华文明在世界历史中的位置

一部全球史自然是包括世界历史上各个时期、各个地区的国家与文明的历史。中华文明作为延续至今的古老文明，在世界历史舞台上长期扮演重要的角色，参与了人类文明各个阶段的发展进程。在世界历史这个舞台上，先后登场的国家与文明多到难以计数。中华文明是第一批登场的。古埃及、古巴比伦、古希腊、古罗马等曾与之站在同一时期的历史舞台上，但它们最终都一一退场，唯独中华文明贯穿了这部全球史的始终。

三、这部全球史的结构

《全球通史：1500 年以前的世界》的作者斯塔夫里阿诺斯认为，全球史的"研究重点应该放在那些具有世界性影响的运动之上"①。霍华德·斯波德克的《全球通史：从公元前500万年至今天》则以体现各个历史时段的全球趋势为主题进行分篇，以把握人类发展的大势。本书则将侧重于通过全球各文明的发展进程展现人类文明由地域性向全球性发展的趋势。

　　各文明在发展过程中会呈现出扩张性与传播性，随着各文明的扩张、传播与交通、通信工具的进步，原本相对孤立的地域文明开始不断相互交流、碰撞甚至融合。本书将从最初的地域性文明入手，具体叙述各文明的发展、扩张、交流与融合，通过军事、外交、贸易、技术传播、文化交流等具体历史事件，将原本零散的世界各国文明联结起来，展现出各文明从孤立走向联系、从分散走向整体、从地域走向全球的进程。

① ［美］斯塔夫里阿诺斯：《全球通史：1500年以前的世界》，吴象婴、梁赤民译，上海社会科学院出版社，1999年，第56页。

引言

　　在约公元前 12 世纪，一场横扫地中海的"海上民族"迁移浪潮，使欧亚大陆西部地区原本灿烂辉煌的诸文明陷入前所未有的动荡与倒退中，爱琴文明与赫梯文明在这次迁移浪潮中遭遇了毁灭性打击，古埃及文明与两河文明也在随后一个世纪迅速衰败，欧亚大陆西部似乎失去了主心骨，变成一盘散沙。与之形成鲜明对比的是欧亚大陆东部的中国，在以周代商之后，进入了稳定迅速的发展时期，中华文明成功超越了古埃及文明、两河文明等先行者，成为当时世界上人口最多、覆盖面积最广的文明。

　　但正所谓"有毁灭才有新生"，由海上民族迁徙浪潮引发的一系列多米诺骨牌效应，摧毁了欧亚大陆西部青铜时代的文明体系，也促使该地区加速迈入铁器时代。在经历数个世纪的动荡后，两河文明与古埃及文明都将因铁器的普及走向复兴，而一度倒退回原始社会的爱琴海地区也将迎来铁器时代的古希腊城邦文明。铁器与骑兵的革命将使欧亚大陆西部出现一个接一个前所未有的大帝国，不过这个时代最令人瞩目的成就还是思想上的突破，犹太先知与希腊先哲将共同构建西方文明的基石。与此同时，在经历了大约 275 年相对稳定的时期后，欧亚大陆东部的中国进入了历史上第一次大分裂时期，礼崩乐坏的社会剧变引发了当时的人们对国家与社会的思考，进而促成了中国历史上第一次思想大争论。而在欧亚大陆的南部，自印度河文明衰亡后，沉静了千年的印度次大陆也将迎来新生的文明，印度的思想家将与中国、中东、西方的思想家一起造就人类文明的"轴心时代"。

全球史下看中国

轴心时代的到来

目 录

总序

引言

第一章

四个轴心区域的文明

（约公元前 950—前 770 年）

❧ 第二章 ❧

从古代文明到古典文明

（约公元前 770—前 700 年）

全球史下看中国

轴心时代的到来

❧ 第三章 ❧

新的秩序与连接的桥梁

（约公元前 700—前 630 年）

第四章

多极化时代

（约公元前 630—前 550 年）

第五章

宗教与哲学，帝国与共和

（约公元前 550—前 480 年）

第一章

四个轴心区域的文明

（约公元前 950—前 770 年）

西周时期是孔子向往的太平盛世，当时的中华文明也是世界上最统一、最稳定的文明。礼乐制度是西周王朝能够实现长治久安的文化基石，但随着王室力量的衰败和地方实力的提升，一个"礼崩乐坏"的时代即将到来。而在同时期的欧亚大陆，随着铁器的普及，中东地区一盘散沙的局面将因某个古代文明的强势归来发生改变。至于因文明覆灭一度倒退回原始社会的爱琴海地区与印度次大陆，也将再次燃起文明的火焰。中国、中东、希腊、印度将成为这一时期欧亚大陆历史发展的四个轴心区域。

第一节　西周王朝的衰败

> 彼黍离离，彼稷之苗。行迈靡靡，中心摇摇。知我者，谓我心忧；不知我者，谓我何求。悠悠苍天，此何人哉？
>
> ——《诗经·王风·黍离》（悲西周沦亡诗）

一、周召共和

周穆王在位时期将西周王朝推向鼎盛，但由于他云游天下，四处征伐，挥霍了大量的财富，到其子周共王（又作周恭王）当政时期，国库已经十分空虚。周共王本人好色无道，他在和密康公出游时，密康公得到三位美女却不献给周共王，结果次年周共王就灭了密国，杀死密康公。周共王在各诸侯国的声望因此一落千丈。一度被周穆王打压的西戎趁机侵犯周境，一连攻占十余座城邑，危及周都镐京，周人深受其害。公元前899年，周共王驾崩，其子周懿王即位。周懿王更加治国无方，王室官僚骄横淫奢，暴虐百姓；周朝边境的西戎、北狄交相侵犯岐周，兵临镐京，周懿王吓得将都城迁往槐里。周懿王也想过以攻为守，效仿祖父周穆王御敌于千里之外，他任命虢公为统帅，于约公元前894年出

兵讨伐犬戎，结果大败而归，戎狄入侵的形势因此更加严峻。

周懿王死后，太子燮腐败无能，周懿王的叔父辟方乘机联合朝中众臣夺得王位，成为西周唯一没有遵守嫡长子继承制而登上王位的君主，是为周孝王。敢冒天下之大不韪即位的周孝王是一位勇敢果断的君主。他通过整治军队，命申侯大起六师西征，迫使西戎献马求和。周孝王任命赵氏非子在汧水和渭水之间的牧场饲养这些马匹，非子养马三年，马的数量大增，因其养马有功，被封于秦（今甘肃天水张家川东），号称秦嬴，是为秦国的始祖。

周孝王死后，王位被重新传给周懿王之子原太子燮，是为周夷王。周夷王为政亲近小人，迫害忠良。他听信谗言，烹杀忠于王室的诸侯齐哀公，导致各异姓诸侯都不敢再来朝贡。周王室天下共主的地位动摇，各诸侯都开始不听号令，甚至互相攻伐。长江流域楚国的君主熊渠趁周王室衰弱和中原动乱之机，大肆开疆拓土，先后攻打位于今湖北竹山县的庸国、位于今湖北鄂州的鄂国等地，成为江汉流域的霸主，史载其"甚得江汉间民和"。他甚至还僭越，将三个儿子都封为王，与周王相提并论，这对周王室来说是严重的挑衅。熊渠则宣称："我蛮夷也，不与中国之号谥。"当时周人自称华夏，周人四方的民族分别被称为东

楚国丝绸上的龙、凤、虎图案

夷、南蛮、西戎、北狄。楚人地处南蛮之地，"楚"本是江汉流域一种常见灌木，也叫作"荆"，当地的居民主要是古苗蛮的后裔，被称为荆蛮或楚蛮。虽然楚国公族自称是从中原地区迁移来的祝融氏后裔，但是其活动范围"皆在江上楚蛮之地"，因和楚蛮长期混居，其语言文化、生活习俗已和楚蛮一样，处处都与中原不同，如：楚国的楚言与中原的雅言互不相通；中原以右和龙为尊，楚国以左和凤为尊；楚人下葬时头的朝向也和中原人相反，这在当时都被中原诸侯视为蛮夷的标志。所以，楚君熊渠干脆不以蛮夷为耻，反以蛮夷为荣，并将三子封王，以表示对周王室的不服①。

周夷王逝世后，其子周厉王继位，其性格独断专横、好争强斗狠，楚国国君熊渠恐其伐楚，便取消三子的王号。周厉王为政贪得无厌，为增加财政收入，他任用荣夷公横征暴敛，还将山林川泽收归国库，禁止私人开采经营。山林川泽国有化政策严重损害了国人的利益，遭到他们的一致反对。

"国人"在周朝时期特指居住在国都城邑的庶民，与国人对应的是居住在乡郊鄙野的"野人"。国人原是周族的公社农民，野人则主要是被西周征服的异族。国人虽然主要住在"国"（即城邑）里，但是他们和野人一样也以务农为主。西周的统治阶级把都邑近郊的土地分给周族人耕种，这些国人不负担租税，只负担军赋和兵役，战时需自备粮草、武器。西周实行严格的国野制度，野人只能世代务农，只有国人才有当

①　时至今日，湖北武汉方言中还把"不服气"说成"不服周"。

兵和受教育的权利。国家遇到重大问题时，国君往往要征求国人的意见，国人还可以通过舆论来干预朝政。周厉王骄奢暴虐，国人都公开议论他的过失，周厉王派特务严密监察国人对他的非议，一旦发现格杀勿论，最终导致"国人莫敢言，道路以目"。召穆公告谏周厉王"防民之口，甚于防川"的大道理，周厉王不听劝阻，结果在沉默中爆发的国人群起暴动，攻入王宫，周厉王被迫出逃。国人听说厉王的太子静藏在召穆公家里，便包围召穆公的家，召穆公为保住太子性命，用自己的儿子冒充太子，交给国人活活打死。"国人暴动"之后，由于天下无主，周朝的贵族遂推荐周定公和召穆公二辅相共理朝政，重要政务由六卿合议，史称"周召共和"或"共和行政"。共和行政是中国编年史上的标志性事件，从共和元年开始中国历史有了确切纪年，从而能准确推断这一年为公元前 841 年。而此前的历史，由于没有确切的纪年，时间年代只能靠不停的考古发现来推测。

二、宣王中兴与幽王失国

公元前 828 年，出逃在外的周厉王病逝，王太子静在召穆公家长大成人，周召二公便扶立他登位为王，也就是周宣王。周宣王在位初期，效法"文武成康"先王的遗风，能够做到选贤任能。他派大臣尹吉甫深入民间收集歌谣，来洞察民情，作为施政参考。这些收集的歌谣成为后世《诗经》的主要内容，采诗官尹吉甫也因此被尊为中华诗祖。周宣王时期的太史籀则被后人誉为字书之祖。与商朝文字主要为甲骨文不同，西周的文字主要为刻在钟鼎上的金文，故又叫作"钟鼎文"。太史籀对当时钟鼎上的金文进行整理和改造，著《大篆》（籀文）15 篇。大篆文将象形文字曲折的线条拉平，并将不相连的线条连成一笔，从而将早期象形的图画变成由整齐规则的笔画构成的方块字，成为后来先秦时期的主流文字，也是秦朝官方统一使用的文字小篆的前身。大篆文遗存的代

西周大克鼎上的金文

全球史下看中国
轴心时代的到来

表是刻于石鼓上的石鼓文，这是流传至今中国最早的刻石文字。除了石头外，在西周晚期，人们开始用新的书写载体"简牍"替代甲骨与青铜器皿契刻文字，"简"多指狭长的竹片，"牍"则多是较宽的木条，把它们刻上文字用绳子编连成册，就分别形成"简册"和"版牍"。简牍的发明是中国书写载体的革命，毕竟写在简牍上远比铭刻在青铜器上更廉价和更容易，这大大促进了教育的普及与文化的传承。

在周王朝内部趋于稳定后，周宣王开始向四方用兵，让四夷咸服，各诸侯都重新朝奉天子，史称"宣王中兴"。但是宣王晚年却变得穷兵黩武，骄傲自满，不听大臣劝谏，发动了多次对外战争，并都惨遭失败。尤其是在公元前789年，周宣王在千亩之战败给姜戎的军队，从江、淮一带征召的南国之师全军覆没，周宣王在奄父的拼死救驾下才得以逃脱。战争让刚刚复兴的周王朝再次转衰。

周宣王像

公元前782年，在位46年的周宣王

逝世，其子周幽王继位。周幽王于公元前779年攻打今陕西省汉中市的褒国，褒国被迫献出美女褒姒乞降。周幽王得到褒姒后，对她十分宠爱，《史记》记载因褒姒不爱笑，周幽王便为博红颜一笑，数举骊山烽火，因此失信于诸侯。之后犬戎来进攻，周幽王点燃烽火却再也没有诸侯来救，导致西周灭亡。历史学家钱穆认为"烽火戏诸侯"之事为子虚乌有，他在《国史大纲》中写道："此委巷小人之谈。诸侯并不能见烽同至，至而闻无

褒姒像

寇，亦必休兵信宿而去，此有何可笑？举烽传警，乃汉人备匈奴事耳。骊山一役，由幽王举兵讨申，更无须举烽。"在清华大学整理的考古出土的战国竹简（清华简）中，也没有关于"烽火戏诸侯"的记载。当时的实际情况为周幽王宠爱褒姒，褒姒为幽王生子伯服。幽王为了让褒姒当王后、伯服做太子，废掉原来的王后申后及太子宜臼，宜臼与母亲申后只好逃回外家申国向外公申侯求助。幽王举兵讨申，申侯干脆引狼入室，联合犬戎来犯，结果周师惨败。公元前771年，犬戎攻入周朝的都城镐京，在骊山下杀死周幽王和伯服，掳走褒姒，将周都镐京掠夺一空。然后在申侯的主导下，各诸侯国共同拥立申侯的外孙、原太子宜臼继位，是为周平王。

因国都镐京被攻掠得残破不堪，同时镐京周边领土已多被犬戎侵占，周平王为避开犬戎的威胁，于公元前770年，在郑、秦、晋等诸侯的护卫下，将都城东迁到河南洛邑（今洛阳）。中国历史由此从西周进入东周时代，这也是周朝王权的转折点，此后的周天子虽然名义上保留着共主的地位，但是已无力自保和抵抗外族侵略，甚至到了必须依赖其他诸侯国才能生存的地步。当部分诸侯国的实力超过周王室之后，西周

的封建等级制 ① 也随之瓦解，周天子再也无法控制下面的诸侯。各诸侯国为了争夺天下的霸权，开始了群雄争霸的春秋时代。

第二节　中东列国的纷争

草必枯干，花必凋残；唯有我们上帝的话，必永远立定！

——《旧约·以赛亚书》40：8

一、埃及利比亚王朝

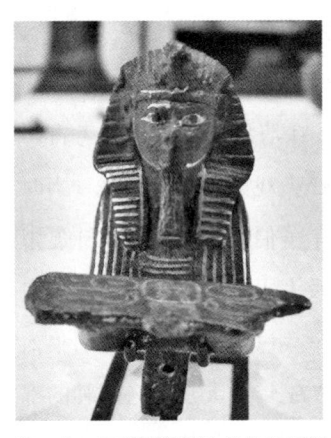

第二十一王朝西阿蒙法老的青铜狮身人面像

在周王朝兴盛时期，同时期的古埃及王朝则因内部矛盾走向分裂；而在周朝因异族入侵分崩离析之时，原本分裂混乱的古埃及王朝反因异族政权的建立出现短暂的统一与复兴。与西周同时期的古埃及第二十一王朝长期处于中央政府和底比斯阿蒙祭司南北分裂的局面中，直到第五位法老西阿蒙统治时期，南方阿蒙祭司长普撒塞尼斯二世成为埃及的当朝宰相，他们才同时掌握上下埃及的大权，普撒塞尼斯二世被封为"法老的第一人"。在西阿蒙法老去世后，普撒塞尼斯二世篡夺王权，他将自己的官邸从底比斯搬到了第二十一王朝的首都塔尼斯，成了第二十一王朝的第六位也是最后一位法老。在埃及神庙的铭文上刻着他的头衔："上下埃及之主，两地的君主，阿

---

① 西周封建等级制又称西周分封制，即周天子将除自己直接管辖的王畿以外的土地，分封于宗室或功臣，让他们在各区域内建立封国，封建君主被称为"诸侯"。所谓"封建"，即"封土建国"，为"封土地、建诸侯国"之简称。

蒙·拉所选定者，诸神之王，阿蒙·拉之高僧，诸神之王，拉之子，在军队之首位的普撒塞尼斯。"

然而名义上的上下埃及之主普撒塞尼斯二世依然无力挽回埃及分化瓦解的局面，在他统治时期（约公元前959—前945年）埃及南部的努比亚[1]人赶走埃及军队，以今苏丹北部尼罗河第三瀑布和第四瀑布之间的纳帕塔为都城建立库什王国（约公元前950—前350年），并多次进犯埃及领土。比南部努比亚人威胁更大的是埃及西部的利比亚人，从埃及第二十王朝开始，由于王权衰弱、地方割据，埃及王室无法征召到足够的埃及人充军，转而开始大量招收外族雇佣兵。这些外族雇佣兵主要是来自埃及西部的利比亚人和南部的努比亚人。后来努比亚人脱离埃及独立，利比亚雇佣兵一家独大，利比亚美什维什部落的王公族长舍尚克一世成为埃及军方势力的代表。

当时的埃及第二十一王朝各方势力并起争雄，利比亚族

古埃及的利比亚人

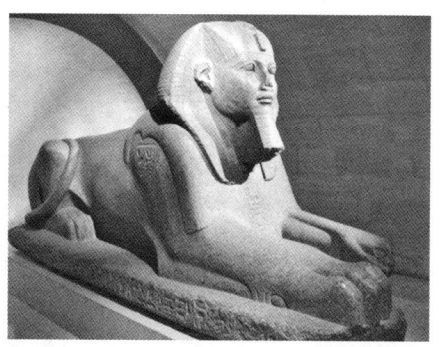

在第二十一王朝都城塔尼斯发现的大狮身人面像

---

[1]　努比亚是埃及尼罗河阿斯旺第一瀑布与苏丹第四瀑布之间地区的称呼，主要在今苏丹国北部，努比亚人建立的库什王国被认为是世界上最古老的黑人王国。

长舍尚克一世通过与底比斯神庙祭司勾结，在尼罗河三角洲成功地建立起属于自己的根据地——布巴斯提斯。约公元前945年，在第二十一王朝末代法老普撒塞尼斯二世去世后，利比亚族长舍尚克一世在利比亚雇佣兵的支持下，进入埃及首都塔尼斯，通过迎娶末代法老普撒塞尼斯二世的女儿，夺取法老的宝座，就此开启了古埃及第二十二王朝（约公元前945—前715年）。舍尚克一世开放埃及西部边界，让更多的利比亚同族进入埃及境内充军，从而建立起一支强大且忠心的军队，来维护其王权统治。同时，他依仗武力强行驱逐了底比斯阿蒙祭司中的分裂势力，任命自己的儿子出任阿蒙祭司长，成功控制了上埃及底比斯阿蒙祭司集团。

在异族王强有力的统治下，埃及暂时结束了分裂的局面，重新开始对亚洲的扩张。舍尚克一世重启埃及与比布鲁斯等腓尼基城邦的贸易，并将战略目标转向邻国以色列。以色列在所罗门王统治时期强盛一时，曾逼迫埃及嫁出公主，并得到加沙城作为陪嫁，这在埃及人看来是奇耻大辱。约公元前930年所罗门过世，其子罗波安即位。所罗门王在统治时期生活奢靡，大兴土木，导致以色列人面临沉重的生活负担。所罗门死后，继位的罗波安没有父亲的能力和威望，以色列人纷纷要求罗波安减轻他们的税赋和劳役。当时朝中的元老都建议减轻人民的负担，但是罗波安不听从长者给他出的主意，而是采纳了与他一同长大的年轻臣子的意见，严厉警告人民说："我的小指头比我父亲的腰还粗。我父亲使你们负重

罗波安伸出他的小指头，说："我的小指头比我父亲的腰还粗。"

轭，我必使你们负更重的轭。我父亲用鞭子责打你们，我要用蝎子鞭责打你们。"（《旧约·历代志下》10：11）罗波安的话激怒了他的臣民，引起以色列北部 10 个支派（流便、西缅、以萨迦、西布伦、但、拿弗他利、迦得、亚设、玛拿西和以法莲）的联合反叛，他们推举以法莲支派的耶罗波安一世为王，并续用以色列王国的名称。所罗门王之子罗波安只好和仅有的支持自己统治的犹太 ① 和便雅悯两个南部支派联合成立了犹太国，继续以耶路撒冷为都，以色列王国从此分裂为北方的以色列和南方的犹太两国。

　　以色列的分裂让舍尚克一世看到恢复埃及在该地区宗主地位的机会，他于罗波安王在位期间，出兵巴勒斯坦和腓尼基海岸地区，并一度攻占犹太国的都城耶路撒冷，夺取了王宫里和耶路撒冷圣殿中除"约柜"以外的所有宝物，并迫使犹太国定期向埃及进贡。在舍尚克一世和他后代的统治下，埃及重新开始了长达一个多世纪的稳定发展，并留下许多这一时期的建筑物。直到第二十二王朝第五王塔克罗特二世统治时期，埃及发生了一次月食，埃及人把月食当作异族王朝灭亡的前兆，于是纷纷发动起义，埃及地方势力乘机独立。约公元前 818 年，位于三角洲莱翁特坡里斯的利比亚总督帕杜巴斯一世正式自立为法老，建立了又一个利比亚人的王朝——古埃及第二十三王朝（约公元前 818—前 715 年），与古埃及第二十二王朝并存，短暂统一的埃及再次陷入分裂的局面。

古埃及第二十二王朝的国王黄金吊坠

---

① 犹太（Jew）是来自希伯来文"犹大"（Judah）一词的希腊文译名。犹太在《圣经·旧约》中称犹大，《圣经》中的犹太和犹大都是同一个词的不同翻译。由于《旧约》用希伯来文写成，因此《旧约》中使用"犹大"，没有"犹太"一词；《新约》是用希腊文写成的，因此多用"犹太"一词。本书统一使用犹太。

二、血腥的新亚述王国

随着埃及再次走向衰败，其在亚洲的势力也荡然无存，但以色列和犹太国并没有获得发展喘息的机会，在东方迅猛扩张的新亚述王国将成为他们更可怕的威胁。亚述与巴比伦共为两河流域文明的重要组成部分，其中亚述在北，巴比伦在南；亚述偏重于农业，巴比伦则偏重工商业；亚述人更英武，巴比伦人更文雅。亚述在中王国时期（约公元前1500—前900年）一度颇为强盛，不仅完全压制南方的巴比伦王国，就连埃及法老也前所未有地派出使臣向亚述送来贡品。但在亚述中王国时代末期，受使用铁制武器的阿拉米人 ① 迁移、入侵的影响，亚述进入了长达140年的衰退时期，有关这一时期统治亚述的9个国王铭文稀少，其事迹鲜为人知。直到亚述王阿淑尔·丹二世在位时期（约公元前935—前912年）击退了阿拉米人对亚述的入侵，重建起权力高度集中的王权政治体系，沉寂百年之后的亚述历史才重新有了详细的记载。

如果说阿拉米人当初对亚述的优势主要是装备了更先进的铁制武器，那么等到亚述人从阿拉米人那儿学会冶铁技术后，亚述人就开始了

亚述主神阿淑尔

对阿拉米人的全面反攻。阿淑尔·丹二世在位时期推广铁器和犁耕，并通过扩张控制了北部山区通往小亚细亚的交通要道，使亚述再次走向复兴，亚述的历史自他之后便从中王国时代迈入新王国时代。阿淑尔·丹二世的

---

① 阿拉米人在《圣经》中被译为亚兰人，是一支来自阿拉伯半岛属闪米特语系的游牧民族，他们在今叙利亚和伊拉克地区建立过许多城邦，其中最强大的是大马士革王国，又被称为亚兰国。

继任者阿达德尼拉里二世（约公元前911—前891年在位）通常被视为新亚述王国的首任国王 ①，他上任后以神之名，宣称亚述的最高神阿淑尔命令他召集和率领军队，征讨阿淑尔的敌人——恶魔阿拉米人及其他一切敌人，以保护"阿淑尔神之城乡"。他以神意发起的复国运动成功将阿拉米人赶出两河流域，并进一步兼并了周边的部落，占领了底格里斯河北部大片土地，将亚述领土扩张到今伊朗和土耳其的边界山区。

与此同时，亚述南方的巴比伦也逐渐恢复元气。自公元前1025年巴比伦第四王朝崩溃后，在短短80多年的时间里，巴比伦先后更替了5个王朝，约公元前943年巴比伦进入相对稳定的巴比伦第九王朝（约公元前943—前732年）。复兴的巴比伦和亚述很快就为边界问题和两河流域的霸权爆发战争，亚述王阿达德尼拉里二世两次击败巴比伦王沙马什·穆达米克的军队，夺取巴比伦王国北方边界附近的大片领土。

新任的巴比伦王那布·舒玛·乌金一世继位后，通过政治联姻与亚述缔结和约，划定疆界范围。亚述和巴比伦就此开始了长达80年之久的和平相处，开启各自对外扩张的道路。

到阿达德尼拉里二世之子尼努尔塔二世统治时期，亚述已经全面进入铁器时代，铁制的锄、斧、犁、锹等工具已被普遍使用。亚述军队

亚述战士

---

① 也有一些学者将他的父王阿淑尔·丹视为新亚述王国的首位国王。

不仅使用铁制的武器，还最早大规模装备铁制盔甲，从而打造出世界上第一支真正意义上的铁军。尼努尔塔二世凭仗这支铁军拉开了新亚述王国大规模对外扩张的序幕。但他寿命不长，仅统治短短 8 年（约公元前891—前 883 年）就过世了，他好战的儿子阿淑尔·纳西尔帕二世（约公元前 883—前 859 年在位）建立起人类铁器时代的第一个帝国。约公

亚述军队的铁盔

亚述士兵浮雕

元前 883—前 877 年，阿淑尔·纳西尔帕二世率领亚述军队取得一系列巨大胜利，横扫了亚述北面和东北面地区的各个城邦，占领今土耳其、伊朗的大片领土，逼迫周边的弗里吉亚、米底、波斯、乌拉尔图的王公向亚述称臣纳贡，其势力甚至到达高加索地区的亚美尼亚高原。他在征服地区建立起许多堡垒要塞，作为进一步对外扩张的基地。

在消除各周边部落的威胁后，阿淑尔·纳西尔帕二世开始了针对亚述最主要的威胁——阿拉米人——的西征计划，他于约公元前 877 年率领大军用吹满气的皮囊连接成浮桥渡过幼发拉底河，进入叙利亚境内，闪电般对阿拉米人发起进攻。阿拉米人还没想明白亚述人是怎么渡河的，就遭遇突然袭击，只能逃回城里顽强坚守。阿拉米人以善于建城而闻名，用过去的攻城手段来对付他们的高大城墙基本无济于事。但是亚述人对此早已有所准备，根据出土的亚述浮雕和铭文可知，亚

亚述的攻城锤与攻城塔浮雕

述军队用挖坑道、架云梯、堆土墩等方法以及攻城锤和围城器械等攻占了阿拉米人"宛如垂天之云"的城市。

在阿淑尔·纳西尔帕二世统治时期，亚述已经发展出强有力的攻城器械，其中最重要的就是攻城锤和攻城塔。攻城锤主要用于破坏城墙，其用来撞击城墙的锤头用青铜锻造，锤身是根巨大的木梁，外包有牛皮，并罩以用柳条、木材制成的构架，用于保护锤身和操作者。攻城塔是一种比城墙更高（或同高）的可移动式木塔架（上面覆盖着浸湿的皮革以抵挡敌人的燃烧箭），亚述弓箭手站在塔架的顶部射击城墙上的敌人，还可直接将火箭射入城内，烧毁城池。此外，亚

亚述人用攻城锤围攻城市的浮雕

述人还制造出投石器，利用马鬃、牛筋制成的绳索，结合高大的木制机械和特制转盘的绞力将巨大的石弹或燃烧物投入敌人城中。它不仅可以用来破坏城墙，还是一种杀伤敌人的利器。同样值得一提的是亚述用于攻城防御的柳条大盾，这种大盾长超过一个人的身高，宽可为两至三人提供掩护，能够有效地防备来自城墙上的箭矢、石头。

凭借这套无往不克的攻城设备，亚述的军队一路势如破竹、无坚不摧，所到之处血流成河、火光冲天。阿淑尔·纳西尔帕二世将中东战争带入前所未有的血腥时代，这个残酷无情的屠夫将恐怖暴行作为战功、荣耀和威吓人心的手段。他带领的亚述士兵以获取人头的多少来记功求赏，用极为残酷的手段惩治敢于抵抗亚述军队的城邦。亚述军队每攻打一座城市，就围绕着城池竖立起一圈尖木桩，把抓到的居民放在尖端，让他们慢慢下降被活活穿死，并用其他极其残忍的手段警告城内的居民，要他们早日投降。阿淑尔·纳西尔帕二世在吹嘘自己"战功"的碑文中这样写道："我焚毁他们的城市，把他们的房屋付之一炬，全城男女老少都统统投入火中烧死；我割掉他们的鼻子、耳朵、嘴唇和手指，挖出他们的眼睛，用他们的尸体堆满山谷，直到顶峰……"

亚述军队凶焰所及之处，尸横遍野、城毁人亡。据历史学家统计，在这一时期亚述所攻占的地区，至少有三分之一

阿淑尔·纳西尔帕二世的雕像

的人口死于亚述人的屠杀，许多城乡都被夷为平地，很多原本人口密集的繁荣地区都变得赤地千里、渺无人烟。亚述人的恐怖行径吓坏了当时西亚所有的国家，许多城邦不战而降，亚述铭文记载：在一个阿拉米人的城邦，国王一听说亚述军队到来，就立刻带领全城贵族长老跪着爬

阿淑尔·纳西尔帕二世的浮雕像

到亚述王的双脚前祈求："您愿意怎么杀我们，我们就随您怎么杀！您愿意让我们怎么活，我们就怎么活！一切都随您的意。"

阿淑尔·纳西尔帕二世的亚述军队一路西征抵达黎巴嫩山脉，沿海地区的推罗、西顿、比布鲁斯、阿尔瓦德等腓尼基国家都向亚述送来贡物，最后阿淑尔·纳西尔帕二世沿着黎巴嫩山脉到达地中海沿岸，亚述军队上次抵达这里是在200年前的阿淑尔·拜勒卡拉统治时期。阿淑尔·纳西尔帕二世效仿先辈用海水清洗武器，拿羊祭祀诸神，并在这里竖立了一个巨大的纪功碑，然后砍伐黎巴嫩山脉上的珍贵树木运回亚述。

亚述军队在被征服地区大肆掠夺，并强迫他国纳贡大量财物。阿淑尔·纳西尔帕二世为彰显自己的"伟大不凡"，把昔日的王宫改为陵墓，门前安放一对巨大的翼牛人面像护卫，然后用掠夺回的大量财物和奴隶在古都阿淑尔城以北的底格里斯河东岸营建一座新都城——卡拉赫（今名尼姆鲁德）。这座古城遗址如今已被考古发现，卡拉赫的城墙周长8千米，一条名为"丰裕之流"的水渠兼作城外的护城河和周围田园的灌溉系统。城市的中心卫城内有供奉这座城市的守护神——战神尼努尔塔

阿淑尔·纳西尔帕二世宫殿中的浮雕

的神庙和金字形神塔，以及一座空前奢华的王宫。这座王宫是亚述所有宫殿建筑中保存最完好的一座，宫殿用巨大的石料和珍贵木材建成，占地面积超过 2.4 公顷，内部有众多用大理石、石灰石和雪花石膏做成的各种神兽雕像，墙壁上的浮雕详细展现了阿淑尔·纳西尔帕二世"英勇传奇"的一生和亚述军队作战的场面，其内容还包括对俘虏施加酷刑的景象。在王宫遗址出土了许多的黄金、象牙、宝石制品、包金家具以及那个时代规模最大、数量最多的铁器装备，还有一本 10 多页由珍贵木材和象牙制成、用金铰链穿连在一起的"书本"。宫殿中发现的纪念碑文记载，阿淑尔·纳西尔帕二世为庆祝这座宏伟宫殿落成，举办了一场长达 10 天的盛宴，共招待来自国内外的宾客 69 574 人，单是一次屠杀的牛就达数千头。

约公元前 858 年，阿淑尔·纳西尔帕二世的儿子沙尔马那塞尔三世即位，穷兵黩武的他在其统治的 34 年（约公元前 858—前 824 年）内，有 31 年发动战争，亲自指挥了 34 次战役，远远超过他残暴的父亲。阿拉米人最强大的王国大马士革同以色列和腓尼基城邦结成联盟，并寻求埃及的支持，和亚述军队展开了数场大规模的激战，最后沙尔马那塞尔三世凭借自己强烈的求胜欲望艰难地取得了胜利，但亚述也无力吞并大马士革和以色列，于是在逼迫他们称臣纳贡后，向中东的冶铁中心大马士革索要了多达 5 000 塔兰特 ① 的铁材回国。

亚述宫殿中的象牙雕塑

沙尔马那塞尔三世像其父一样性喜奢华，贪图享乐，他新建的"沙尔马那塞尔堡垒"王宫，占地 4.9 公顷，外有高大的泥砖塔工事防御，内有用浮雕和壁画装饰的高约 12 米的觐见室和 200 多个厅室，其规模超过他父亲修建的那座王宫。沙尔马那塞尔三世的晚年就是在这行宫中度过的，奢华的生活让他渐渐失去了以往的精明强干，也让贫困的人民感到不满。另外，他的妻妾所生的儿子众多，导致他的继承人选非常混乱，使朝廷内部派别斗争特别严重。在其统治末年，他的一个儿子为争夺王位，联合尼尼微和阿淑尔城在内的 27 个城市发动叛乱，亚述陷入长达 8 年（公元前 828—前 820 年）② 的内乱。由于长期的内战，亚述国力严重衰退，地方总督不听中央号令，阿拉米人部落再次侵扰亚述边境，原叙利亚、腓尼基、巴勒斯坦的各亚述附属国也趁机纷纷独立。

---

① 塔兰特是古代中东和希腊-罗马世界使用的质量单位，起源于巴比伦地区，1 塔兰特等于 60 明那，1 明那等于 60 舍克勒。巴比伦 1 塔兰特约相当于 30.3 千克，罗马人的 1 塔兰特约相当于 32.8 千克，希腊人称量黄金的金塔兰特约相当于 33 千克，用于称量白银的塔兰特按埃吉那制相当于 37.8 千克，按优卑亚制为 25.86 千克。雅典初用埃吉那制，梭伦改革时始采用优卑亚制。

② 包括沙尔马那塞尔三世统治的最后 4 年，以及其继承人沙姆什阿达德五世的前 4 年，有些书所称"四年之乱"仅指沙尔马那塞尔三世统治的最后 4 年。

三、富饶的腓尼基

亚述动乱虽让西亚诸国得以安宁一时，但巴勒斯坦的以色列、犹太两国却依然不得太平，以色列和犹太王国分立后，人民生活日益困苦，又屡遭周边国家欺凌，而与以色列、犹太王国邻近的腓尼基诸邦却处于历史上最繁荣的时期。

与热衷扩张的亚述人不同，腓尼基人对航海贸易的兴趣远大于军事战争。地处今黎巴嫩和叙利亚沿海一带的腓尼基境内耕地稀少，也没有大面积牧场，无法形成庞大的人口基数或马匹数量以满足军事扩张的需要；但面朝大海的腓尼基拥有许多优良港湾，利于海上贸易，同时黎巴嫩山区又盛产用于造船的雪松杉木，所以航海贸易才是腓尼基的富强之道。从约公元前 11 世纪到前 8 世纪，腓尼基人的商船频繁来往于地中海各地，通过出口紫红织品、雪松木、金属制品、陶器、玻璃、象牙工艺品等，以及在埃及、塞浦路斯、希腊、爱琴海诸小岛、小亚细亚和黑海沿岸等地区的中介贸易，换取了大量的财富。

为确保在地中海区域的航行和贸易，腓尼基人发明了世界上最早有龙骨结构的海船，通过在尖底船下设置贯通首尾的龙骨来支撑船身，使船只更坚固，抗御风浪能力更强。他们还借鉴了埃及战船的形制，创制出由数排水手划桨的双桨座战船，这种船不仅速度快，而且更能抵御风浪和海盗，船首装备有金属或硬木撞角，是那个时代最强大的海上战舰。凭借先进的造船、航海技术，腓尼基远洋商旅开创了人类最早的航海殖民时代，在塞浦路斯、爱琴海诸岛、撒丁岛、西西里岛、科西嘉岛、马耳他岛、北非沿海和西班牙南岸建立了一系列商业据点和殖民地，从而垄断了地中海的贸易。

除了将商业据点和殖民地从东地中海区域向西扩张到西地中海外，腓尼基人甚至越过直布罗陀海峡，迈出地中海，进入浩瀚无边的大西

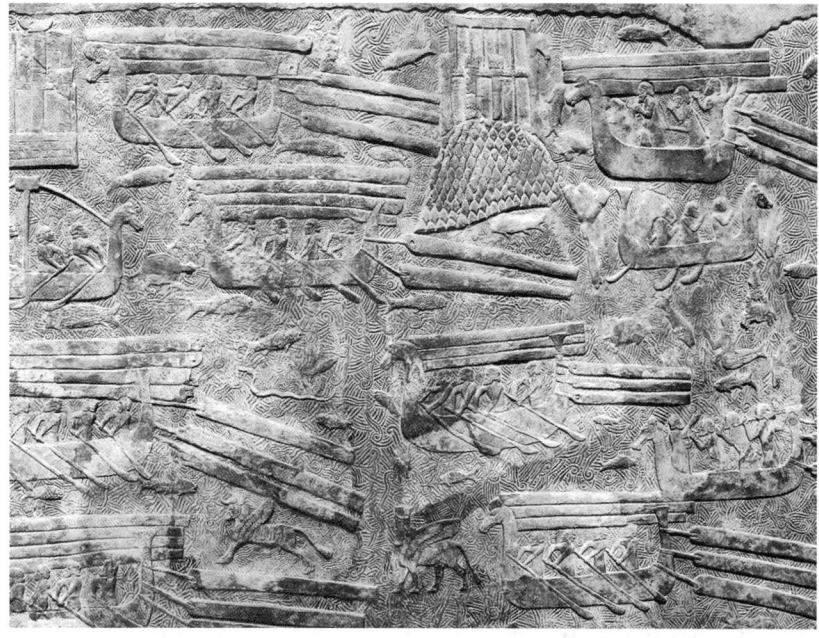

亚述浮雕中的腓尼基船

亚述浮雕中的腓尼基双桨座战船

抵达不列颠沿岸贸易的腓尼基商人

洋，向北远航到不列颠的康沃尔换取当地盛产的锡矿，向南发现了大西洋东部的加那利群岛和亚速尔群岛。位于大西洋边、伊比利亚半岛西岸，今日西班牙的加的斯城就是腓尼基人在大西洋长途贸易中建立的殖民中转站。当时文献描写腓尼基最富强的城市推罗"街上积银如土，堆金如沙"，腓尼基诸城邦的富裕让以色列人十分羡慕，并开始向往腓尼基文化，甚至因此动摇了对上帝耶和华的信仰，开始崇拜起腓尼基人的神灵。

四、以色列先知运动

以色列王亚哈王通过迎娶腓尼基第二大城邦西顿的公主耶洗别，来加强与腓尼基人的联系。在这位腓尼基公主的支持下，亚哈王开始了以色列的腓尼基化改革，而改革的重点就是用腓尼基人崇拜的偶像来替代以色列人信仰的耶和华。

腓尼基实行多神教偶像崇拜，他们的神有很大一部分来自巴比伦的神话系统，和巴比伦一样，腓尼基的神灵主要为天地、星辰、山海、雷电等自然神，其每个城邦都有各自的守护神。在腓尼基诸神中，地位最高的是"众神之父、被造物之造物者"伊勒，其神像头戴牛角，脚跨天地之间，象征力量，他与妻子亚舍拉繁衍出众神族。然而随着众神族的成长，众神之父伊勒成为一个老迈无能，躲在世界尽头的太上皇。他的三个儿子——天神（也是雷神）巴力 [1]、海神亚姆、死神摩特为争夺权力彼此争斗。天神巴力在其妹妹战争与丰饶女神阿娜特的帮助下，击败了海神亚姆，取得掌管雨水和农业的力量，在宇宙圣山——撒分山上建立起代表王权的宫殿。然而在随后与死神摩特的决斗中，巴力却被其吞进肚中，失去雨水和农业之神的大地因此被死亡与干旱笼罩。愤怒的阿娜特遂向死神摩特开战，将他斩为千片，种于土中，巴力因此获得重生，然而死神摩特也一同复活了。从此之后，两人不断重复着交战、死亡、复活的

前 14 至前 12 世纪的巴力神
青铜像

循环，雨水与农业之神巴力每到一年春末就会在与死神摩特的决斗中被杀死，世间便进入炎热干旱的夏季。等到秋天，巴力的妹妹阿娜特战胜了死神，让巴力得以重生，于是秋雨沛降，万物生长。这个神话和腓尼基地区的地中海气候夏季干旱、秋冬多雨的特点相符。

巴力的妹妹阿娜特是协助巴力登上众神之王宝座的首席功臣，在腓尼基神话中她也是巴力的情人与妻子，有时被称为巴力的妻子，有时又是情人的身份。因此她又常常与巴力的正式妻子——丰饶、性爱和繁殖女神阿施塔特相混淆。而事实上同为丰饶女神的阿娜特与阿施塔特也都被认为是从巴比伦神话中的丰饶与性爱女神伊什塔尔演变而来，在后来的罗马神话中阿娜特又与阿施塔特合二为一。但在腓尼基神话中她们分别是两个不同的女神，一个偏重战争，一个偏重性爱和繁殖。有关性爱和繁殖女神阿施塔特的神话中没有像女战神阿娜特那样的彪悍事迹，她主要是以巴力的配偶神形象出现。巴力的形象为一未经雕琢的天然直立

---

[1]　在现今被发现的古叙利亚石碑上亦有说巴力神为伊勒神的孙子，他的父亲为大衮，大衮的形象为人鱼，是海上民族腓力斯丁人的主神。

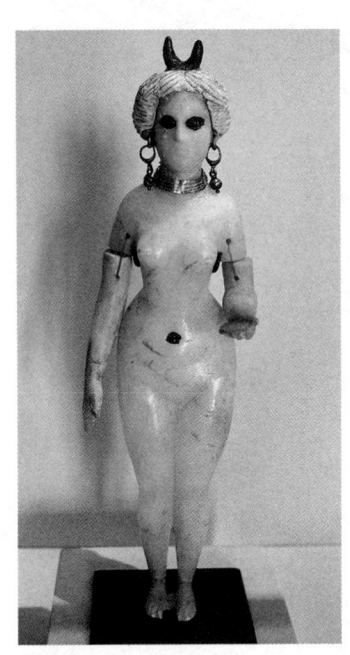

阿施塔特／伊什塔尔

腓尼基性爱女神阿施塔特的主要原型便是巴比伦的性爱女神伊什塔尔，图中的站立女像有人认为可能是阿施塔特，也有人认为可能是伊什塔尔。

石块，源自古代生殖器崇拜，而巴力的妻子阿施塔特的形象则为赤裸的女子。巴力和阿施塔特也分别是腓尼基人的日神和月神，这对夫妇的结合能让人神皆得饱足。在供奉巴力神与其妻子阿施塔特的祭坛上有时还有诸多男女庙妓，他们把性交当作献祭仪式。需要说明的是，这些庙妓并不只是为了满足献祭者的性欲；相反，他们代表了巴力神与阿施塔特在神庙里行淫，献祭者通过这些庙妓把自己的身体献给神。

腓尼基人对"天空之主"巴力神的崇拜远远超过了对他的父亲"众神之父"伊勒的崇拜，供奉巴力神的祭品不仅包括粮食、牲畜、活的成年人，甚至还包括小孩，献祭者会将自己独生或头生子女缚于烤烫的神像上，残忍地烙死，以献祭巴力神。巴力在腓尼基语中就是"主人"的意思。

以色列亚哈王和王后耶洗别效仿腓尼基人为巴力神修建了多处规模庞大、装饰精美的神庙，并下令全体国民只能崇拜巴力神。耶洗别又将女儿亚她利雅嫁给南国犹太国王为后，从而将对巴力的信仰带到犹太王国。除了将腓尼基的宗教信仰带给以色列人外，耶洗别还带来了腓尼基人奢侈的生活。亚哈王用重金聘请腓尼基的工匠在以色列首都撒马利亚建起一座奢华无比的"象牙宫"，当时腓尼基的象牙制品在地中海沿岸与中东各地都十分流行，其象牙工艺在全世界范围都首屈一指。撒马利亚"象牙宫"是腓尼基象牙工艺的巅峰之作，整座王宫都用象牙装饰，并摆放有各种精美的象牙梳妆用品，如化妆盒。还有花瓶、家具，如极为精致的象牙床。在后来考古发现的撒马利亚遗址中出土有诸多象牙工艺品。

亚哈王和耶洗别的腓尼基化改革，不但没有改善以色列人的生活，还大大加重了他们的负担，以先知以利亚为首的耶和华信徒点燃了以色列人民反抗的火焰。以利亚这个名字，意即"耶和华是神"，他以消灭真神的仇敌、挽回民众的信仰为己任，发起以色列历史上的

公元前 9 世纪腓尼基风格的象牙制品

"先知运动"，通过将上帝耶和华塑造成一个全知全能、道德高尚的神，来将受巴力神祭司压迫的以色列底层人民重新拉回对耶和华的信仰中。

亚哈王死后，在他的儿子约兰做王的时候，以利亚的接班人以利沙以耶和华的名义将约兰手下大将耶户膏立为王，要他杀尽亚哈王全家。

耶洗别与亚哈王接见以利亚

耶户随即带领部下杀死以色列王约兰，将带来巴力神信仰的王太后耶洗别从窗口扔出，由狗分食，并清除所有巴力神崇拜者，尽毁巴力神庙，作为厕所。

南国犹太也经历了北国以色列类似的事件，嫁到犹太国的耶洗别女儿亚她利雅比起她母亲有过之而无不及，她不仅让全国都陷入对巴力神的崇拜中，还在自己的儿子亚哈谢死后篡夺王位，成为绝无仅有的犹太女王。为了维护自己的王位，她在登基后下令杀光包括她孙子在内的所有犹太王室后人，唯有尚在襁褓中的王子约阿施被大祭司耶何耶大藏于圣殿中逃过一劫。等到约阿施长到七岁，耶何耶大以耶和华的名义加冕约阿施，并联合支持约阿施的人们发动政变，杀死女王亚她利雅，然后铲除异教，捣毁巴力神殿，重新恢复耶和华信仰。

在这场巴力神和耶和华的信仰较量中，以耶和华的胜利告终，但这还只是刚刚开始，以后巴力神和耶和华的信仰在巴勒斯坦多次角力，《圣经》中多次用"事奉巴力"一词描述背弃耶和华的行为，中世纪的基督徒更是将巴力神列为72柱魔神中的第一位，作为东方的恶魔之王。

亚她利雅之死

《地狱辞典》中巴力的形象

以色列和犹太两国因宗教斗争更加衰弱，成为周边各国眼中的猎物。以色列东部阿拉米人的大马士革国王哈薛首先对其发起进攻。犹太人称阿拉米人为亚兰人，称大马士革王国为亚兰国。亚兰国在当时不断吞并以色列土地，夺取了约旦河以东的大片土地，又进攻犹太国，包围耶路撒冷，肆意焚烧、杀戮和劫掠，直到犹太王约阿施将圣殿和王宫里的全部珍宝都献给哈薛，他才退兵。

到了以色列王耶户的儿子约哈斯统治时，亚兰国屡屡侵犯以色列国。亚兰国的士兵经常随意闯进以色列人的境内，放火焚烧他们的房子，用剑杀死他们的男人，摔死他们的孩子，剖开他们孕妇的肚子。面对亚兰人亡国灭种般的欺压，以色列人甚至想过举族迁移。据说以色列王约哈斯向耶和华祷告恳求，耶和华的先知告诉他：耶和华依然怜顾以色列人，将赐给以色列人一位拯救者，使他们脱离亚兰人之手，于是以色列人仍旧安居不动。然而以色列王约哈斯至死也没能等到拯救者的出现，在他统治后期，亚兰王灭绝以色列的人民，践踏他们如禾场上的尘沙。以色列已经完全沦为亚兰国的属国，只被允许保留仅有 50 名骑兵、10 辆战车和 1 万名步兵的自卫部队。直到其子约阿施三世继位后，情形才开始出现转机。亚兰国的死敌亚述国在之前因国内叛乱，让亚兰人得以横行。约公元前 820 年，新即位的亚述王沙姆什阿达德五世（约公元前 823 年—前 811 年在位）成功平定内乱，使亚述国力逐渐恢复。沙姆什阿达德五世在约公元前 814 年击败入侵两河流域的亚兰部落，随后又在约公元前 813 年和约公元前 812 年先后俘获了巴比伦前后两任国王，巴比伦从此一蹶不振，再也没有和亚述争雄的实力。

沙姆什阿达德五世死后，其子亚述王阿达德尼拉里三世（公元前 811—前 783 年在位）继承父亲的事业，决定再次西征，恢复亚述在叙利亚和巴勒斯坦的霸权。阿达德尼拉里三世多次击败亚兰人，并包围亚兰国首都大马士革，迫使亚兰人纳贡 2 000 塔兰特银赎城。亚兰人自身难

亚述王阿达德尼拉里三世的石雕像

保，自然不能再侵扰以色列，以色列王约阿施三世通过向亚述纳贡称臣结好亚述，率领以色列军队三次打败亚兰国，废除所有不平等的条约，并收回了所有被亚兰人侵占的土地。到约阿施的儿子耶罗波安统治时期，以色列国的北方边界恢复至大卫时代的版图，耶和华的先知乃称："因为耶和华看见以色列人甚是艰苦，无论困住的、自由的都没有了，也无人帮助以色列人。耶和华并没有说要将以色列的名从天下涂抹，乃借约阿施的儿子耶罗波安拯救他们。"（《旧约·列王记下》）但以色列王耶罗波安却并未遵从耶和华先知的教导，

以色列人取得对亚兰人的胜利

仍旧崇拜异教偶像，以色列国内的宗教斗争仍在持续，在耶罗波安死后以色列便再次陷入动荡之中。

第三节　希腊的觉醒

> 我宁愿在第五代之前已辞世，或此后再生，而不愿列入其中。这是铁器的时代。人们辛劳悲苦，日夜无休。诸神降下无尽忧虑，使他们的命运悲喜交错。
>
> ——［古希腊］赫西奥德《工作和时日》

一、荷马时代

以色列与犹太两国的腓尼基化宗教改革不仅没能实现自身的强大，反倒使其陷入动荡与衰败之中，而这一时期地中海彼岸的希腊人则通过学习腓尼基人的航海与贸易，成功从黑暗时代走向黎明。

希腊半岛在地理上分为北希腊、中希腊和南希腊三大部分，北希腊因奥林匹斯山脉阻隔分为马其顿、色

赫拉克勒斯和他的儿子

多利安人入侵对应的希腊传说是赫拉克勒斯后裔回归，赫拉克勒斯是古希腊传说中最伟大的英雄，入侵的多利安人便自称是赫拉克勒斯的后裔。

萨利、伊庇鲁斯等地区，中希腊分为阿提卡半岛、比奥提亚、佛西斯等地区，南希腊则指希腊半岛最南端的伯罗奔尼撒半岛。早在约公元前2000年，阿卡亚人、爱奥尼亚人、伊奥利亚人、多利安人等希腊部

族便开始从巴尔干半岛北部进入希腊半岛。其中阿卡亚人占领了南希腊的伯罗奔尼撒半岛，并通过学习南方克里特岛上土著的克里特文明，创造了希腊人最早的文明——迈锡尼文明；爱奥尼亚人占领了中希腊的阿提卡半岛 ① 等地区，建立了雅典等城邦；伊奥利亚人迁徙到希腊中北部地区，建立了德尔菲、底比斯等城邦。多利安人是希腊四部落中最晚南下、社会发展程度最落后的一支，但崇尚武力的他们却成功征服了当时希腊人中文明程度最高的阿卡亚人。如果说中国的周朝替代商朝是一种发展性的替代的话，那多利安人替代阿卡亚人就是一种倒退性的严重破坏。野蛮的多利安人并没有继承阿卡亚人所创造的迈锡尼文明的成果。当时的多利安人还处于原始氏族社会阶段，以他们的生产力还无法消费和欣赏阿卡亚人更高级的文明产品。在他们看来，迈锡尼文明的繁华城市、宏伟宫殿、精美工艺品和复杂文字都是没有意义、不切实际的东西。他们所到之处，迈锡尼文明创造出的成果被彻底毁灭。经过这次大劫难后，原本繁荣的迈锡尼诸城邦重新变回一个个氏族村落，希腊历史重新倒退回没有城市和文字的原始社会，其时间跨度大约为公元前12世纪到前9世纪，希腊人将这段时期称为黑暗时代。

希腊的黑暗时代是一个没有英雄却有着英雄传说的时代，这个时代又被称为荷马时代。荷马时代得名于公元前9世纪的吟游诗人——荷马。吟游诗人是指手持竖琴等乐器行吟四方，收集各地方神话传说和历史故事，靠吟咏卖艺为生的诗人和歌手。在没有文字的黑暗时代，关于之前爱琴文明的历史记忆正是靠这些游唱四海的吟游诗人口口相传下来的。

双目失明的荷马是这些吟游诗人中最知名的一位。他生前穷困潦倒，但在他死后却有7座城市争说是他的诞生地。他没将自己的诗句

---

① 阿提卡意即"雅典人据有之地"。

写成文字，但他伟大的诗篇却永远流传了下来。荷马被誉为"西方文学之父"，他创作的《荷马史诗》是西方文学史上的开山之作，包括前传《伊利亚特》和后传《奥德修纪》两部。《伊利亚特》记载了迈锡尼文明时期，希腊联军对小亚细亚的特洛伊发动的长达10年的战争，其

中重点描述了希腊英雄阿喀琉斯和特洛伊王子赫克托尔的生死决斗。《奥德修纪》则延续了《伊利亚特》的故事情节，讲述了希腊英雄奥德修斯在特洛伊战争结束后渡海回家时因遭遇暴风在海上漂流10年的历险经历。

吟游诗人荷马

虽然《荷马史诗》中的故事情节发生在"荷马时代"之前的迈锡尼文明时代，黑暗时代的希腊人也意识到在他们之前有一个更为繁荣强盛的英雄时代，但是《荷马史诗》所反映的社会生产经济状况却是从公元前12世纪到前9世纪荷马本身所处的由青铜时代向铁器时代过渡时期的情形。在这一时期，铁制工具和武器在希腊逐渐得到普及。在盔甲方面，虽然钢铁也已经开始用作盔甲的材料，但由于青铜延展性较好，便于打造出更复杂多样的款式，所以对样式要求较高的盔甲——

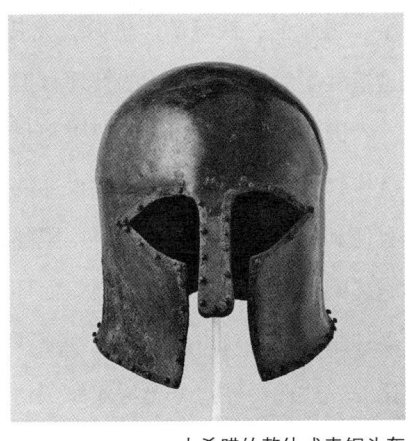

古希腊的整体式青铜头盔

尤其是整体式头盔来说——青铜依然是主要材料。

随着铁制工具的普及和牛耕的出现，大片荒地得到开垦，希腊的农业生产力已经超过之前的迈锡尼文明时期，处于倒退中的希腊经济开始逐渐恢复。但是和大河流域的古文明相比，希腊缺乏广阔肥沃的河谷平原，狭小的希腊半岛被陡峭崎岖的山脉所阻隔环绕，其境内基本都是山地，仅有的小块平原在贫瘠的土壤下就是坚硬的岩石，远不能和大河流域肥沃的冲积土相比。希腊所处的地中海气候冬雨夏干，雨热不同期，不适合粮食作物生产。由于缺乏沃土，为确保土壤肥力，希腊人创造了两年轮耕的二圃制，通过将土地分为两块，第一年种一半，第二年种另一半，一年休耕，一年耕种，来减少对土地的破坏。他们还懂得使用人工肥料（灰烬、石灰石）和将休耕时长出来的野草推进土壤里充当绿肥。但是，由于半岛农业先天地理条件不足，希腊根本无法发展成大型的农业社会。

虽然希腊半岛的粮食自给困难，但希腊的土壤和地中海气候非常适合种植园艺经济作物，如橄榄、葡萄、洋葱、大蒜、石榴、薄荷和百里香等，特别是橄榄和葡萄，葡萄可以酿酒，橄榄可以提炼成橄榄油。同时希腊盛产蜂蜜，多山的地形适合放牧山羊，希腊山中储藏着丰富的金、银、铜、铁等矿产资源，尤其盛产白色的大理石和高质量的陶土，这造就了后来希腊发达的大理石工艺和制陶业。

因为地少且贫瘠，希腊人很早就意识到只有通过贩卖他们盛产的经济作物和手工艺品兑换粮食，才能养活更多的人口。要发展贸易首先要有便利的交通，希腊境内群山阻隔，造成内陆交通阻塞，但上天赐给希腊辽阔的海岸线。希腊半岛三面环海，海岸曲折、港湾众多，从希腊半岛往东经爱琴海可抵达小亚细亚西岸，往南经过克里特岛可达埃及与利比亚，往西可经过爱奥尼亚海到达意大利和西西里岛，从东北方向还能横穿土耳其海峡进入黑海，几条海上路线都经过岛屿，为航海贸易提供了安全便利的中转站。如果再与同样为三面环海的印度半岛相对比，我们就能知道希腊进行航海贸易的极大优势。虽然印度半岛也是三面环海，但却缺乏港湾和内海，其平直的海岸线让船只难以接近，印度土地的面积（约298

古希腊的海船

万平方千米）相当于23个希腊（不到13.2万平方千米）那么大，但是希腊的海岸线长度（13 676 千米）却是印度海岸线长度（7 516.6 千米）的将近两倍，所以海洋的环绕带给印度半岛的更多是与世隔绝的环境，带给希腊人的却是崇尚贸易的理念，直到今天，小小的希腊依然是世界极为重要的航运大国之一。

二、古风时代

正是航海和商业贸易让希腊再次兴起，在荷马时代之后，约公元前800年，希腊重新迈入文明时代。如果说上次希腊人的文明启蒙老师是克里特人，那么这次的文明启蒙者就是腓尼基人。腓尼基有着和希腊相似的地理条件，在希腊再次兴起之前，腓尼基人已经在地中海建立起了属于他们的商业殖民帝国，希腊半岛也是腓尼基人庞大贸易网中的一部分。腓尼基人用粮食换取希腊的橄榄、葡萄、大理石制品、羊毛织品等特产，从而让希腊的纺织业、园艺种植业和大理石工艺实现商品化。

在早期交流中希腊人处于被动状态，其对外贸易被腓尼基人所垄断，但与腓尼基人的商贸交流中，希腊人学习到了许多关于造船、航海、贸易、手工业的知识和技术。腓尼基字母也传入希腊，腓尼基字母

古希腊字母铭文

像阿拉伯字母一样，没有代表元音的字母或符号，字的读音须由上下文推断，由于人眼向左看，更便于识别语言结构，因此腓尼基人与阿拉伯人的书写和阅读习惯都是从右向左。希腊人在腓尼基字母的基础上增加了元音字母，创造了世界上最早拥有表示元音音位的全音素字母——希腊字母，希腊字母在拥有元音之后，无须再通过上下文推断读音，由于人眼向右看，识别语言的顺序更快一些，因此希腊字母逐渐演变成从左向右书写。希腊字母后来发展出拉丁字母和西里尔字母（俄罗斯人等斯拉夫民族使用的字母）等欧洲各国字母，是欧洲各国字母的源头。有了字母文字，希腊人又从腓尼基的商人那里购买到源自埃及的芦苇笔、红黑墨水和莎草纸等，希腊的文明就此从萌芽发展起来，一个个城邦如同雨后春笋般出现在希腊半岛。

城邦的兴起是希腊文明诞生的标志。城邦是以一个城市为中心，结合周边村镇，拥有独立政权的城市国家，每个城邦都有属于自己的神庙和守护神。希腊诸城邦的形成源自希腊被山脉分割阻隔的地理环境，它较难形成一个统一的领土国家。各城邦大多沿海而建，通过便利的海上贸易，形成城邦文明。希腊早期文明时代又被称为"古风时代"，和之前迈锡尼文明强大的王权不同，在古风时代，公民大会成为重要的权力机构，原本荷马时代的部落首领和国王的权力不但没有加强，反而大都消亡或削弱。这其中的主要原因之一便是，冶金业的进步让过去只有王公贵族才能拥有的铁制武器和青铜盔甲成本日益低廉，使平民也能购买装备，这种由平民组成的重装步兵作战取代过去贵族式的战斗，打破了

古希腊公共广场遗址

贵族的支配力量，导致平民阶层的兴起，而小国寡民的希腊城邦也利于民主的公民大会的形成。公民大会的会址都设在城邦内的中心广场，广场通常位于城市街道交叉口，周边是城邦的议事厅、神庙等公共建筑。不过需要指出的是，公民大会的主体——居住在古希腊城邦中的公民，大部分都是农民，他们拥有一块属于自己的农田，并在城市内出售自己的农产品和经济作物，这和后来西方中世纪城市里主要从事工商业，不靠自己的农田来满足自己粮食需求的市民不同，所以不能通过古希腊城邦与中世纪城市的人口数量来简单比较两个时期的工商业繁荣程度。

荷马时代的社会情况主要体现在荷马的诗篇中，而古风时代早期的社会情况主要体现在荷马之后又一位伟大诗人——生活在公元前8世纪的赫西奥德的诗篇中，故这一时期又被称为赫西奥德时期。

赫西奥德被称为教诲诗之父，他最重要的作品为《工作和时日》《神谱》。《工作和时日》通过教诲和警世格言的方式，描述了古风时代的风俗文化和从事不同工作，尤其是农业生产的注意事项，是一部反映古希腊社会风俗、生产技术、农业种植、历法记时等方面的百科全书。诗篇将人类社会历史按顺序划分为黄金、白银、青铜、英雄、黑铁五个

第一章 四个轴心区域的文明（约公元前950—前770年）

手持闪电的宙斯
希腊神话中的天神
宙斯与腓尼基神话
中的天神巴力一样
都是雷神。

赫西奥德与文艺女神缪斯

时代，其中的青铜时代和英雄时代就是指之前的迈锡尼文明时代，而诗人自己所处的正是最后一个，也是最黑暗的黑铁时代，反映出古风时代的希腊人对辉煌过去的向往。《神谱》则系统描述了创世记和希腊众神的起源，从而建立起一套完善的希腊神话系统。全诗从述说宇宙和诸神的诞生开始，重点讲述了第三代神王宙斯推翻其父克洛诺斯的统治，打败泰坦诸神，并给诸神分配职司的故事。很明显，腓尼基神话中的天神巴力、海神亚姆、死神摩特的三权分立思想影响了希腊神话中天神宙斯、海神波塞冬、冥神哈迪斯的分权。腓尼基人的天神巴力在腓尼基人的圣山——撒分山上建立起代表王权的宫殿，而古希腊人的天神宙斯则领导诸神在希腊的最高峰奥林匹斯山（在今希腊北部色萨利与马其顿的分界线上）建立第三代神权，奥林匹斯山因此成为希腊人的圣山，山上住着最受古希腊人崇拜的"奥林匹斯十二主神"①。

为庆祝宙斯等奥林匹斯诸神的胜利，希腊人定期在宙斯的崇拜中心

---

① 奥林匹斯十二主神分别是：神王宙斯、神后赫拉、海神波塞冬、丰饶和农业女神得墨忒耳、火和灶女神赫斯提亚、智慧女神雅典娜、光明之神阿波罗、狩猎女神阿尔忒弥斯、爱与美之女神阿芙洛狄忒、战神阿瑞斯、火和锻造之神赫淮斯托斯，以及神使赫耳墨斯。

奥林匹斯山

奥林匹亚举行最隆重的祭神大会，祭神大会中的竞技项目后来发展成为全希腊人，乃至今天全世界人都热衷的奥林匹克运动会。奥林匹亚至今依然保留着宙斯和他妻子赫拉的神庙，以及举办古代奥运会的体育场等20余处建筑遗址。在奥林匹亚举

古希腊奥林匹亚遗址

行的奥林匹克运动会和现在一样都是每四年举办一次，古希腊各城邦纪年法大多和奥运会有关，所以可以明确推断希腊举行的第一次古奥林匹克运动会在公元前776年，这一年也是希腊编年史上的历史元年。从此开始，希腊和中国一样有了明确的纪年。

第一届奥林匹克运动会的比赛项目只有一项约200米的短跑，由来自埃利斯的科罗厄波斯夺取桂冠，往后逐渐增加了摔跤、角斗、投掷、

古希腊陶器上进行跑步比赛的运动员

赛马、赛车、五项全能等项目。希腊人将奥林匹克运动会看成全希腊人最重要的节日，就连战争也要为奥运让路。在奥运会召开前，人们都要在奥林匹亚的赫拉神庙前点燃圣火，头戴橄榄枝环的传令兵将奔赴希腊各城邦，以宙斯的名义让各城邦停止战争，前来参加奥运会。竞赛期间为神圣休战时期，好让各运动员和观众能安全抵达赛场，等到奥运会结束后方能开战。古希腊奥林匹亚点燃圣火的传统作为和平的象征被现代奥运会所沿用，如今奥运会开幕式上传递的火炬就是由来自今奥林匹亚赫拉神庙的圣火点燃的。古代奥林匹亚竞技会共举办过 293 届，历时 1170 年，直到公元 394 年，将基督教定为国教的罗马皇帝狄奥多西一世，宣布禁止一切异教徒的祭典大会，奥林匹亚竞技会才被迫停办。

第四节　古印度吠陀时代

> 婆罗门是他的嘴，刹帝利是他的手臂，吠舍是他的大腿，首陀罗从他的脚而来。
>
> ——［古印度］《普鲁沙赞歌》

一、早期吠陀时代

如果说通过口耳相传流传下来的《荷马史诗》是希腊荷马时代的历史缩影，那么同样是通过口耳相传保留下来的《吠陀经》则是了解同时期印度吠陀时代最宝贵的资料。作为文明古国的中国拥有世界上最丰富的史料记录，而作为另一个经常和中国并提的古国印度在史学编撰方面则乏善可陈。印度人不注重历史的时间次序也不注重考证其真实性，在 11 世纪穆斯林入侵印度以前，印度还没有出现有确切年代记录的系统翔实的史料，所以要了解穆斯林入侵印度以前的历史，只能从同时期其他国家的记载[1]，或印度的宗教典籍、文学传说中考证，在这些文献典籍中最古老的就要数印度的《吠陀经》。

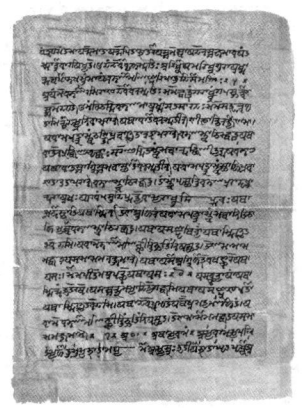

《吠陀经》经文

在约公元前 1500—前 600 年，入侵印度的雅利安人[2]成功征服了印度大陆北部的土著，创造了属于自己的特色文化，由于这时期雅利安人还没有文字，这段动荡历史靠雅利安人祭司用口耳相传的方法代代流传下来。《吠陀经》就是印度流传至今最早的口传作品，"吠陀"意为"智慧""明论"或"知识"，相传是古代仙人、圣者受神的启示而作，其主要内容为早期雅利安人的诗歌、祷文、咒语和仪式的总集，是印度文明中最古老的经典，反映了约公元前 1500—前 600 年雅利安人早期社会的历史、思想、信仰、文化、生活等，所以通常把创作吠陀文献的印度历史时期称为吠陀时代。

《吠陀》分为《梨俱吠陀》《沙摩吠陀》《夜柔吠陀》《阿闼婆吠陀》四部，《梨俱吠陀》是"四吠陀"中最为古老的著作，记录了公元前 1500 年至前 900 年印度早期吠陀时代的社会文化。

在这一时期，从西北来的雅利安人侵占印度河流域，征服当地的土著民族，为了维持自身民族的血统，浅色皮肤的雅利安人将自己和深色皮肤

---

① 对穆斯林入侵以前的印度较系统的史料记载，主要来自中国、希腊、伊朗和斯里兰卡等国家。

② 广义的雅利安人包括全部印欧人，狭义的雅利安人是指讲雅利安语的印欧部落，雅利安语对应印欧语系中的印度—伊朗诸语族，"雅利安人"一词在波斯文中意为"有信仰的人"，在印度梵文中意为"光荣、尊贵、高尚、纯洁的人"。

印度人肤色体态差异巨大，图为浅色皮肤的雅利安刹帝利（左）与深色皮肤的土著（右）

的土著人区别开，两者互不通婚，从而形成种姓制度。种姓在印度称为瓦尔那，其意为"颜色"，也就是指雅利安人和土著民族的肤色差异。后来随着雅利安人社会分化，形成了祭司婆罗门、武士刹帝利和平民吠舍三个等级，再加上被征服者首陀罗，形成四个不同等级的种姓制度。

　　将四种姓制度最后固定下来的是《梨俱吠陀》末卷的一首赞美诗——《普鲁沙赞歌》，该诗讲述了诸神在开天辟地之初创造了四大种姓："宇宙之始，有一梵卵化为原始巨人普鲁沙，众神通过牺牲普鲁沙为祭品，将他身体的各个部分转变为世界万物，如月亮由普鲁沙的心意而生，太阳由两眼产生，从他嘴里生出了火神阿耆尼、雷神因陀罗，呼吸产生了风神伐楼拿。他的口成为婆罗门种姓（祭司），手臂变成了刹帝利种姓（武士），双腿变成了吠舍种姓（平民），脚足形成了首陀罗种姓（奴仆）。"由于四种姓是分别从普鲁沙的口、双手、双腿、双脚创造出来的，因此他们都有特定的职业，不可混淆越界。其中，因为婆罗门种姓是从普鲁沙最上方的口降生到世间，所以负责从事祭祀和传授宗教经典，为地位最高的第一种姓，有资格主宰人世间的一切；刹帝利是用普鲁沙代表力量的手臂创造的，所以他们是掌管政治和军事的王公和武士，其地位排在婆罗门之下；吠舍来自普鲁沙的双腿，所以属于勤劳的平民百姓，包括地主、自耕农、手工业者和商人；首陀罗是普鲁沙最低处的双脚生成的，所以是社会底层的奴仆，印度古籍中用这样一句话来描述首陀罗的社会地位："人中首陀罗，兽中马，

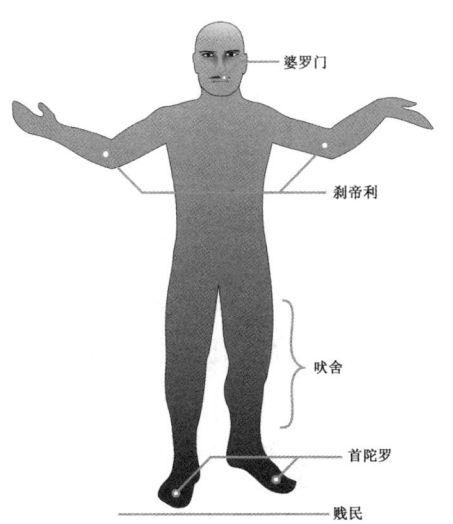

各种姓对应的身体部位

都是运载的工具"，他们只能从事低贱、卑微的职业，侍奉更高的三个种姓，不得积累财产，除了在个别宗教场合为高种姓的人洗脚外，无权参与任何宗教祭祀活动。

　　各种姓按照血缘关系世代相传，一个人生下来就属于他父母所属的种姓，其地位和职业完全取决于其家庭出身，低种姓的人不能从事高种姓人的职业，不同种姓之间不可互相通婚，以便使种姓的划分永久化。但实际上高种姓的男子可以娶低种姓的女子为妻，而低种姓的男子是绝对不允许娶高种姓的女子为妻的，如最低级的首陀罗娶了婆罗门女子为妻，其后代就会沦为首陀罗之下的无种姓贱民——旃陀罗。旃陀罗被称为"不可接触者"，他们是触犯种姓制度而被开除出种姓制度的贱民，只能居住在村外，从事抬死尸、清除粪便、屠宰等最低贱的职业，当行于路上时，须摇铃杖竹，自示路人，以防玷污高种姓的人。自《梨俱吠陀》起，等级森严的种姓制度就深深扎根于印度文明的土壤中，如今的印度政府虽然已在法律上宣布废除种姓制度，但种姓制度的残留思想依然普遍存在于印度社会中。

如果说宣传和创建种姓制度的主角是第一种姓的婆罗门，那么创建印度王朝的主角就是第二种姓的刹帝利。根据印度传说，最古老的刹帝利种姓主要来自两个家族，其中一支是太阳神苏利耶后代，称为日王朝；另一支是月亮神苏摩之后，称为月王朝。日王朝和月王朝是印度传说中最古老的两个王朝，在印度的《诃利世系》里详细地追述了日王朝和月王朝的系谱和故事。日王朝家族的始祖是太阳神苏利耶（意为太阳），他又被称为毗婆思万，他的儿子摩奴是世界之王、人类始祖。根据印度大洪水的神话，摩奴曾救下一条小鱼，小鱼后来变成一条大鱼，它告诉摩奴，将会有一场洪水把所有的生物冲走，他必须准备好一条大船，并带上北斗七星这七位仙人与各种植物的种子。等到洪水泛滥时，摩奴按照大鱼的嘱咐乘船下海，大鱼拖着摩奴的大船到达安全的雪峰山上，从而度过大洪水危机。洪水过后，摩奴用酥油、酸奶、乳浆和奶酪向神祭祀，从祭品中长出一个女人，她自称摩奴之女，摩奴与她繁衍的子孙成为现今全人类的祖先。摩奴在阿瑜陀建都，成为世界之王，他的长子伊刹瓦古继摩奴之后成了日王朝的第三位国君，他生有百子，其中

运载着摩奴与七仙人的方舟

的五十子统治北印度，另外五十子统治南印度。日王朝传到一百二十代之后，于公元前 4 世纪，印度难陀王朝放逐了日王朝最后一任国王苏米陀罗，长达千年之久的日王朝才宣告终结。

年幼的婆罗多王

摩奴的长女伊罗嫁给了月亮神苏摩的儿子步陀，他们所生的儿子洪呼王创建了人间的第二个王朝——月王朝。月王朝在后来出现了威震寰宇的婆罗多王，相传他征服并统治了从喜马拉雅山到大海的整个印度次大陆，并以他的名字命名了这片土地，开创了印度传说中最著名的婆罗多王朝，印度最著名的史诗《摩诃婆罗多》，其名意思就是"伟大的婆罗多王后裔"。古代印度人使用"婆罗多的土地"来称呼他们居住的地方，印度反而是外来民族对其的叫法，直到今日，印度宪法除了用"印度"外还用"婆罗多"来自称其国家。

在吠陀时代，婆罗多王国是当时印度的霸主，在《梨俱吠陀》中就记载了由婆罗门奢密多罗组织的雅度、布鲁及安努等十国的联盟进攻婆罗多国王修达斯，结果这次规模庞大的十王之战以十国联盟被击溃而告终，反映出当时婆罗多王国的强大。从《梨俱吠陀》记载可知，早期吠陀时代的权力机构由"萨巴""萨米提"和"罗阇"三部分组成，萨巴是部落成员中的少数上层人物组成的长老议会，萨米提是由全体成年男子即战士参加的民众大会，罗阇则是由民众大会选举的部落军事首长。印度雅利安人的王是从氏族部落的军事首长"罗阇"发展而来。随着战争的频繁，军事首长罗阇积累了大量的财富，《梨俱吠陀》记载中提到，有一个祭司一次就从罗阇那得到成百的金块、上千的牛马，还有十车的少女奴隶。罗阇的地位越来越高，最终超出长老议会和民众大会，成为真正的王。军事民主制发展成为王权专制，印度最早的国家形成了。

二、后期吠陀时代

早期吠陀时代之后，约公元前900—前600年，印度进入后期吠陀时代，"四吠陀"中的后三部《沙摩吠陀》《夜柔吠陀》和《阿闼婆吠陀》就被认为是在这一时期形成的。后三部吠陀是在《梨俱吠陀》基础上衍生出的著作，其中《沙摩吠陀》主要是为《梨俱吠陀》中的赞歌配曲，又被称为"歌咏吠陀"；《夜柔吠陀》讲述按照《梨俱吠陀》进行祭祀的仪式，分《黑夜柔》和《白夜柔》二类，又被称为"祭祀吠陀"；最晚的《阿闼婆吠陀》则以《梨俱吠陀》为基础讲述了驱除疾病、恶魔、灾祸的法咒，所以又被称为"禳灾吠陀"。这三部吠陀又各有附属其下的补充著作，称为"副吠陀"，分别为附属于《沙摩吠陀》的《乾闼婆吠陀》（讲音乐舞蹈），附属于《夜柔吠陀》的《他奴罗吠陀》（讲箭术和战争），附属于《阿闼婆吠陀》的《阿育吠陀》（讲植物和医药）、《私塔波陀耶吠陀》（讲建筑）。

后三部吠陀除了宗教内容，也反映了约公元前900—前600年后期吠陀时代印度社会的历史发展。在《梨俱吠陀》时期，雅利安人的活动范围还主要在印度河流域，畜牧业在雅利安人的经济生活中占有十分重要的地位，而到了后期吠陀时代，雅利安人的活动中心已经东迁到恒河流域，将面积约80万平方千米的"印度大平原"（又称印度河—恒河平原）都纳入自己的

吠陀时代的陶器

势力范围，农业在经济领域则取代了畜牧业成为占有主导地位的生产活动。雅利安人的农业化与迅速扩张和南亚铁器文化相对应，大约在公元前1100—前900年，源自西亚的铁制品就已传入邻近的印度河流域，被称为黑色金属，到了约公元前900年的后期吠陀时代，铁器已得到普遍使用，印度历史从此进入铁器时代。铁器的使用不仅使雅利安人拥有比印度土著达罗毗荼人及孟达人更具优势的武器，同时廉价锋利的铁斧和铁犁的使用也让从前难以对付的恒河流域茂密的季风雨林得到开发。由于东部季风气候，恒河流域的农粮产量要高于西部干旱气候的印度河流域，恒河流域很快取代印度河流域成为印度次大陆的经济和文化中心。

印度最著名史诗《摩诃婆罗多》中记载的印度最强大的婆罗多族内部的一场大战——俱卢之战，相传就发生在晚期吠陀时代，传说当时印度半岛上几乎所有的国家都被卷入这场战争。这一时期对应的考古文化被称为灰色彩陶文化，《摩诃婆罗多》中出现的30多个地方在对应的考古文化层上都发现了灰色彩陶。在灰色彩陶遗址出土的铁器用品种类丰富齐全，包括镢、矛、刀、剑、斧、锛、锄、鱼钩和钉等。牛在这一时期已被用于耕耘，并出现了用多头牛来牵引的重犁。金银也已成为通行货币和衡量财富的标准，手工业和商业都得到了进一步的发展。这些最终让印度次大陆再次进入城市文明时代。相比上次已经灭

俱卢之战

045

第一章　四个轴心区域的文明（约公元前950—前770年）

亡的印度河城市文明，这次印度大陆城市化的中心在东部的恒河流域。而到了公元前 8 世纪左右，恒河流域的一些较大的部落逐渐发展成为以城堡为都邑、统辖附近村庄的王国，这些王国的都邑就是恒河流域最早的一批城市。这些城市王国为争夺霸权，彼此长期混战，史诗《摩诃婆罗多》所反映的就是这一时期诸国纷争和王位争夺的历史背景。

第五节　历史与传说，种姓与礼乐

　　盖史之建官，其来尚矣。昔轩辕氏受命，仓颉、沮诵实居其职。至于三代，其数渐繁。

——［唐］刘知几

　　在西周晚期，欧亚大陆上的文明区域主要可分为中国、中东、希腊、印度四个部分，其中的中国与中东地区已处于信史时期，希腊与印度则大体上还处在传说时代，缺乏翔实的史料。而如果排除考古出土的文物记录与其他古典时代学者随笔写下的残存片段，可知中东地区这一时期的许多历史事件主要是靠犹太人的《圣经·旧约》才得以流传下来。也就是说，就传世文献而言，担负起记录历史重任的在当时的中东地区是犹太先知，在希腊是吟游诗人，在印度是婆罗门祭司，而在中国则是史官。

　　相传黄帝时已有史官，而许多历史学家认为至少在商代晚期，我国已经出现了史官及官方记事制度。不过，早期巫史不分，先秦时期的史官同时也是沟通天人的巫官（天官），兼掌天象历法，不仅要"通古今之变"，更要做到"究天人之际"，直到西汉时期，担任太史令的司马迁的主要职责也是掌管天文历法，至于编写《史记》则是他私人的自发行为。由此可见，中国早期的史官同样宗教色彩浓厚，所不同的是中国史

官强调相对客观的"天道"而非主观的"神
意"。相比犹太先知用历史来劝导人们服从
神意，同时期的中国史官则注意天象和人事
之间的联系，认为可以通过观测天象，预知
人事国运。为探知二者之间的关联，中国的
史官详细记录下当时的"天象变化"与"人
事变更"，并尽力确保二者的真实性，以便
能正确做出推断，因此古代中国不仅留下了
世界上最丰富的史料，还留下了世界上最完

太史令司马迁

备的天象记录。而《圣经》中的历史则更多是为神学服务，历史的真实
性让位于神学的权威性，如果不依靠考古出土的文物资料，根本无法较
为客观地了解那段历史。在近代考古学兴起之前，有关亚述的历史已成
为一个悠久而又模糊的传说，直到考古发现了亚述的相关遗址，并破解
了遗址中刻在泥板与石壁上的楔形文字后，亚述的历史才清晰起来。

这一时期值得一提的还有印度的种姓制度，因为正如礼乐制度对中
华文明的巨大影响，种姓制度也是古代印度文明的社会根基。周朝通过
礼乐制度规范不同等级人士的身份地位，使社会做到等级分明、尊卑有

发掘亚述遗迹

序。同样，印度的种姓制度也是一套严格的等级制度，只不过作为祭司的婆罗门阶层竟然高于包括国王在内的刹帝利阶层，在中国的传统观念中简直难以想象。但如果追溯其源头，可知礼乐制度是周王朝建立后，为维护封建王权统治而建立起的文化制度，礼乐制度的建立者本身就是统治者。而种姓制度形成于雅利安人征服印度大陆北部的土著人之后，当时尚处在原始社会的雅利安人尚未形成统一的国家，缺乏强大的王权与政治统一性，所谓的雅利安人的王公们不过是其各自所属部落的军事首领，而婆罗门祭司才是所有雅利安部落共同的精神领袖，相同的宗教信仰也是联系雅利安人各个部落最重要的纽带。直到今日，宗教信仰依然是印度社会最主要的凝聚力量，在今日的印度，仅宪法承认的官方语言就有 22 种之多，超过百万人口使用的语言有 33 种，超过 1 万人使用的语言有 122 种，此外还有数以千计的各种方言，没有任何一种印度民族语言能够通行全印度，维系印度联邦最重要的文化纽带就是印度教。造成印度如此复杂局面的原因是其历史上几乎没有形成过较为长久稳定的统一局面。

"与印度文明的不统一和间断相比，中华文明的特点是统一和连续……在中国，与文化同一性一样重要的是，各时期都存在着惊人的政治上的统一。"[①] 当然，长期处于统一的中国并非没有出现分裂状态，在西周灭亡后，中国历史进入长达五百多年的第一次大分裂时期，但也正是在这个政治分裂的时代，孕育和产生了"大一统"思想，为以后中国历史的长期统一奠定了稳固的思想基础，而这段动荡历史的开端则要从周平王东迁开始算起。

---

① 斯塔夫里阿诺斯：《全球通史：1500 年以前的世界》，吴象婴、梁赤民译，上海社会科学院出版社，1999 年，第 278 页。

历史大事件对照表 *

中华	亚述与巴比伦	古埃及	古以色列	小亚细亚	古希腊	古印度	西北非
约公元前922—前900年，周共王在位。西周衰弱。公元前841年，西周国人暴动，周厉王出逃，由召穆公、周定公共同行政，史称"周召共和"，这也是中国历史有确切纪年的开始。公元前828年，周厉王死，历王太子静即王位，是为周宣王，"共和行政"结束。公元前806年，周宣王将郑桓公（今陕西华县东）封给弟弟郑友，郑国建立。公元前771年，犬戎攻入西周都城镐京，西周灭亡。公元前770年，周平王向东迁都至洛邑，历史开始，历史进入春秋时期（公元前770—前476）。	约公元前943—前732年，为巴比伦第九王朝。约公元前935—前912年，亚述王阿淑尔-丹二世在位，他击败阿拉米人，带领亚述复兴，推广铁器和犁耕。约公元前911年—前891年，亚述达德尼拉里二世即位，亚述进入新王国时期，向四面扩张，侵占巴比伦大片领土。约公元前883—前859年，亚述王阿淑尔-纳西尔帕二世在位，横扫西亚各国。约公元前830年—前820年，亚述王沙尔马那塞尔三世征服叙利亚地区。约公元前828—前820年，亚述暴乱，重陷衰弱。约公元前813—前812年，亚述王沙姆什阿达德五世进，历史两次击败巴比伦，先后俘获了巴比伦王。	约公元前945—前732年，埃及第二十一王朝法老普苏塞尼斯二世过世，利比亚人麦长卡合尼乌族长舍顺克一世取埃及法老之位，建立埃及第二十二王朝时期（约公元前945—前715年）。约公元前818—前715年，从埃及第二十二王朝中分裂出第二十三王朝（约公元前818—前715年）。	约公元前930年，以色列王所罗门去世，以色列分裂成南部的以色列国。约公元前928年，埃及法老舍顺克一世入侵及犹太王国，攻入耶路撒冷，洗劫圣殿。约公元前884年，北国以色列第七任君主暗利登基。他二十二王朝中将都城迁到以色列中部的撒玛利亚。约公元前835—前795年，以色列王国（大马士革王国）的入侵，几近亡国。约公元前796年，以色列约阿施王通过亚述称臣，联合亚述军队三次打败亚兰国，收复国土。	约公元前9世纪，小亚细亚弗里吉亚王国建立。约公元前860年，乌拉尔图王国的西长阿拉姆在小亚细亚凡湖地区建立亚美尼亚王国，这是亚美尼亚历史上最古老的国家。约公元前840年，乌拉尔图王萨尔杜里一世在位时有效仿亚述政体建立中央集权的军事化国家。	约公元前9世纪，古希腊荷马时代产生，希腊人依照腓尼基字母创造尼基字母。约公元前9世纪，古希腊斯巴达在吕库古统一拉哥尼亚。约公元前8世纪，古希腊进入古风时代。公元前776年，希腊历史元年，第一届古代奥林匹克运动会召开，古希腊开始有了明确纪。	约公元前900—前600年，古印度进入吠陀时期。约公元前9世纪，史诗《摩诃婆罗多》传说中的俱卢大战爆发。	约公元前814年，腓尼基推罗城公主衍尼多在北非突尼斯建立迦太基斯城。

第一章　四十番公区域之文即（约公元前960—前770年）

* 部分历史大事件仅按时间顺序列于此表，限于篇幅正文未及，或为叙述需要将在其他章节论及。全书同。

第二章

从古代文明到古典文明

（约公元前 770—前 700 年）

随着中华文明、古希腊文明、印度雅利安文明的兴起，欧亚大陆的历史开始进入古典文明时期。在过去的古代文明时期，人类文明主要分布在四大河流域与爱琴海，而在进入古典文明时期后，文明的范围由这些文明中心区域进一步扩展到周边。亚述帝国的扩张，希腊人的殖民活动，婆罗门教的传播正是文明向外扩展的体现，而中国的东周时期表面上看是个多事之秋，但实际上这一时期各地方诸侯的崛起，正是华夏文明向四方各地生根发展的结果，各地方势力在发展壮大后，便具有了挑战中央的实力。

第一节　礼崩乐坏的东周王朝

> 天下有道，则礼乐征伐自天子出；天下无道，则礼乐征伐自诸侯出。
>
> ——《论语·季氏》

一、郑国小霸

公元前 770 年，周平王东迁洛邑后，因无法控制陕西关中的领土，便将护送自己东迁有功的大夫秦襄公由附庸的邑主提升为第三等爵位的伯爵，并与他约定："戎无道，侵夺我岐、丰之地，秦能攻逐戎，即有其地。"(《史记·秦本纪》) 秦襄公为了得到属于自己的封地，整顿兵马，连年向犬戎发动进攻，起初进展并不顺利，秦襄公本人也于 4 年后（公元前 766 年）在讨伐犬戎时去世。其子秦文公在位时期（公元前 766—前 716 年），秦对犬戎的战争势态逆转，开始取胜，秦文公在汧水、渭水的会合地，营建城邑，设立史官，制定诛灭三族的刑法，以严刑治国。待巩固内政后，他再对西戎发起进攻，西戎大败，戎主远遁西荒。陕西岐、丰一片，尽为秦有。秦文公收编周王室遗民，辟地千里，进而奠定了日后秦国强大的基础。

　　秦国为周平王解决了外患，而晋国则为周平王平定内忧，晋国君主晋文侯和秦襄公一样是拥立周平王和护送其东迁有功的重要诸侯。周幽王被犬戎杀害后，周平王虽然被大多诸侯拥立为王，但是在周平王继位同时，诸侯虢石父又拥立周幽王的兄弟余臣为天子，史称周携王，西周出现"两王并立"的局面。在周平王十一年（公元前760年），晋文侯向周平王请命，亲自率军攻杀周携王，结束了周王朝长达10年的两王并立局面，稳定了东周初年的局势。周平王特地发表《文侯之命》表彰晋文侯，赐晋文侯"秬鬯一卣，彤弓一张，彤矢一百，卢弓一张，卢矢一百，马四匹"，又授予晋国"统治山西汾河流域地区的权力"[1]，使晋国也得以迅速崛起成为当时的诸侯大国。

《宣和博古图》中的晋姜鼎
晋文侯的夫人为"晋姜"，晋姜鼎是为晋姜所作的鼎，其上的铭文叙述了晋姜辅助晋文侯的事迹。

　　郑国君主郑武公也因拥立和护送周平王东迁立功，而且他是周平王的叔叔，又娶了平王外公申侯的女儿武姜为夫人，所以周平王东迁后他入朝辅政，官至上卿。借助周平王这个强大的后台，郑武公开始挟天子以令诸侯，大肆扩张领土。郑国的故土原在陕西华阴一带，后因戎狄之患，寄居于"虢、曾之间"（今陕西华阴至河南三门峡的黄河南岸一带）。不甘心寄人篱下的郑武公利用职务之便，以叛逆为借口出兵攻灭了郐国（今河南新密市东南）和东虢国（今河南荥阳市西汜水镇），在原郐国的领土上建立起郑国的新都——新郑，也就是今河南郑州的新郑市一带。随后，他又将

---

[1]《今本竹书纪年》："赐秦、晋以邻、岐之地。"

郑庄公

女儿嫁给胡国（今河南郾城区、舞阳县一带）的国君，约定为兄弟之国，并杀死群臣中要讨伐胡国的大臣，胡国因此和郑国交好，对其不再防备，郑武公就趁机偷袭，灭了胡国。如此郑国控制了周王室东部（今日河南中部）的大片土地，成为掌控中原腹地的诸侯强国。

郑武公去世后，郑庄公即位，他继续在周王朝任职专权。周平王为防止郑庄公独揽朝政，便提拔虢公忌父，来分夺郑庄公的权力。郑庄公对此表现出极度的不满，并入朝质问。周王立刻澄清并无此意，为了证明互信，周王、郑国交换人质，周平王以王子狐入郑为人质，郑国则让世子忽入周为人质，史称"周郑交质"，作为天子的周平王和诸侯国通过互相交换人质来维持关系，说明周天子地位已大为降低。

虽然周王的权威已经崩溃，但是不妨碍郑庄公继续挟天子以令诸侯，宋、卫等老牌中原大国不满新起之秀的郑国，连同陈、蔡多国联军伐郑，后来宋国又出兵攻占郑国的长葛。为了对付宋国，郑庄公利用掌控周王朝之便，以周天子的名义宣称宋国久未朝贡，奉承王命召集天下诸侯出兵讨伐。通过这种方式郑庄公成功联合了宋国东部的齐、鲁两大国共同讨伐宋国。宋国则联合蔡、卫两国攻打郑国。这场中原大战，最终以郑国的胜利告终，宋国被郑、齐、鲁联军打得大败，丢失大片国土。打败宋国后，郑国又以"违抗王命"的罪名出兵教训不跟随自己伐宋的许、郕等国，并在随后攻占了许国。公元前710年，宋国内乱，郑庄公护送出逃在郑国的公子冯返回宋国为君，从此宋国与郑国建立了良好的关系。

郑庄公虽然利用周天子之命伐宋，但是他对周天子却缺乏尊敬。周平王去世后，即位的周桓王不满郑庄公在朝中专权，便准备委任虢公执政，取代郑庄公。郑庄公为表示不满，派人抢收了周王室的麦种和禾苗。周桓王因郑庄公抢夺庄稼，便不礼待他，郑庄公也干脆不对周王讲礼，在两年后（公元前715年）未禀告周王便和鲁国私自交换领土，开启了诸侯无视周王的先例。公元前712年，鲁桓公谋杀其兄鲁隐公，自立为君，也干脆不派人向周桓王请求册封，如此诸侯即位必须经周天子册封的制度也遭到破坏。

由于周郑矛盾不断，公元前707年，周桓王罢免了郑庄公卿士之职，郑庄公便不再前来朝觐。周桓王气愤不已，在同年秋天，带领王军联合陈、蔡、虢、卫等诸侯国军队亲讨郑国不礼之罪，双方在今河南长葛北的繻葛交战。

车战是春秋时期的主要战争手段，此时，造车技术有了很大的进步，殷商时期由两匹马拉的战车逐渐演变成春秋时期四匹马牵引的驷马战车，战车已成为作战的主力，当时常以战车数量来衡量国力，例如"千乘之国"或"万乘之国"。每五百乘为一军，作战时二十五人为一组，配备战车一辆，每乘战车有军士三人，包括驾驶战车的驭手，远战的射手和近战的卫兵。在繻葛之战中，郑庄公面对周天子率领的强大的诸侯联军，排出"鱼丽阵"①，

中国古代的驷马战车

---

① 《左传·桓公十五年》："（郑庄公）以中军奉公为鱼丽之阵。先偏后伍，伍承弥缝，战于繻葛。"

将战车排列阵前冲锋，步兵则环绕战车疏散队形，弥补战车的缝隙，通过战车与步兵的配合一举击败周师，周桓王被射中肩膀，仓皇而逃。繻葛之战后，周王室以天子之师输给一方诸侯，其威信一落千丈，而郑庄公则声威大震，卫、陈等宿敌都来求和。此战是周王衰弱，诸侯崛起的标志，从此"礼乐征伐自天子出"成为一句笑话，周天子已经完全失去了对各诸侯的控制。

繻葛之战后的第二年（公元前706年），北戎侵犯齐国，齐侯向郑国求救，郑国派世子忽带军去齐国救援，并大败戎师，生擒北戎两将，斩获北戎兵三百，成功帮助齐国解围，使郑国在众诸侯中获得极高的威望。公元前701年，郑庄公与齐、卫、宋等大国诸侯结盟，俨然已是诸侯盟主，当时许多诸侯国都不听天子，反而听郑国号令，史称"郑庄公小霸"。是否"挟天子"对郑国来说已经不重要了。

郑庄公小霸中原的成功先例，为后来春秋五霸的先后登场拉开序幕。不过郑国在中原地区的霸权持续的时间非常短暂，郑庄公去世后，他的次子突联合宋国发动政变，驱逐世子忽自立为君，郑国由此发生了长达二十年的内乱。郑庄公的四子争位使郑国因动乱日益衰落，永远失去了霸主地位。

二、楚子称王

在郑庄公小霸中原的同时，南方长江流域的楚国也迅速崛起成为一方大国。公元前741年，楚国君主蚡冒去世后，他的弟弟熊通弑蚡冒之子成为楚国的首领。熊通野心勃勃、酷爱征战，他即位后采取远交近攻的战略，与距离较远的邓、卢国联姻，娶邓国公主邓曼为正夫人，娶卢女为侧夫人，然后发兵攻灭邻近江汉平原西部的权国。因看到周王室实行封建制导致诸侯纷争，熊通灭了权国后，没有实行封建，而是改权为县，任命县尹推行中央对地方的管理。这是我国地方制度史上最早设县的行政改革，权县（湖北省荆门市）也成为中国历史上的第一个县①。随后，熊通又兼并了长江中游和汉江中下游众多小国，每灭一国通常都设县治理，在春秋初期，楚国领地还"土不过同"（土地不过一百里而已，《左传·昭公二十三年》），经过扩张，楚国很快从一个固守江汉一隅的地方小国发展为雄踞长江流域的强大

东晋顾恺之《列女仁智图》中的楚武王及夫人邓曼

国家。《左传》中提到公元前710年，"蔡侯郑伯会于邓，始惧楚也"。说明当时楚国已经发展成为让中原国家惧怕的大国。

在此之前，楚国逐步壮大，楚君熊通认为楚国子爵地位低微，便派人向周天子谋求加封楚君的爵号，他称："我蛮夷也。今诸侯皆为叛相侵，或相杀。我有敝甲，欲以观中国之政，请王室尊吾号。"（《史记·楚世家》）结果楚国的要求遭到周天子的拒绝。楚君熊通闻讯大怒，遂于公元前704年邀请江汉地区的各诸侯到今湖北钟祥市东的沈鹿会盟，僭号称王，是为"楚武王"。此时周王室才刚刚惨败于郑国，国力衰微，中原各国也惧怕楚国，对楚国的叛逆之举无可奈何。当时参与会盟的诸侯国有巴、庸、濮、邓、绞、罗、轸、申、贰、郧和江等江汉地区诸国，只有黄、随二国拒不参加楚人主持的沈鹿之会。黄国远在淮河流域，楚国鞭长莫及，只能派大夫芳章前往斥责。而与楚国邻近，地处今湖北省随州市的随国当即就遭到楚国的讨伐。

《左传》记载："汉东之国随为大。"意思是汉水东面上的众多国家

①　县，就是悬挂的意思，即所有权力悬在中央手中。

中随国最大。当时还处在青铜时代，而随国负责为周王室守护先秦时期最重要的一座铜矿山——铜绿山。铜矿存量远远比铁矿稀少，且只集中分布在少数地方，大部分地区都只能靠进口铜矿才能冶炼青铜，所以掌握铜矿就等于是掌握了当时各诸侯最重要的物资。由于来自铜绿山的铜矿都要经过江汉、南阳一带才能到达中原地区，周王朝为保障铜矿的供应，把一些姬姓宗亲分封到江汉一带，互为掎角之势，以守护铜矿的运输，史称"汉阳诸姬"。随国是"汉阳诸姬"中最主要的诸侯国，又世代沿袭"修政而亲兄弟之国"的内政外交方略，自然不肯听从楚国这帮"蛮夷"王的号令。

楚武王明白要实现楚国霸权就必须征服随国，控制铜绿山。为此他效仿中原各国改良军备，先后三次征讨随国。当时用于车兵近战搏斗的武器除了依然使用商周时期能够钩、啄的戈外，还出现了戈矛的合

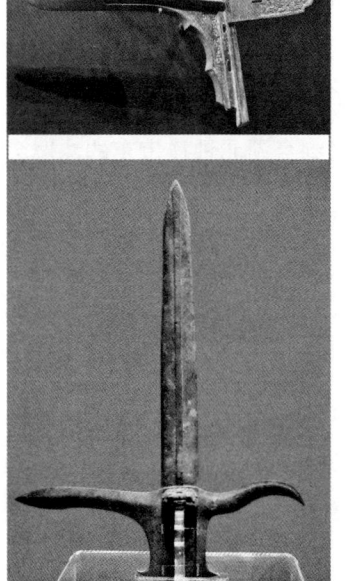

从戈（上）到戟（下）的演变

成体——戟。戟呈"十"字或"卜"字形，既有直刃又有横刃，是一种既有戈的钩、啄等功能，又能像矛一样刺杀的双重性能兵器，故很快得到推广应用，逐渐取代戈成为军队中的主要兵器。"持戟之士"也成为军士的代称。在公元前690年第三次伐随中，楚武王把新型武器戟发放给士兵，并运用了一种名叫荆尸的军阵，前往攻打随国。但在征随途中，年已70岁的楚武王因心脏病猝发去世。楚国令尹（宰相）斗祁、莫敖（军吏）屈重严密封锁楚王去世的消息，按原计划直扑随都，兵临随国城下，猝不及防的随国在恐惧之下，只好向楚军

求和。莫敖屈重以楚王的名义进入随国，和随侯结盟，并控制了极为重要的战略资源铜绿山，奠定了以后楚国争霸的资源基础。

楚国称王与郑国小霸标志着地方诸侯势力已经超过了中央的周王室，以后周王室的势力日益衰弱，诸侯都不再来朝觐周王。公元前697年，周桓王病逝，周王室竟然窘迫到无法按天子礼下葬，直到七年后才入土，周王室已经完全沦落到只有二等诸侯的实力，仅剩下个名义共主的头衔。

第二节　中东争霸

> 在我的主人阿淑尔神无穷力量的鼓舞下……天宇的神灵都准备好参战了，愿他们行进在国王我的主人面前，使国王我的主人的敌人匍匐在国王我的主人的脚下。
>
> ——古亚述铭文

一、乌拉尔图王国

周朝推行的封建制曾极大地扩展华夏文明的疆域，但由于封建制不利于周王室的集权统治，随着周王室的衰弱，及各诸侯国的实力不断增强，最终出现了"礼乐征伐自诸侯出"，天下分崩离析，天子有名无实的局面。

无独有偶，在东亚的周王朝因分封建国导致诸侯混战的同时，西亚最强大的亚述国也因地方割据走向衰弱。亚述在阿达德尼拉里三世统治时期一度复兴，但地方的割据

乌拉尔图人所铸造的青铜大锅

势力也日益膨胀，亚述各省的总督拥有极高的自治权，甚至可以自主出征。约公元前 783 年阿达德尼拉里三世去世后，亚述再一次进入萧条时期。这一时期亚述国王君权旁落，地方割据势力强大，军队将领时常干预朝政，危及王权。与此同时，在小亚细亚日益崛起的乌拉尔图王国，成为亚述的北方劲敌。

乌拉尔图的浮雕 1

乌拉尔图人主要生活在南高加索的亚美尼亚高原和小亚细亚半岛最大的湖泊——凡湖①周边，以先进的金属工艺和发达的梯田灌溉技术而闻名。约公元前 860 年，乌拉尔图的酋长阿拉姆在今亚美尼亚一带建立乌拉尔图王国，这是亚美尼亚历史上最古老的国家。在其统治期间，他奋勇保卫亚美尼亚土地上的王国疆界，击退了亚述王沙尔马那塞尔三世的入侵，成为今亚美尼亚的民族英雄，今日"亚美尼亚"国名就源于"阿拉姆"的名字。但是和属于印欧语系的亚美尼亚人不同，乌拉尔图人是西亚古民族胡里特人的后裔，属胡里特-乌拉图语系，并不属于印欧人，不过后来的亚美尼亚人仍然将阿拉姆视为自己的祖先。

阿拉姆之后的第三任乌拉尔图国王萨尔杜里一世（约公元前 840—前 830 年在位）将乌拉尔图的都城迁至小亚细亚凡湖东岸的图什帕（今土耳其凡城，乌拉尔图王国因此亦称"凡湖王国"），效仿亚述政体建立起军事化国家，普及铁制武器的使用，并趁着亚述势力不振，开始迅速扩张，使乌拉尔图崛起为西亚强国。萨尔杜里一世之子伊什普伊尼（约

① 凡湖位于土耳其安纳托利亚高原东部，靠近伊朗边境。

公元前830—前810年在
位）继续向小亚细亚扩
张，征服了后来的乌拉尔
图宗教圣城穆萨希尔（今
土耳其境内大扎布河附
近）等大片土地。

约公元前786年，乌
拉尔图国王阿吉什提一世
（约公元前786—前764

乌拉尔图的浮雕2

年在位）即位，在他的统治下，乌拉尔图征服了高加索山脉南部今亚美
尼亚、格鲁吉亚等广大地区，并煽动支持亚述的附属国反抗亚述统治。
亚述王萨尔玛那萨尔四世（约公元前783—前772年在位）为巩固亚述
在小亚细亚的势力，在其统治的10年中有6年与乌拉尔图交战，却以
失败告终。他的继任者阿淑尔·丹三世（约公元前772—前755年在
位）继续与乌拉尔图作战，结果遭遇前所未有的惨败，乌拉尔图国王阿
吉什提一世深入亚述境内，俘虏2万亚述士兵，尽夺亚述在小亚细亚的
殖民地，将乌拉尔图的势力范围扩张
到叙利亚和两河流域上游的广大地区，
切断了亚述通往叙利亚和小亚细亚
的商路，这让亚述的经济受到严重打
击。与外患同时到来的还有约公元前
765—前763年爆发的大瘟疫。这场可
怕的瘟疫才刚结束，又发生了一场日
食，亚述地方势力将这当作亚述灭亡
的征兆，掀起大规模的叛乱，一直持
续至约公元前759年才被平定，结果

乌拉尔图的神灵

同年瘟疫卷土重来。亚述在西亚的霸主地位已然被乌拉尔图所取代。

二、亚述王提格拉特·帕拉沙尔三世

到约公元前755年阿淑尔·尼拉里五世即位时，亚述的中央已经再也无力控制地方，阿淑尔·尼拉里五世统治还不到10年，就死于约公元前745年的内乱，地方总督提格拉特·帕拉沙尔三世在这次战乱中凭借武力登上王位。

提格拉特·帕拉沙尔三世自称是亚述王阿淑尔·尼拉里五世同父异母的弟弟，但据考证他可能并没有王族血统。在动乱中登上王位的提格拉特·帕拉沙尔三世，针对亚述地方割据严重、官僚权力过大的现象，实施了一系列加强王权、削弱官员权力的重要改革政策。他把重要的军事和行政职务权力分散，如把原来由一个人担任的大将军一职，分成"左将军"和"右将军"两职位；将面积较大的行省划分为几个较小的行省，并委任监察官进行严密监控，较大的城市则任命多名市长，全国所有地区都直接听命于中央；为监视各级官僚，提格拉特·帕拉沙尔三世还允许平民直接向国王上书；为防止权力世袭，提格拉特·帕拉沙尔三世加大对退休官员的奖励，赠送他们大量财物和可以终身享用的土地，同时禁止官职世袭，所有官职的任命与撤职都须由国王决定。

在进行内政改革的同时，提格拉特·帕拉沙尔三世还进行了军事体制的变革。在过去，亚述实行公民后备兵制度，"军队是由亚述公民和奴隶组成，在每年战争时期由国王来指挥调遣，其余时间从事生产"。[1] 提格拉特·帕拉沙尔三世改公民后备兵制度为募兵常备军制，建立一支人数众多、规模庞大的常备军，"人数众多的亚述军队由军事移民组成，而且也用募兵的办法来补充，而募兵则是在广大自由居民阶层中间进行

---

① 刘文鹏主编：《古代西亚和北非文明》，中国社会科学出版社，1999年，第301页。

的"。① 征募来的士兵由政
府供养，脱离生产劳动，战
时出征，平时训练，这使军
队素质有了很大提高。各个
兵种的兵器和衣甲也由政府
统一装备，这样可以方便战
争时辨别，防止误伤。

　　提格拉特·帕拉沙尔
三世将常备军分成各个专
门的兵种，将原来杂乱无

亚述宫殿中的弓箭手浮雕像

章的作战方式转变为发挥各兵种长处的配合作战，建立起当时世界上兵
种最齐全、装备最精良的军事队伍。亚述军队分为战斗部队和辅助部队
两大类，战斗部队由战车兵、骑兵、步兵组成，其中步兵是亚述战斗部
队的主力，分为重装、轻装步兵两种。步兵中的弓箭手是进攻的主力，
他们排成严密的箭阵射击，身上还配有铁剑用于近身搏斗。弓箭手部队
搭配持盾的长矛兵，他们手持盾牌负责掩
护弓箭手协同作战。辅助部队主要由工兵
和辎重兵组成。在过去，工兵和辎重兵只
是作为战斗兵种的附属，此时，由于亚述
常备军规模庞大，所以必须配备一套更专
业的后勤部队才能确保战斗威力。提格拉
特·帕拉沙尔三世在世界历史上最早将工
兵设置为一个独立的兵种，这些工兵专门
负责搭桥修路、营垒建城，以及建造攻城

亚述手持盾牌的长矛兵

① ［俄］阿甫基耶夫：《古代东方史》，王以铸译，上海书店
　　出版社，2007年，第391页。

器械等。在亚述浮雕中，他们"穿的服装和较好武装的长矛手相同，但他们手中拿的是双头斧或手斧，以此为军队的通行和运动扫清道路"①。

如果说内政改革结束了亚述地方割据的局面，那么军事改革则奠定了亚述今后 100 多年所向披靡的基础。在进行内部军政改革的同时，提格拉特·帕拉沙尔三世再次带领亚述走上军事扩张的道路。他上任之初，首先着手解决亚述和南方巴比伦日益疏远的问题，此时巴比伦正遭受西北的阿拉米人和西南的迦勒底人的入侵，领土日益缩减，提格拉特·帕拉沙尔三世帮助亲近亚述政权的那布·那西尔取得巴比伦王位，并应他的要求将阿拉米人和迦勒底人驱逐出巴比伦，从而借机占领了从巴比伦的圣城尼普尔一直到波斯湾一带的广阔地区。第二年，亚述王又挥师东渡底格里斯河，一直进军到地处今伊朗的埃兰边境，在此设立行省驻军。

在完成东南部的征服后，亚述王便将主要精力放在西北部的死敌叙利亚的阿拉米人和小亚细亚的乌拉尔图人身上。当时叙利亚的阿拉米人、腓尼基人和一些叛乱的亚述总督组成以叙利亚阿巴德城邦为盟主的同盟，并联合多次打败亚述的乌拉尔图共同对抗亚述。双方在康马罕地区展开

提格拉特·帕拉沙尔三世宫殿中的浮雕

① 崔连仲主编：《世界军事后勤史资料选编：古代部分（公元前 3500—公元 476）》，金盾出版社，1990 年，第 101 页。

决战，叙利亚和乌拉尔图的联军在数量上占据绝对优势，但由于乌拉尔图军过于轻敌，军纪涣散，结果被亚述军暗中包围。贪生怕死的乌拉尔图王萨尔杜里二世在得知兵营受到亚述包围时，竟然直接丢下全军和他的御用战车，仓皇逃命去了。乌拉尔图的军队就这样还没有稍加抵抗就被亚述一举击溃，叙利亚联军也就此一哄而散。提格拉特·帕拉沙尔三世深知擒贼先擒王的道理，率得胜之师集中全军包围了叙利亚联军的盟主阿巴德城邦，阿巴德城凭借坚固的城墙顽强抵抗了3年，于约公元前740年被亚述军队攻陷，阿巴德成为亚述在北叙利亚的一个行省。

　　叙利亚各邦在阿巴德城失陷后便纷纷向亚述称臣，黎巴嫩的腓尼基诸城邦也全都向亚述纳贡。随后亚述的军队继续西征，于约公元前739年占领了叙利亚和黎巴嫩的部分地区，并击败以色列和犹太两国，迫使两国再次臣服，以色列更是被索取1 000塔兰特银作为贡赋。就此，提格拉特·帕拉沙尔三世完全恢复了亚述曾经在西部的霸权，就连一些远在阿拉伯高原沙漠中的部落首领也尊其为宗主。

　　第一次西征结束后，提格拉特·帕拉沙尔三世在约公元前738年对东方伊朗高原的中北部地区发起远征，控制了当地日益强大的米底人部落，并在此建立行省。在解除周边国家的一切威胁后，约公元前735年，筹备多年的提格拉特·帕拉沙尔三世率领亚述大军对最强大的对手乌拉尔图发起闪电般的袭击，乌拉尔图兵败如山倒，萨尔杜里二世逃回凡湖畔的都城图什帕，这座都城在乌拉尔图历代国王的大肆修建下固若金汤，防守严密，远征而来的亚述军队没能攻陷此城，提格拉特·帕拉沙尔三世于是

乌拉尔图王国的青铜牛头

在周边竖立起一块铭刻胜利的纪念石碑后撤军。虽然这次进攻没有达到消灭乌拉尔图的目的，但是乌拉尔图王国受到这次打击后，元气大伤，再也无力与亚述争雄。

亚述周边各国没有因为亚述的威胁变得团结一致，反而互相攻杀。约公元前736年，大马士革国王（亚兰王）利汛和以色列王比加趁犹太国王亚哈斯刚即位立足未稳之机，联盟进攻犹太国，围困耶路撒冷。犹太王亚哈斯被迫差遣使者，将耶和华圣殿里和王宫府库里所有的金银都送给亚述王求援，并说："我是您的仆人、您的儿子。现在亚兰王和以色列王攻击我，求您来救我脱离他们的手。"提格拉特·帕拉沙尔三世想借机征服阿拉米人的大马士革王国（亚兰国），便以此为名亲率大军进攻大马士革。他针对大马士革王国后方盟友众多的形势，采取迂回包夹的战术，先北上征服了地中海沿岸的腓力斯丁诸城，然后绕过大马士革南下征服大马士革的盟友加沙和阿斯卡隆，迫使追随大马士革的各阿拉伯部落和以东、摩押、亚扪等小国归顺，并封锁埃及边境，杜绝大马士革和以色列向埃及求援的潜在可能性。随后，亚述王率军夺取大马士革最重要的盟友以色列的大部分疆土，将其居民都掳到亚述，以色列贵族何细亚在亚述的支持下发动政变，杀死以色列国王比加篡夺了王位，向亚述纳贡称臣。就此，大马士革王国的全部盟友都变成了亚述的藩臣，亚述帝国从四面包围，大马士革王国已成瓮中之鳖。

约公元前732年，提格拉特·帕拉沙尔三世下令包围大马士革城，并围城筑起栅栏，好让城里的居民无法逃脱。大马士革军民誓死抵抗，经过长达一年的围困亚述才攻陷这座城市。城破之日，被亚述军队斩下的尸首堆成了一座小山。占领富裕的商贸和冶铁中心大马士革，对亚述的经济发展具有重要意义，同时大马士革这座叙利亚地区和阿拉米人最大、最重要城市的陷落，也标志了叙利亚被亚述完全征服，阿拉米人从此逐渐与亚述人混合，慢慢退出历史舞台。在今日叙利亚、黎巴嫩和约旦等地还生活着这些阿拉米人的后裔，他们的语言、宗教和风俗习惯与现今的亚述人基本相同，常被看作和亚述人是同一个民族。

在亚述王提格拉特·帕拉沙尔三世西征期间，忠于亚述的巴比伦王那布·那西尔去世，巴比伦发生一系列军队政变，迦勒底人的首领那布·穆金·泽瑞在动乱中登上了巴比伦王位。那布·穆金·泽瑞拒绝对亚述表示臣服，于是提格拉特·帕拉

现今的阿拉米人

沙尔三世决定干脆自己来当巴比伦王。约公元前 729 年，他亲率大军击败并俘虏了巴比伦第九王朝最后一位国王那布·穆金·泽瑞，入主巴比伦城，在巴比伦神庙高级祭司的簇拥下被加冕为巴比伦王，巴比伦并入亚述，合称亚述-巴比伦联合王国，史称巴比伦第十王朝。

至此，亚述成为人类历史上第一个囊括两河流域和叙利亚的帝国，版图之广超过了其以往的任何时候，为加强控制境内数以百计的不同民族，提格拉特·帕拉沙尔三世改变了过去亚述帝国将被征服地区的居民变为奴隶或大肆屠杀的"三光政策"，转而实行强制移民措施：从被征

亚述浮雕《亚述卫兵看守下的巴比伦囚犯》

服地区的各种族中抽取大量人口，分成多股强行迁徙，分散安插到被亚述所征服的其他地区，让不同民族混居杂处。这种政策的直接目的是让同一民族的人分散于各地，难以联合起来反叛；另一方面，该政策也促进了帝国境内文化、技术的交流和民族的融合。阿拉米人创造的阿拉米字母就是在这一时期因为更便于学习交流，而被亚述境内的不同民族所采用，连同阿拉米语（亚兰语）传遍亚述帝国境内，和楔形文字一样成为亚述的官方文字，并逐渐发展成为后来西亚各国最通行的字母文字。

亚述人

为杜绝新征服地区出现权力世袭现象，提格拉特·帕拉沙尔三世派遣宦官去管理新征服的地区，因为宦官都没有子嗣。他的这一指令让亚述国内一时自阉成风。为加强对庞大帝国的控制，他在各省境内建立起当时世界上最发达的驿站网络系统，平坦宽阔的亚述驿道主要用石块和砖铺砌而成，并使用沥青铺面。在驿道的路旁，每隔20千米建有一个驿站和水井，驿站站长负责检查和维护道路、保障使

亚述宫廷宦官的浮雕

节和信件的往来、提供换乘马匹和行途所需住宿等，保证了亚述传达命令、行军运输、商业贸易、人口流动的需要。

三、埃及第二十四王朝和第二十五王朝

两河流域和尼罗河流域同为中东文明的中心，在过去的历史中这两大中心虽然多次相互角力，各领风骚，但从来没有哪一方能完全压倒另一方，而如今这种情况正在发生改变。在两河流域亚述帝国兴起之时，古埃及王朝四分五裂的状态却进一步加剧。约公元前818年，埃及分裂成第二十二王朝和第二十三王朝后，两个王朝内部又进一步分裂，到公元前8世纪末期，埃及出现了十几个小王国，第二十二王朝势力仅限于都城塔尼斯和附近的布巴斯提斯一带，第二十三王朝的辖区也只剩下都城莱翁特坡里斯和周边地区。

约公元前730年，从埃及众多分裂势力中兴起了第二十四王朝。和先前两个王朝一样，第二十四王朝的开创者也是利比亚人，史学家将利比亚人建立的第二十二王朝到第二十四王朝的200多年时间称为利比亚王朝时期，与三个利比亚王朝同时割据一方的还有由阿蒙祭司集团控制的底比斯等势力。

利比亚王朝时期的古埃及女神像

泰夫那克特是第二十四王朝的开创者，他最初只是尼罗河三角洲地区舍易斯城的总督，他以此城为中心征服了三角洲地区的"四大族长"，并通过与同为利比亚人建立的第二十二王朝的奥索尔康四世和第二十三王朝的尤普特二世结盟，在各地王公的支持下僭取了法老的头衔，建立了第二十四王朝。随后泰夫那克特率兵南下，意图征服阿蒙祭司集团控制的底比斯城。底比斯的阿蒙祭司无法抵抗泰夫那克特率领的利比亚军

图中从左到右依次是埃及西部的利比亚人，埃及南部的努比亚人，埃及东部的亚洲人、埃及人

全球史下看中国

轴心时代的到来

队，便想出"以夷制夷"的战略，派出使者向底比斯南方的"黑人王国"努比亚求助。此时的努比亚王国十分强盛，控制了从今日埃及阿斯旺尼罗河第一瀑布南到苏丹共和国首都喀土穆与尼罗河第六瀑布之间的大片地区，并将影响力扩延至底比斯，当时努比亚的公主是底比斯"阿蒙神妻子"的人选。在过去数千年的历史中，努比亚人反复被埃及人侵略征服，所以这次努比亚国王皮耶决定趁埃及内部分裂之机，让努比亚人翻身做埃及的主人。

埃及控制权的争夺在利比亚人和努比亚人这两个昔日被埃及人统治的异族之间展开，最后努比亚的皮耶王取得这场角逐的胜利，他歼灭了利比亚王泰夫那克特南下的尼罗河舰队，将其赶出上埃及，随后，皮耶王一鼓作气乘胜追击，击败了包括第二十二王朝、第二十三王朝和第二十四王朝在内的联合军队，一举攻陷了孟斐斯这座埃及第一古都，在那里他被阿蒙祭司长加冕为"上下埃及之王"，建立埃及第二十五王朝（约公元前730—前656年），成为埃及历史上第一个黑人法老。随后，皮耶王继续向泰夫那克特最后的根据地三角洲进军，泰夫那克特被迫投降，被努比亚王委任为当地的统治者。

努比亚王族雕像

努比亚王皮耶完成埃及名

义上的统一后，只留下部分驻军就撤兵返回了努比亚，在他回去不久，各利比亚王朝相继背叛他，恢复了独立的王权。第二十四王朝的泰夫那克特再次控制埃及大部分土地，这次他不敢再打南方底比斯的主意，转而将目标放在东方的亚洲。约公元前727年，雄才大略的亚述王提格拉特·帕拉沙尔三世去世，他较为平庸的儿子萨尔玛那萨尔五世即位，被亚述征服的各族有意摆脱亚述统治，刚刚复国的泰夫那克特想趁机东进亚洲，恢复埃及曾经在巴勒斯坦与地中海东岸的势力，便出兵支持以色列王何细亚起兵反抗亚述。

泰夫那克特还没完成他的复兴大业就去世了，他的儿子博克霍里斯被誉为"古埃及历史上的六位立法者之一"，他制定了有关契约的法律，"凡借款而未曾立约且发誓证明其不曾欠款者，可以不还债款……贷款给别人，所得利息，不许超过一倍……债务人没能偿还债款时，不许剥夺债务人的自由"，从而限制高利贷的巧取盘剥，解决了自由民因债务变成奴隶，纳税和服役者数量日益减少的现象。

有关泰夫那克特的文物

有了兵源和财源，博克霍里斯继续其父支持以色列反抗亚述扩张的对外政策，亚述王萨尔玛那萨尔五世不仅没能平定以色列叛乱，反被军事将领萨尔贡二世（"萨尔贡"一词意为非法的王）篡夺了王位。这看似对抗亚述的巨大胜利却带来了一个更可怕的后果，这位篡位的萨尔贡王，将把亚述历史带入最后一个也是最强大的王朝——萨尔贡王朝时代，亚述帝国将把以色列连同埃及带入战争的噩梦中。

四、亚述萨尔贡王朝

　　萨尔贡二世智勇双全，能征善战，他上任后进一步细化兵种改革，把步兵分成剑士、长矛兵和弓箭手三大类，进行专职训练。剑士充任随从警卫；长矛兵一手持矛一手持盾，摆出密集的护卫阵形，保护后方的弓箭手；弓箭手依然是进攻的主力，被分为轻弓箭手、次重弓箭手和重弓箭手三类，其中重弓箭手装备铁制盔甲，是亚述军队主力中的主力，在围城攻塞中发挥重大作用。

萨尔贡二世

亚述宫殿中的剑士浮雕

　　《圣经》中记载，亚述的军队就像狮子一样勇猛，打得以色列人丢盔弃甲。依靠这支强大的军队，萨尔贡二世于约公元前722年攻陷以色列都城撒马利亚，将大部分的以色列人都分散安插到亚述境内各地与其他民族杂居，这些放逐的以色列人与其他民族逐渐融合，忘记了自己以色列人的身份，北方以色列王国的十支派就此消失，犹太人称其为"丢失的十支派"。南方的犹太王国则向亚述献出大量金银才得以继续充当亚述的附属国，从而保住了南国犹太的两支派。如今被认为和北国以色列人血缘最接近的是在今以色列北部山区居住的，少于1 000人的撒马利亚人，他们自称是古以色列国的后裔，保存有摩西律法和最古老的古希伯来字母，和犹太人一样庆祝逾越节，他们认为自身的宗教保存了更古老的犹太教传统。但是犹太人的历史学家约瑟夫却表示，撒马利亚人是北国以色列灭亡时，亚述把外族移居入以色列地，和少数留下来的以色列人所生的后裔，因此犹太人将这些撒马利亚人视为受到异教徒污染的旁支，不愿与他们接近。《新约·约翰福音》中写道："犹太人跟撒马利亚人没有来往。"

以色列被灭后，埃及的利比亚法老并不死心，改为支持叙利亚人和腓尼基人起义。此时埃及南方的前任努比亚法老皮耶已经去世，由他的弟弟沙巴卡①总揽朝政，沙巴卡趁埃及陷入亚洲战场之机，果断出兵北上，在约公元前715年打败并俘虏了第二十四王朝的博克霍里斯法老，将其活活烧死，并彻底消灭了第二十二王朝和第二十三王朝及其他分裂势力，重新统一全

沙巴卡的头像

埃及。为防止像上次一样，回军努比亚后埃及再次反叛，沙巴卡将都城从努比亚的纳帕塔迁往埃及的古都孟斐斯，并采用了埃及法老称号。他对本土埃及人采取怀柔政策，从不判处犯罪的埃及人死刑，只处罚他们修城筑坝。他与祭司阶层保持良好关系，重修埃及多处神庙，把《孟斐斯神学》原文刻石立碑公布于世。在努比亚"黑人法老"的统治下，动乱的埃及再次进入稳定时期，埃及和努比亚之间的贸易、文化交流也进入全盛时代。

"黑人法老"沙巴卡对亚述帝国采取了友好邦交的政策，派使者给

---

① 根据最新的考古资料，努比亚法老皮耶的继承人更可能是他的儿子沙巴塔卡，而沙巴卡则是继沙巴塔卡之后的努比亚法老，一些考古学者认为后代的史书混淆了沙巴塔卡与沙巴卡的事迹，这里先参照传统的说法。

萨尔贡二世的头像

全球史下看中国

轴心时代的到来

亚述王萨尔贡二世送去许多贡品。没有了埃及的干涉，亚述王萨尔贡二世成功平定了帝国西部巴勒斯坦、叙利亚、腓尼基等地的叛乱。随后，萨尔贡二世于约公元前714年，出兵北征小亚细亚的老对手乌拉尔图，在亚述西部叛乱时，乌拉尔图也趁机支持亚述北部地区叛乱，并和叛乱者组成强大的反亚述联盟。萨尔贡二世采取各个击破的方针，先分化瓦解了乌拉尔图的同盟势力，再与乌拉尔图决一雌雄。乌拉尔图王鲁萨一世在与萨尔贡二世的决战中惨败，后自杀身亡。亚述军队攻入乌拉尔图的圣城穆萨希尔，并掳走神像。乌拉尔图几乎丧失了国都以南的全部势力范围，从此一蹶不振，向亚述称臣纳贡。

解决西北部的后顾之忧后，萨尔贡二世再次南下巴比伦。当时在波斯湾沼泽地带生活的迦勒底人不断涌入巴比伦境内，早在约公元前721年，迦勒底人的首领梅罗达克·巴拉丹就在东方伊朗埃兰国的支持下，领导巴比伦人脱离亚述而独立。萨尔贡二世当时率部前往平叛，结果被巴比伦-埃兰联军击败，只好暂时放弃了收复巴比伦的计划，先行平定西北部地区的叛乱。直到约公元前710年，巴比伦最重要的盟友埃兰陷入内乱。萨尔贡二世趁埃兰内乱无暇外顾之机，果断出兵巴比伦，一年后，巴比伦再次被亚述攻陷，迦勒底人

巴比伦的迦勒底国王梅罗达克·巴拉丹
（左一）

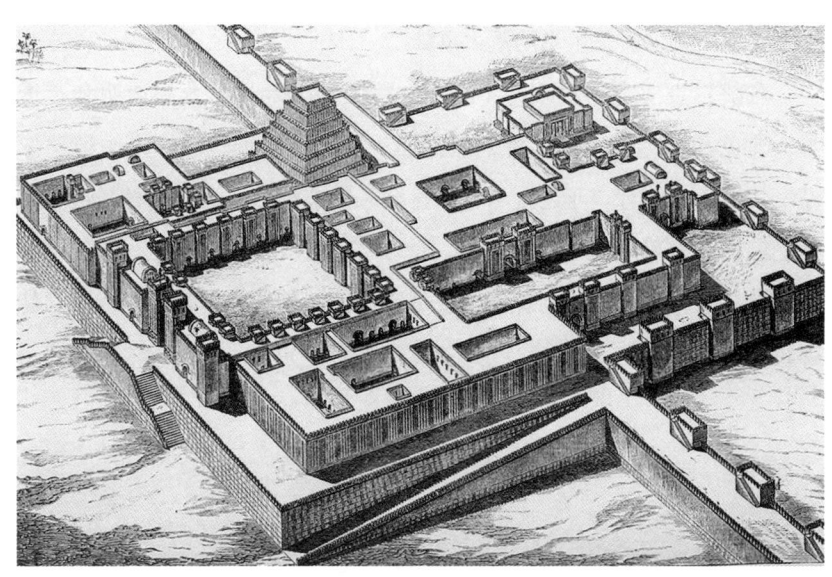

萨尔贡王宫复原图

首领梅罗达克·巴拉丹向东逃往埃兰。

　　随后，萨尔贡将叙利亚和小亚细亚许多附属亚述的国家全部并为亚述行省，到公元前708年，叙利亚和南小亚细亚都被并入亚述帝国的版图，亚述的国土达到前所未有的庞大。萨尔贡在尼尼微以北15千米的地方为他的新帝国建起一座以自己的名字命名的都城——"萨尔贡堡"，这座新城共用了10年之久方才竣工，是有7座带塔楼城门的四方形城池，分内、外两层，内城里的萨尔贡王宫是整座城市的精华部分，宫殿坐落在高18米、边长300米的方形高台上，共有30个庭院、210个房间，周围环绕着高大坚固的防护城墙，3个拱券形的宫廷大门两侧立有一对高达1.8米的带翼人首牛身守卫石像，宫殿的外墙和天花板用彩色琉璃砖和壁画装饰，内墙则用超过2米高、镶嵌有宝石的大理石浮雕按时间

亚述的带翼人首牛身守卫像

顺序展现出萨尔贡王生平的重大事件。

在萨尔贡王宫中发现有 140 余件精美的玻璃器，分为透明和不透明、纯色和杂色等不同品种，包括瓶、杯、镶嵌玻璃珠、人头玻璃像等，其中一件刻有"亚述萨尔贡王宫殿"铭文的乳白色玻璃杯是迄今世界上最早的有确切纪年的玻璃器。除了玻璃器外，在王宫的武器库里，还发现有近两百吨的铁制装备，正是这些铁制装备支撑起亚述帝国的赫赫武功。

第三节　希腊与罗马

光荣属于希腊，伟大属于罗马。

——［美］爱伦·坡《致海伦》

一、希腊殖民时代与意大利半岛早期文明

强大的亚述帝国将垄断地中海贸易的腓尼基各城邦都置于自己的控制下，亚述的侵略严重削弱了腓尼基各城邦的实力，进而使腓尼基人海上霸主的地位开始动摇，腓尼基人的学生希腊人积极开展商业和海盗活动，将腓尼基的商贸势力从东到小亚细亚、南到克里特岛、西到意大利等地区排挤出去，瓦解了腓尼基人先前在东地中海的霸权。

与商业贸易相伴随的是殖民活动，在约公元前 8 世纪—前 6 世纪，希腊人掀起大规模的海外殖民浪潮，在地中海、黑海沿岸建起了数百个城邦，史称"大殖民时代"。希腊人进行殖民的方式是，首先由城邦内的公民向母邦申请确定殖民的区域，获批准后，从母邦取得圣火，并引进一个懂得母邦建设礼仪的人，指派领队人员，转移圣火，承建城墙和防御设施，进行城区规划等。殖民者每成功征服一地，当地居民要么被驱逐，要么被奴役，要么被同化。新建立的殖民城邦虽然和母邦崇拜

同一个神，讲同一种方言，且多保持密切的经济、文化往来，但是殖民城邦在政治上独立于她的母邦，不受其管束，他们连接的纽带只是相同的文化习俗和历史上的传承。因而，希腊殖民扩张运动的结果，不是产生一个强大的殖民帝国，而是产生大量独立的城邦。导致这种结果的根本原因是，希腊人的殖民活动并不只是为了寻求更多的原料、奴隶和市场，其更重要的缘由是人口压力。当时，只靠耕地生产和贸易进口粮食已经无法解决希腊人口增长过快的问题，希腊要想进一步发展，"唯一出路就是出海殖民"。据古希腊历史学家希罗多德记载，提洛岛的居民曾因干旱歉收，用抽签的办法从每兄弟两人中选一人到非洲殖民，所有中签者结成生死联盟，终于成功在他乡开辟出了一片新天地。

希腊人殖民的范围十分广阔，东及小亚细亚和黑海地区，西至西西里岛以及今意大利、西班牙和法国沿海，南临北非沿岸，其中小亚细亚、塞浦路斯岛、黑海沿岸、西西里岛和今意大利南部是希腊人最主要的殖民区。

在希腊半岛的东方，和希腊隔海相望的小亚细亚沿岸早在大殖民时代之前的荷马时代就已经是希腊人的居住地，到这一时期已经完全纳入希腊人的势力范围，与爱琴海之间隔着黑海海峡的黑海则是一块连腓尼基人都还未充分发掘的自由地。希腊人先是在黑海海峡①的欧洲沿岸建立了拜占庭（今土耳其伊斯坦布尔）等城邦，而后逐渐扩张

希腊传说中驶入黑海探险的"阿尔戈号"

---

① 黑海海峡即土耳其海峡，是连接黑海与地中海的唯一通道，包括博斯普鲁斯海峡（又叫伊斯坦布尔海峡）、马尔马拉海和达达尼尔海峡（又叫恰纳卡莱海峡），是亚、欧两洲的分界线。

到整个黑海沿岸，通过捕捞黑海成群洄游的金枪鱼等海产品以及与黑海北岸的游牧民族贸易获得可观的经济收入，"到公元前 5 世纪，整个黑海流域已为繁荣的希腊商业据点和殖民地所环绕"。①

在希腊半岛的西方，位于地中海中心的地中海最大岛屿——西西里岛是希腊人的另一殖民宝地。西西里岛是一座多火山的岛屿，岛上的最高峰，高达 3 261 米的埃特纳火山是欧洲最高、最大也是最活跃的火山，由火山喷出物所生成的火山土是农业作物的肥沃土壤。在古代，西西里是欧洲著名的粮仓，今天，这里依然是地中海人口最稠密的岛屿。西西里岛上异常肥沃的土地，也让土壤贫瘠的希腊半岛居民垂涎欲滴，吸引了大批希腊殖民者到来，建立起许多繁荣的城市，其中最重要的城市便是西西里岛东岸的锡拉库萨（又译"叙拉古"），该城由古希腊科林

西西里岛上的埃特纳火山

① ［美］斯塔夫里阿诺斯：《全球通史：1500 年以前的世界》，吴象婴、梁赤民译，上海社会科学院出版社，1999 年，第 178 页。

西西里岛上的希腊神庙

斯城的殖民者于公元前 734 年建立，在以后的古希腊历史中具有十分重要的影响力。

　　位于西西里岛北部一水之隔的意大利半岛将地中海分为东、西两部分，和西西里岛一样，意大利半岛上的火山给予了意大利适于农耕的肥沃土地，同时半岛上充沛的雨水、河流和较为广阔的沿岸平原，提供了发展农业的便利条件。早在约公元前 750 年，希腊人就在今意大利那不勒斯西北建立了第一个殖民城邦——库迈 ①，随后大批希腊人蜂拥而至，先后建立了锡巴里斯（约公元前 720 年）、克罗同（约公元前 710 年）等一系列城邦，将意大利南部海岸线从库迈到塔兰托连成了一线，其城邦数量之多远超过小亚细亚和西西里岛，因此意大利南部有"大希腊"之称。

① 今意大利第三大都会，南意大利最大城市——那不勒斯，便是由附近的希腊殖民地库迈的居民所建立。

伊特鲁里亚人的雕像

希腊人的殖民地主要在南意大利一带，并不断向北推进。在那里，他们遇到了更早一批的移民者伊特鲁里亚人，伊特鲁里亚人本非意大利的土著民族，而是来自东方的小亚细亚的非印欧语系移民，他们在往欧洲迁移时，因被意大利北部丰富的矿藏，尤其是厄尔巴岛上丰富的铁矿所吸引，在这里定居下来。这些来自东方亚洲的移民带来了先进的冶铁和水利灌溉技术，创造出意大利最古老的文明——伊特鲁里亚文明。在约公元前8世纪的意大利中北部出现了由12座伊特鲁里亚城市组成的城邦联盟，但实际上伊特鲁里亚各城邦并没有形成统一的中央政府，12城联盟与其说是政治上的，不如说是宗教上的联盟。各城邦每年春季节日在伊特鲁里亚最高神——性爱、生殖和欢乐女神伏尔通娜神庙举行会议，各城分别派代表参加，讨论解决城邦间的公共事务，并选出一名最高祭司作为12城邦的元首，但是最高祭司只有宗教权力，在世俗事务上对各城市没有多大约束力。

伊特鲁里亚各城邦依靠意大利中北部储量丰富的矿藏发家，伊特鲁里亚人是优秀的金属匠师，其生产的金银首饰、铜镜和各种工艺品远销希腊、迦太基和中西欧。他们在建筑、雕塑、壁画上效仿希腊人，但也发展出自己的一套风格。他们已懂得使用火炕供暖，并发明了用黄金做桥托、用骨头或象牙雕成牙齿的世界上最早的假牙。伊特鲁里亚的城市大多建在临海的山上，便于海上贸易，并与南方的希腊殖民地有着频繁的贸易交流。

在和希腊人的经济交往中，伊特鲁里亚人学会了使用希腊字母，并在此基础上创造出伊特鲁里亚字母。伊特鲁里亚字母是许多古意大利字母文字的前身，并在后来向北传播到北欧地区演化为当地本土宗教使用的北欧符文（卢恩字母）。从伊特鲁里亚字母衍生出的拉丁字母更是成为绝大多数西方国家所使用的字母，并随着近代西方国家的兴起流传到世界的大部分地方，成为世界上最通行的字母。今日亚洲的印度尼西亚、越南、马来西亚，中国少数民族中的壮、布依、彝、苗、哈尼、傈僳、纳西、

公元前 5 世纪的伊特鲁里亚人青铜塑像

侗、佤、黎等也使用拉丁字母拼写文字，甚至连汉语拼音也是用拉丁字母来表示发音，而日语也是用拉丁字母（罗马音）作为日文的读音注释。创造拉丁字母的拉丁人生活在伊特鲁里亚人南部的拉丁平原，受伊特鲁里亚文明的影响，一部分拉丁人的村落也开始城镇化，最终在拉丁平原上建立起西方世界的第一古都、永恒之城——罗马。

二、罗马建城

根据罗马人的传说，当年特洛伊城被希腊人攻破之时，特洛伊王子埃涅阿斯带着家人及其追随者从特洛伊密道中逃脱，渡海到达了意大利半岛中部的台伯河畔定居下来，创建了阿尔巴龙加城邦，这座城邦也被认为是拉丁人最古老的城邦。

数百年过去后，在阿尔巴龙加国王努米托尔统治期间，他的弟弟阿穆留斯篡夺了王位。阿穆留斯将努米托尔驱逐出境，并强迫其女儿担任不许结婚的圣女以绝后患，不过这位"圣女"后来竟然自称怀上了战神

母狼乳婴像

收藏于罗马的维拉·尼亚博物馆里的"母狼乳婴"青铜像的主体母狼,是由伊特鲁里亚雕塑家创作于约公元前480年至前470年。而母狼身下的双胞胎则是1471年教皇西克斯图斯四世将母狼雕像送给罗马之后,另外添加上去的。

玛尔斯的儿子,并生下了一对孪生兄弟。阿穆留斯得知后便派一位养猪的仆人将两兄弟装到篮子里丢进台伯河,篮子被冲到下游岸边,被一只母狼发现,这只母狼哺育了他们。罗马帝国时代的希腊历史学家普鲁塔克提到,负责抛弃婴儿的养猪人实际上就是抚养婴儿的人,而"母狼乳婴"的传闻可能来自婴儿的奶妈,因为在拉丁语中狼与淫妇是同一个词"lupoe",而养猪人的妻子就是个淫妇,正是她喂养了这对兄弟,后来的罗马人每年都要对她奉献祭品。

养猪人秘密收养了两兄弟后,给哥哥取名罗慕路斯,弟弟叫雷穆斯。兄弟俩长大后成为当地的牧民头领,他们聚集起一群牧人、流浪者和逃亡者,杀回自己的母国阿尔巴龙加城,杀死篡位的阿穆留斯,帮助外祖父努米托尔夺回王位。然而因为阿尔巴龙加城的居民无法接受与容忍两兄弟率领的亡命之徒成为他们城里的市民,所以兄弟俩没有选择留在城中,而是带着自己的追随者离开,在从小长大的台伯河下游建起一座新的城市。建城时,两兄弟为城址和势力范围闹翻,乃至兄弟相残,最终哥哥罗慕路斯杀死弟弟,并以自己的名字"罗慕路斯"命名新建的城市——罗马。罗马人明确记载罗马城奠基的日期是公元前753年4月21日,古罗马人把这一天作为建国纪念日,这一年也是罗马纪元的开始。从此,罗马和中国、希腊一样有了属于自己的纪年。

罗马城建城之后,由于当初跟随罗慕路斯出走的大多是一群单身的亡命之徒,一个没有女人的男人国是没有未来的,但是刚刚建城的罗马

劫夺萨宾少女

又穷又破，没有女人要嫁到这里。罗慕路斯想出一个"妙计"来为罗马男人找伴侣，他以举行建城庆典为名邀请邻近的萨宾人来参加大型宴会，单纯的萨宾人毫无戒心地来到罗马城尽情大吃大喝，等他们喝得差不多都醉了，早就准备好的罗马男人突然全体出击，将毫无防备的萨宾族男子乱棒打出城外，劫持了在场的萨宾族少女为妻。

　　不甘受此羞辱的萨宾人经过一年整兵备武后，前来罗马报仇雪恨，双方杀得难解难分，眼看就要两败俱伤，这时候被罗马人抢来的萨宾族少女突然纷纷怀抱刚出生的孩子冲出来，挡在她们的罗马丈夫和萨宾父亲、兄弟之间，哭喊哀求道："罗马人胜了我们失去父亲、兄弟，成为孤儿，萨宾人赢了我们将失去孩子的父亲，成为寡妇，你们都不要再残杀了。"她们的哀求和哭诉化解了萨宾男人心中的仇恨，既然木已成舟，他们和罗马人已是一家人，于是双方放下刀剑，达成和解。罗马人许诺对萨宾妇女以礼相待，并规定罗马的男人无论在任何地点与妇女相遇，都要让路给她们先行，这可视为西方世界女士优先礼仪的最早源头。同时罗马人邀请他们的亲家萨宾人进入罗马城，两族具有完全平等的地

萨宾妇女的调停

萨宾妇女冲到丈夫与父兄之间，用自己的身躯阻止他们争斗。

位，罗马城由萨宾王塔提乌斯和罗马王罗慕路斯共同统治。

　　没过几年，萨宾王塔提乌斯在参加宗教祭仪时不幸遇害，罗慕路斯又成了罗马城唯一的国王。罗慕路斯在位时期，罗马确立了早期的王权政治体制，罗马王作为城邦的政治、军事、宗教和司法的首领，虽为终身制却不能世袭，其权力受到元老院和氏族大会的制约，以国王为首的高级公职人员都要经城邦氏族大会选举，再由元老院任命产生。氏族大会（库里亚大会）限成年男子参加，按组成罗马的3个部族（分别为拉丁人、萨宾人和卢塞莱斯人①）划分，每个部族各有10个库里亚，所以总共有30个库里亚参与会议。在通过决议时，30个库里亚各有一票表决权，许多重要事务，如发动战争或缔结和约等都需要通过氏族大会。

---

① 卢塞莱斯（Luceres）这个称呼来自 lucus，即"小树林"之意，据古希腊历史学家普鲁塔克记载，卢塞莱斯人是由周边地区潜逃到罗马寻求庇护的人组成。也有学者认为卢塞莱斯人可能是伊特鲁里亚人或拉丁人的一支。

元老院最初由 100 名拉丁人议员组成，在萨宾人加入罗马后，又再从萨宾人中选出 100 名贵族担任元老院议员，如此元老院议员就增为 200 人。元老们被称为"父亲"，他们负责辅佐国王处理公共事务。元老院在后来成为罗马最重要的政治机构，不仅有权判定国王的立法和诉讼，还有权批准或否决氏族大会的决议。但在起初，元老院没有立法权，只有对国王的建议权，国王可以接受，也可以不接受。元老们对此都心怀不满，罗慕路斯在其统治时期与元老院的关系也并不好，古罗马史学家李维评论说："虽然罗慕路斯很伟大，但他更受到平民百姓的爱戴，而不是元老院的欢迎。"而他的死因也被认为与元老院的议员有关。据说，公元前 716 年，在位 38 年的罗马王罗慕路斯在巡视军队时突然消失，站在他身边的那些议员声称他是被一场风暴卷入天空，隐入月食的云层中，从此升天为神。而李维则称："虽然这是很伟大的事情，但我依然相信少数持不同意见人的话，他们私下说国王是被那些议员杀害后切成了碎片。"普鲁塔克也提到当时有人认为："元老院的议员在伏尔坎神庙将他杀害，然后把尸体切成碎块，每个人分别藏在怀

罗马王罗慕路斯与他的战利品

中带走。"①

罗慕路斯死后，罗马人与萨宾人都想由自己的部族人当选国王，双方最后达成协议，由罗马人推选一个萨宾人，萨宾人再推选一个罗马人，最后再由罗马人决定两人之中谁为国王。结果，萨宾人推选的罗马人，罗马人并不满意，罗马人更中意他们选出的萨宾人出任国王。如此萨宾人努玛·庞皮里乌斯成为罗马的第二任国王，这位萨宾王在位期间按月亮的圆缺周期为罗马人制定了一年 12 个月的历法②，他的太阴历法一直使用了 650 年才被恺撒时期制定的儒略太阳历取代。他又将罗马、萨宾各氏族信仰的不同神灵编为一家人，这样，原本各自氏族的神就成了大家共同的守护神。他还为罗马人安排祭典日、假日和赶集日，一年合计 45 天，在这些日子停止一切公务，让罗马人休息、庆祝和进行赶集交易活动。

公元前 672 年，第三任罗马王图鲁斯即位后，罗马开始走向对外扩张的道路。罗马人先是征服了他们的先祖之城阿尔巴龙加，在第四任国王安库斯时期又占领了台伯河入海口的奥斯提亚，使山丘上的罗马城和地中海建立了联系，此时的罗马已成为意大利中部不可忽视的势力。

由于年代久远，有关罗马先王的事迹不可避免带有很多传说的成分，因此要想获得除传说故事外的关于罗马诞生的确切知识，就很有必要提及考古学者对罗马民族起源地的研究成果。众所周知，罗马城最初是以台伯河边的七座山丘上的村落为起点发展起来的，因此罗马又被称为"七丘之城"。考古学者通过挖掘考察这些山丘的历史遗址，进而厘清罗马城的诞生与发展过程。通过观察台伯河边七座山丘四周接壤的领土可知，罗马这座"七丘之城"位于三个部族之间的连接点上。罗马的东面与南面是拉丁人生活的拉丁平原，罗马城的北面是萨宾人，罗马

---

① ［古希腊］普鲁塔克：《希腊罗马英豪列传Ⅰ》，席代岳译，安徽人民出版社，2012 年，第 81 页。
② 在此之前，罗马人使用的历法一年只有 10 个月。

的西北面是伊特鲁里亚人。这三个不同的民族都向七丘方向推进。其中拉丁人最早在七丘之中的帕拉丁山建立了一座山丘村镇，帕拉丁山正好地处七丘之中最中心的位置，在帕拉丁居住的拉丁人自然成为七丘之城的当权者。继拉丁人占领帕拉丁山之后，北面的萨宾人也在七丘之中与帕拉丁山相对的奎里纳尔山建立了一个村镇，这两个村镇后来联合变成一座城市，大体对应罗马人与萨宾人结成婚姻联盟的传说。罗马人与萨宾人的联合为进入罗马的第三个民族——卢塞莱斯人所效仿，他们定居于凯里安山上，这三个山丘村镇联合组成了伟大的罗马城邦。

第四节　铁器时代的文明变革

> 廉价的铁在上述及其他一些地区的出现，首先使从前石斧和木犁对付不了的茂密森林遭到砍伐。现在，农人们能利用锋利、坚固的铁斧和铁犁，将农业由中东经伊朗高原，推广到中欧；经地中海地区，推广到北欧。同样，新来印度的雅利安人也向东推进，砍伐恒河流域的森林；而中国的农人则将他们的活动范围从黄河流域向南，扩展到伟大的长江流域。
>
> ——［美］斯塔夫里阿诺斯《全球通史：1500 年以前的世界》

如果说古代文明是青铜时代的文明，那么古典文明就是铁器时代的文明。美国历史学家斯塔夫里阿诺斯认为，正是铁器的使用与推广，使古典时代的文明范围能够从古代文明时期的四大河流域与爱琴海地区，扩展到周边更广大的区域。楚国的兴起、亚述帝国的扩张、古希腊人的海外殖民等历史事件的背后，都离不开铁器的运用与推广。古希腊文明便是铁器时代的城邦文明，亚述军队也正是依靠铁制的武器装备横扫中东各国，而春秋时期的楚国虽然依然使用青铜作为兵器，但铁器作为农具已开始得到运用。中国早期铁器大多出自楚国，因为青铜昂贵，基本很少用于制作农具，而长江流域不仅森林茂密，难以开荒，其黏性土壤也不像黄河流域疏松细软的黄土那样便于木石农具的耕种。因此，铁器农具首先在楚国得到更广泛的运用，并成为楚国得以迅速崛起的技术基石。

同样我们可以看到，虽然在进入东周之后，因周王室势力衰败，天子大权旁落，诸侯国之间互相征伐，但是社会生产力也在这一时期得到前所未有的飞跃式发展。这当然不是因为分裂动乱促进了社会经济发展，而是因为铁器作为生产工具所带来的划时代的进步，生产力的发展促进了生产关系的变化，由铁器革命所引发的社会变革也将成为东周时期历史的重要内容。

如果对比同时期世界各国的政局发展，可知两河流域亚述王国的地方政府与西周王朝一样，原系封建贵族。在早期，亚述国和周王朝都因地方割据陷入动乱，所不同的是中国经历了春秋战国长达549年的分裂混战才进入统一的中央集权帝国时期，而亚述只经历了短短几十年的内乱，就被提格拉特·帕拉沙尔三世重新统一，从此进入帝国时代，以后亚述的地方政府改由国王任命的地方长官管理，这种形式的政府也被后世的波斯、罗马帝国所沿用。不过亚述的帝国政府与后来中国帝国时代的政府是迥然不同的，亚述帝国属于征服性的殖民帝国，而非统一性的中央帝国，虽然亚述帝国的领土十分辽阔，但多为对亚述人没有文化认同感的异族土地，这与以自称"华夏"为荣的东周各诸侯国形成鲜明对比。亚述对异族国家的征服战争，也不能等同于后来华夏境内的统一战争。也正是这一点，导致亚述帝国与后来华夏帝国截然不同的命运。

与华夏文明和西亚文明这两大古老文明中心相比，这一时期的古希腊文明才刚刚开始重新起步，但他们的发展程度已逐渐赶上了他们的老师腓尼基人，并直接影响了意大利本土最古老的文明——伊特鲁里亚文明的产生。受伊特鲁里亚文明的影响，西方古典文明的另一个代表罗马也在这一时期建城。在中国历史走向春秋战国时代的同时，西方历史也将就此迈入希腊罗马时代。

第二章　从古代文明到古典文明（约公元前770—前700年）

历史大事件对照表

中华	两河流域	古埃及	古希腊	意大利半岛	米底	古印度
公元前770年,周平王,周携王(王子余臣)并立,秦襄公被封为诸侯。 公元前760年,晋文侯出兵杀周携王,结束"两王并立"的局面。 公元前743年,郑庄公继位。 约公元前741—前689年,楚子熊通弑其兄自立,带领楚国崛起。 公元前738年,楚武王克权国,置权县,为中国历史上的第一个县。 公元前722年,鲁隐公元年,史书《春秋》纪年始于此,同年郑庄公平公叔段之乱。 公元前707年,郑庄公打败周天子带领的诸侯联军,小霸中原,诸侯争霸时代开始。 公元前704年,楚子熊通僭号称王,是为楚武王,为诸侯称王之始。	约公元前783年,亚述王阿达德尼拉里三世去世,亚述实力再次衰落。 约公元前773年,乌拉尔图王阿吉什提一世大败亚述军队,将势力扩张到两河流域上游的广大地区。 约公元前745年,亚述王阿淑尔·尼拉里五世死于内战,地方总督提格拉特·帕拉沙尔三世登上王位,实行军政改革,将亚述带入帝国时代。 约公元前743年,亚述王提格拉特·帕拉沙尔三世击败乌拉尔图王萨尔杜里二世及其叙利亚盟军,攻占幼发拉底河上游地区,乌拉尔图走向衰弱。 约公元前732年,提格拉特·帕拉沙尔三世攻占大马士革,降服诸城邦。 约公元前729年,提格拉特·帕拉沙尔三世征服巴比伦第九王朝,自称"巴比伦之王",巴比伦进入亚述统治的第十王朝。 约公元前722—前705年,亚述二世在位,亚述灭以色列王国,迫使犹太国臣服。	约公元前730—前715年,古埃及第二十四王朝。 约公元前730年,努比亚王皮耶攻陷埃及古都孟斐斯,建立古埃及第二十五王朝(约前730—前656年),成为埃及历史上第一个黑人法老,埃及进入"黑法老"时代。	约公元前8世纪—前6世纪,古希腊大殖民时代。 约公元前750年,希腊人在意大利建立第一个殖民城邦——库迈。 约公元前735—前715年,斯巴达第一次美塞尼亚战争。 约公元前734年,希腊科林斯移民在西西里岛建立殖民城市锡拉库萨。 公元前708年,五项全能运动被正式列为第18届古代奥运会上竞赛项目。	约公元前8世纪,意大利出现最早的文明——伊特鲁里亚文明。 约公元前753年,罗马建城,罗慕路斯成为罗马第一任国王,"王政时代"开始。 约公元前716年,努马·庞皮里乌斯成为罗马王,为罗马制定历法。	约公元前728年,伊朗高原的米底人领袖迪奥塞斯建立米底王国。	约公元前8—前5世纪,婆罗门教经典《梨俱吠陀》《森林书》《奥义书》形成。

第三章

新的秩序与连接的桥梁

（约公元前 700—前 630 年）

随着天下共主周王室实力的一落千丈，群龙无首的华夏诸国陷入前所未有的混战与危机中。诸侯群雄纷争摧毁了上古的旧制度，也让新的社会秩序得以确立、新的阶级力量得以壮大。那么谁将替代周天子维护天下的秩序？而在中东地区，传统的尼罗河与两河流域两强并立的旧秩序能否继续维持？埃及与亚述的争霸又将如何收场？结束王政时代的希腊诸邦将建立哪些新的政治秩序？极端的斯巴达主义是如何产生的？印度的婆罗门又将如何维护种姓制度？欧亚大陆中部的游牧民族是怎样起到连接东、西方贸易桥梁作用的？游牧民族的入侵又将对农耕文明的发展产生什么样的影响？这些也是接下来要回答的问题。

第一节　齐晋称霸

夫霸王之所始也，以人为本。本理则国固，本乱则国危。

——《管子》

一、齐桓公称霸

姜太公吕尚帮助周武王灭商后，被封于齐地，建立齐国，他也就是齐太公。自齐太公封国建邦以来，齐国历代国君因地制宜，"通商工之业，便鱼盐之利"，煮盐垦田，使齐国人口大增。进入春秋时期后，齐国已是兵甲数万、富甲一方的大国。公元前694年，鲁桓公带夫人文姜出访齐国。文姜是齐国国君齐襄公的异母妹，出嫁鲁国前曾和齐襄公有染，襄公便趁文姜访齐之机再次与她淫乱，结果被鲁桓公发现，奸夫淫妇干脆一不做二不休，先派力士彭生勒死鲁桓公，然后卸磨杀驴，杀死彭生当替罪羊。鲁人乃立桓公与文姜之子为君，是为鲁庄公，文姜则继续留在齐国和其兄同谐鱼水之欢。

由于齐襄公伦理败坏、滥杀无辜，齐襄公的两个弟弟公子纠和公子小白为避祸分别逃到鲁国和莒国。公元前 686 年，齐襄公弟弟公孙无知弑兄自立为君，才过了一年，公孙无知又被下属杀害。此时齐国无君，在莒国的公子小白和在鲁国的公子纠都想尽快赶回齐国继位，公子纠的老师管仲乃带兵突袭公子小白的队伍，一箭射中小白的

管仲射小白画像石

衣带钩，小白佯装中箭身亡。公子纠因此放慢速度回国，而小白则变服易车，从小路飞速疾驰，日夜兼程赶回齐国继位，是为齐桓公。

　　齐桓公继位后第一件事，就是发兵与鲁国交战，鲁国大败，齐桓公本想让鲁国杀掉管仲，以报一箭之仇，但是他的老师鲍叔牙知道管仲有经天纬地之才，便劝齐桓公说："如果只想治理齐国，那么有我就够了，如果想要称霸天下，那么非管仲不可。"于是齐桓公派人对鲁君说："公子纠是我的兄弟，我不忍亲手杀他，烦请鲁国代我杀死他。管仲是我的仇人，请送他到齐国，我要将他剁成肉酱。不然，齐兵要围攻鲁国。"鲁国遂杀害公子纠，并将管仲囚禁送往齐国。齐桓公和管仲谈论霸王之术，发现他果真是天下奇才，便忘掉旧怨，拜管仲为相，尊其为"仲父"，委以政事。管仲在齐国进行一系列大刀阔斧的改革，开始了齐国的富强之路。

　　在农业上，管仲认为以往国家征收赋税额仅根据土地数量多少，而不考虑土地好坏与远近等因素，进而造成一部分土地偏远贫瘠地区的劳动者因赋税负担过重而逃亡，因此管仲实行"相地而衰征"的新田赋政策，按劳动力平均分配全部耕地，使其分户耕种，然后根据土地的收成好坏，来征收轻重不等的赋税。这种新型的土地税收政策提高了农民生

管仲像1

产的积极性，使齐国的粮食储备达到"粟如丘山"之效。

在商业上，与后来"重农抑商"的商鞅变法不同，管仲变法，不仅重视农业，也重视商业。管仲认为"凡治国之道，必先富民。民富则易治也，民贫则难治也"（《管子·治国》），"仓廪实则知礼节，衣食足则知荣辱"（《管子·牧民》）。而要致富莫过于通商，管仲利用齐国位于海滨之便，发展渔盐业，对外开放，鼓励商业贸易。他减免来齐国贸易的商人的税收，下令"对空车来的不要去索取税费，徒步背东西来的不要去征税"①，"每30里设立一处客舍款待外来商人，来一搭车者供应饭食，来三搭车者供应饲料，来五搭车者提供可供调遣的人员"②。他甚至建立了中国最早的国家妓院——女闾，在齐都城共开办7间官家妓院，共有妓女700人，为居住来往的商人提供服务。从此，"全国之商贾归齐若流水"，商业的繁荣带动齐国手工业的发展，齐国纺织品大量出口到各国，号称"冠带衣履天下"。齐国一举成为当时最富裕的诸侯国，齐都临淄也超过周都洛邑，成为当时东亚最繁荣、人口最多的城市。为防止因发展商业带来贫富差距过大的问题，管仲还实行"六德九惠""轻重九府"等我国最早有记载的社会保障政策，以救济贫民，于是齐国上下皆大欢喜。

在实现富民的同时，齐桓公想用增加税收来富国。但管仲认为税收是有形的，直接向百姓收税，必然会引起不满，应该采用"取之于

① 《管子·问》："虚车勿索，徒负勿入，以来远人。"
② 《管子·轻重乙》："请以令为诸侯之商贾立客舍，一乘者有食，三乘者有刍菽，五乘者有伍养。"

无形，使人不怒，寓税于价"的"官山海"政策，也就是将山海川泽之产，如盐和铁矿等都收归官府垄断经营。这样虽然没有加税，但是由于盐铁等资源是人们生活的必需品，因此实际上全国"无不服籍者"，据《管子》称，单是将食盐专营一项，就高于以往征得人头税的一倍收入。管仲的盐和矿产专卖政策为后世中国所沿用，成为中国古代中央集权制度的重要经济保障。

管仲像2

　　管仲还首次将社会阶层划为"士、农、工、商"四大类，同时规定全国百姓不准随意迁徙，从而让士、农、工、商四民分业分居，以便让其"少而习焉，其心安焉，不见异物而迁焉"，让"士之子恒为士、农之子恒为农、工之子恒为工、商之子恒为商"，使士、农、工、商的职位世袭化，让其子孙后代都固定在原来的职位上，从小只学习属于自己阶层的职业知识，让同行业的人聚集在一起，交流经验且不见异思迁。

　　管仲将国都之外的广大乡村地区设立为县、乡、卒、邑4级行政区，将国都划分为21个乡，包括6个工商乡和15个士乡。国都中15个士乡里居住的"士"并非指读书人，而是指拥有参军与受教育权利的士民，这些士民不负担租税，只负担军赋和兵役，是齐国的主要兵源。管仲实行兵民合一、五家连兵的制度，规定士乡的居民都必须服兵役，每家战时出一人，每五家为一轨，设一轨长，轨上设有里、连、乡三级军令主管，每年春秋以狩猎来训练军队，使民习于武事。军伍之人祭祀同福，死丧同恤，世代同居，不得私自迁徙。管仲通过这样将保甲制和军队组织结合，让各军士家庭长期生活在一起，居同乐，行同和，死同哀，以增加军人相互间的感情。为增加武器装备，管仲又规定犯重罪者，可用甲与车载赎罪；犯小罪者，可以用铜铁赎罪。这样齐国就有了一支装备精良、军士团结的善战之师。

实现富国强军后，齐桓公开始立盟定伯之路。伯本义是兄长，周天子是天下诸侯共主，诸侯之伯等于是天下诸侯之长，定伯就是称霸的意思。公元前 681 年春，齐桓公在山东北杏，与宋、陈、蔡、邾等国的国君会盟，齐桓公成为盟主，史称"北杏定伯"，遂国因未参加北杏之盟，结果当年就被齐国所灭。此前郑庄公虽然也结盟诸侯，但齐桓公是第一个担当盟主主持盟会的诸侯。

北杏之盟标志着齐桓公霸业的开始，管仲辅佐齐桓公在外交上采取了"尊王攘夷"的称霸策略，使其霸业合理化。当时周天子声威不再，势力单薄，公元前 675 年，卫国联合南燕出兵攻入周都，赶走周惠王，拥立周惠王之弟王子颓为天子。两年后，周惠王依靠郑、虢两国联军帮助，才得以复位。周惠王为答谢两国，将酒泉（今陕西省东部一带）赐给虢国，将虎牢（今河南荥阳西北）以东的土地赐给郑国，这样周王室仅剩的疆土进一步缩小，国力也更加衰弱。为惩罚卫国以下犯上的叛逆行为，增加齐国在各诸侯国之间的影响力，齐桓公趁机打出"尊王"的名号，于公元前 666 年率军讨伐并击败卫国，以周惠王的名义责备卫国，取得卫国财物后回国，如此不仅师出有名，还强化了齐国诸侯之长的地位。

比"尊王"更重要的是"攘夷"，在西周灭亡后，由于华夏各诸侯不断内战，东夷、西戎、南蛮、北狄趁机轮番入侵华夏，摧城毁乡，烧杀抢掠，华夏各国疆域不断减少。当时不仅华夏的四周到处是戎狄，就连华夏各国内部也有大量戎狄聚居，如周都洛邑所在的伊洛间有扬拒、泉皋、伊洛之戎，登上卫国都城的城墙就可直接看见戎狄的部落。许多原本属于华夏的部族都变成了戎狄，如戎人中的姜姓、姬姓之戎，本为华夏族，因受戎狄影响"移风易俗"，变得"饮食衣服不与华同，贽币不通，言语不达"。史书称其时为"南夷与北狄交，中国不绝若线"（《公羊传·禧公四年》），华夏文明的存续到了命悬一线的危急关头。正是在这时，齐桓公成为组织华夏各国对抗蛮夷入侵的领袖。

公元前 663 年，河北省北部和辽宁境内的山戎攻打燕国，齐桓公立刻发兵救燕，不仅击败了山戎，还顺道消灭了与山戎结盟的孤竹、令支两个蛮夷小国，齐桓公将所获土地送给燕庄公，叮嘱燕庄公要按时给周天子纳贡。燕庄公一路送齐桓公进入齐界五十余里，齐桓公以"不是天子，自古诸侯相送不出境外"为由，建立沟界将燕庄公所至之地割送给燕国，这样燕国在西北增加从戎狄得到的五百里地，东南得到齐国所送五十余里，始成一方大国。

公元前 659 年，狄人攻入邢国，摧毁邢都，齐桓公率领郑、宋等国出兵赶走了狄兵，并在夷仪为邢国建立了新都。第二年，赤狄又攻入卫都，杀光全城百姓，卫国君主懿公也被狄人割肉分食，又是齐桓公出兵救卫，帮助卫国在楚丘另建新都。诸侯因桓公救燕、复邢、存卫，又不贪其地，莫不畏齐之威，感齐之德。后来孔子感叹说："没有管仲辅佐齐桓公攘夷，我们现在都要沦为披头散发，穿左衽的服装的戎狄之民了。"[1]

打退西北戎狄的进攻后，齐桓公遇到最强劲的对手楚国。楚国在楚武王时实现了大国梦，并控制了最重要的战略矿产——铜绿山。公元前 689 年，楚武王的儿子楚文王即位后，将楚国的都城从丹阳迁至郢都（今湖北荆州纪南城），以后这里就是楚国最重要的都城。公元前 688 年，楚文王借道邓国北上讨伐申国（故址在今河南南阳），当时楚邓为姻亲之国，楚文王的母后邓曼本是邓国公主，邓祁侯是楚文王的舅舅，邓国因此对楚国不设防备，岂料等楚文王攻灭申国后，就顺道攻打并最

---

[1] 《论语·宪问》："管仲相桓公，霸诸侯，一匡天下，民到于今受其赐。微管仲，吾其被发左衽矣！"

终灭掉了邓国（今湖北襄樊）。

公元前 684 年，楚文王应息国之请攻打蔡国，俘虏了蔡侯，结果在回师经过息国时，在息侯举办的答谢宴会上，突然将息侯绑架，不费吹灰之力就灭了中原南端的息国。随后楚国又先后灭了权国、罗国等，将楚国的势力直插中原腹地的南阳盆地。

公元前 675 年，楚文王之子楚堵敖继位后，整日飞鹰走狗，不理政事。其弟熊恽在公元前 672 年弑兄夺位，是为楚成王。楚成王在位期间大力开拓江汉流域，收编江汉蛮夷各族融入楚民，将楚国从狭隘的氏族部落性质国家转变成融合江汉各族的地域性质国家，大大增强了楚国国力。楚成王又东征徐夷，向北吞并了弦国、黄国，控制了大别山南北的通道，占领了从今湖北、河南南部到安徽的千里沃土。

当时中原各国都将楚国视为蛮夷，楚国也以蛮夷自居，不遵中原礼仪，连灭各诸侯国，中原各国无不望而生畏。周王室慑于楚国兵威，派人承认楚国对江汉平原一带的统治权力，让其向南扩张，不要北犯中原，但是这依然阻挡不了楚成王对中原各国的入侵。在公元前 666 年、公元前 659 年、公元前 658 年、公元前 657 年，楚成王先后四次攻打地处中原腹地的郑国，郑国被打得一败涂地，只能向齐国求救。为了对付强大的楚国，齐桓公于公元前 656 年，率领齐、宋、鲁、卫、郑、陈、许、曹八国军队南下进攻楚的盟国蔡国，陈兵楚境。楚成王见八国盟军势大兵强，便向齐桓公求和，齐桓公纠集众诸侯与楚国在召陵（今河南郾城东）订立盟约，要求楚国恢复对周王室的进贡，史称"召陵之盟"。

齐侯匜

翌年（公元前 655 年），周惠王有意违反嫡长子继承制另立太子，齐桓公再次联合八国诸侯与周惠王的嫡长子郑在河南省睢县东南的首止会盟，缔结了共辅太子为嗣君的盟约。周惠王不甘心被齐国控制，便指使郑国离开盟会，并试图联络楚国和晋国共同对抗齐国。齐桓公先发制人，率领七国联军攻郑，迫使郑国重新参与盟约。在齐桓公的帮助下，太子郑于公元前 651 年成功即位为天子，是为周襄王。同年齐桓公在宋国的葵丘（今河南省民权县林七乡西村）召集鲁、宋、卫、郑、许、曹等国，举行了最盛大的一次会盟。周襄王为感谢齐桓公对他的支持，特地派周公宰孔到会对其极力表彰，并将祭祀文王、武王的祭肉，红弓红箭，御用大车赐给齐桓公，还声明齐桓公不用行诸侯礼拜谢。葵丘之会标志齐桓公的霸业达到顶峰，齐桓公成为中原的首位霸主，史称其"九合诸侯，一匡天下"。齐桓公开创的由"霸主"会盟诸侯，维持华夏秩序的霸主体系，取代了传统的周天子封建体系，拉开了春秋五霸轮番登场的序幕。

二、秦晋崛起

在山东的齐国称霸中原的同时，位于山西的晋国也异军突起。公元前 745 年，晋昭侯将曲沃城（今山西临汾市曲沃县）封给其叔成师，是为曲沃桓叔。曲沃是一个比晋国国都翼城（山西临汾市翼城县）还要大的城市，曲沃桓叔又"好德"得民心，使"晋国之众皆附焉"，曲沃迅速发展成为晋国的另一政治中心，最终在晋国内部的曲沃和翼城之间爆发了长达 67 年的内战。一直到公元前 679 年，曲沃桓叔之孙曲沃武公击败并杀死晋侯缗，重新统一了晋国，改称晋武公，史称"曲沃代翼"。

公元前 677 年，晋武公的儿子晋献公即位后，六亲不认、残酷无情，为防止晋国再次出现"曲沃代翼"一样的公族叛乱，竟将除自家以外的晋国所有公子、公孙全部诛杀，并废除了公族大夫制度，改用一批异姓人才为卿大夫，史称"晋无公族"。

解决公族的内部矛盾后，晋国开始大规模向外扩张，和一马平川的中原各国相比，处于太行山脉的晋国远不如中原各国富庶，且四面都与戎狄连接，《左传》称："晋居深山，戎狄之与邻。"其境南有姜戎，北有林胡、楼烦之戎，西北有白狄，北面与东南面有赤狄。但是这些未开发的戎狄之地也给了重新统一后的晋国大肆扩张的空间。晋献公在位期间将晋国军队从一军扩充为二军（分上军与下军），发动多次战役，吞并山西、河北一带的诸侯小国和戎狄部族，史称其"并国十七，服国三十八"，使晋国迅速扩张成为雄踞一方的大国。

晋献公在对外扩张中和楚国一样兵不厌诈，不讲礼仪。公元前655年，晋献公用良马和璧玉向虞国借路讨伐虢国，虞虢两国，唇齿相依，唇亡齿寒，但是虞君还是因为贪恋良马和璧玉借路给晋国。结果晋军回师时，便突袭灭掉了虞国，并拿回了自己的良马和璧玉，这就是"假道伐虢""唇亡齿寒"成语的由来。除了发动战争吞并戎狄外，不受礼仪道德束缚的晋献公还打破了西周"同姓不婚"的原则，娶同姓的贾国女子，并且开启晋国与戎狄通婚先例，先后娶三女于戎，其四个儿子中有三个是戎女所生，以后晋国的国君和大夫也多与戎狄通婚来实现外交战略。

晋国的日益强大，让晋国的西邻秦国十分羡慕，当时的秦国由于地处偏远的西疆，和西戎通婚杂处，不参与中原诸侯会盟，被中原各国视为蛮夷。秦穆公为拉近与中原各国关系，便向晋献公提亲，始结秦晋之好。晋献公将大女儿嫁于他，并将刚灭掉的虞国的大夫百里奚作为陪嫁奴送到秦国。秦穆公与百里奚交谈后发现其乃王佐之才，便不顾其年已七十多岁而拜为左相。百里奚上任后推荐人才、勤勉政事，使秦国实现大治，迅速崛起。

这时，晋国内部发生骊姬之乱。骊姬是晋献公后娶的夫人，她姿色艳丽，又善献媚取怜，晋献公对她非常宠爱。骊姬为帮儿子奚齐获取太子之位，离间晋献公与儿子申生、重耳、夷吾的关系。晋献公听其谗言，逼太子申生自杀，重

耳、夷吾则分别逃往他国避难。由于骊姬阴险狡诈，晋国大臣都厌恶她，公元前651年晋献公死后，晋国臣子杀死骊姬和她儿子奚齐，一时晋国无君，出逃在外的晋国公子夷吾向秦穆公许诺：“如成功回国得位，将割晋国河西之地（今山西、陕西两省间黄河南段以西地区）给秦国。”河西之地土壤肥沃，秦国又可将地盘向东扩展到黄河天险，秦穆公当即答应，派百里奚率兵护送夷吾进入晋都，立为国君，是为晋惠公。

晋惠公回国后违背诺言，没有割给秦国河西之地，秦晋因此失和。晋惠公四年（公元前646年），晋国因饥荒向秦国求粮，有人劝秦穆公趁机攻打晋国，但是秦穆公说，“晋君有错，但是晋国百姓没有过错”，便运载大量粮食接济晋国，帮其度过荒年。结果第二年，轮到秦国发生饥荒，秦国也理所当然向晋国求粮，晋国君臣却趁机发兵大举攻秦。晋国恩将仇报的行为激起秦国上下的愤怒，等到次年秦国度过灾荒，秦穆公亲自率军大举向晋国复仇，虽然秦军站在道德的制高点师出有名，但这却是一场万分惊险的大战，秦穆公险些被晋军活捉，多亏半路冲出300多个曾经受恩于他的“岐下野人”奋不顾身地杀入晋军之中，才逆转了战争形势，一举活捉了晋惠公。

由于秦穆公的夫人是晋惠公的姐姐，她以死相逼向秦穆公痛哭求情，秦穆公也担心晋国报仇，便放晋惠公回国，晋国则割河西之地献给

秦国，并派太子圉到秦国做人质，秦穆公把女儿文嬴嫁给太子圉，重结秦晋之好。

在这次秦晋战争中，突然出现的"野人"起到决定性作用。周代实行严格的"国野制度"，只有居住在国都城邑中的"国人"才拥有当兵的权力，而乡郊鄙野的"野人"没有披甲作战的资格。被秦国"野人"活捉的晋惠公认识到"野人"的价值，他率先打破了国野之分，实行"作州兵"新政，征调野人当兵，从而快速补充兵员，大大增强了晋国的军事实力。周朝的"国野制度"从晋国"作州兵"开始逐渐淡化。

三、宋楚争霸

晋惠公无信无义，残暴专制，又兵败于秦，晋国臣民都对其不满。当时晋惠公的异母兄重耳出逃在北狄，重耳仁义贤能，很受晋国大臣的拥戴，晋惠公为去除这心腹大患，便派刺客去刺杀重耳，重耳得知后便逃到齐国。齐桓公待其如上宾，并把宗女齐姜嫁给重耳，陪嫁20辆驷马车，重耳就此在齐国过上安逸的生活。此时，管仲已经去世，齐桓公宠信易牙等小人，易牙本是齐桓公的御厨，因齐桓公想吃人肉，易牙便杀掉自己幼子，将其肉献给齐桓公品尝，齐桓公深受感动，因此任其专权用事。离开他，齐桓公连饭都吃不下。易牙借机培养自己的势力，使其党羽遍布朝野。

齐桓公的三位正妻无子，他的六个宠妾分别为其生下：公子无亏、公子元、公子昭、公子潘、公子商人、公子雍六个儿子。齐桓公早年立公子昭为太子，但太子昭素来不喜欢易牙。公元前643年，齐桓公病重，易牙担心太子昭即位后对己不利，便守禁宫门，隔绝内外，假传桓公之命，不容他人入宫相见，将齐桓公活活饿死，然后带领亲信拥立齐桓公的长子公子无亏为君。

先前齐桓公曾嘱托宋襄公照应太子昭，太子昭便逃往宋国，向宋襄公控诉易牙叛乱，宋襄公于次年春，联合曹、卫、邾等国领兵入齐，助太子昭归国争位。齐国臣民素恨易牙专权，于是里应外合，赶走了易牙，杀死公

宋公栾青铜戈

子无亏。不料在宋襄公撤军回国后，齐桓公的另外四个儿子公子潘、公子元、公子商人、公子雍便联合公子无亏的朝中旧党，再次赶跑太子昭。太子昭只好又逃到宋国向宋襄公求助，宋襄公再度发兵，击败齐众公子，拥立太子昭即位为君，即齐孝公。

此时，第一代霸主齐桓公已死，齐国又因内乱国势中衰，诸侯霸主之位空缺。宋襄公认为自己拥立齐君，两定齐国内乱，宋国又是最高诸侯等级的公爵，便想效仿齐桓公会合诸侯，接替盟主之位。与此同时，在齐桓公时代被抑制的南方强国——楚国，也想趁中原无主的机会，北上攫取霸权。

由于郑文公支持楚成王做诸侯霸主，宋襄公便决定出兵攻打郑国，郑国向楚国求救。楚成王采取围宋救郑的策略，向宋国发起进攻，宋襄公只好从郑国撤兵回国。两国的军队在河南柘城西北的泓水相遇，宋军先到达泓水北岸，抢占先机之利，列阵待敌，而楚国才刚到达泓水南岸，准备渡河。宋司马目夷鉴于楚军势大，宋军兵少，向宋襄公建议在楚国半渡到河中，进退两难之际发起进攻，但是宋襄公却要遵守周礼中"不推人于险，不迫人于阨"的战争规则。等到楚军顺利渡河后开始在岸边布阵，目夷再次向宋襄公建议乘楚军布阵未完发起冲锋，但是宋襄公表示自己仁义之师不贪一击之利，不打未成列之师。等到楚国从容列阵开战后，坐失战机的宋国"仁义之师"被最不讲仁义的"蛮楚之师"杀得兵败如山倒，宋襄公霸主梦碎，还被射伤大腿，回国后不久伤重

楚成王与郑女嫛

楚国出兵救郑，击败宋国后，楚成王娶了郑文公的两个女儿而归，郑女嫛作为媵妾随嫁到楚国，因其恪守礼义，不贪贵乐利，被楚成王立为夫人。

辞世。

在礼崩乐坏的诸侯争霸中，宋襄公有意高举仁义之旗，奉行礼仪政治，却落得兵败身亡、沦为笑柄的结局，他的失败标志着周朝的战争礼仪被彻底淘汰，战争将进入不以道义为重而以成败论英雄的"春秋无义战"时代。虽然宋襄公称霸未成，但是作为固守"仁义之兵"的君主代表，依然被《史记索隐》列为春秋五霸之一。

四、晋楚之战

楚国在泓水之战击败宋国后，就此称雄，中原诸侯无一能敌。此时出逃在外的晋公子重耳所在的齐国霸权不再，指望齐国帮忙夺回晋国君主之位已不可能。但重耳在齐国因生活安逸，沉浸于享受，乐不思晋，结果被其妻子和下属灌醉，强行带离齐国，去投奔当时最强大的楚国。

楚成王待其以诸侯之礼，并答应助其复位。重耳入楚数月后，在秦国为质的晋国太子圉得知晋惠公病重后遂抛弃在秦国的妻子，逃归晋国即位，是为晋怀公。秦穆公见他不辞而别，恨其背信弃义，他探知晋国流亡公子、晋怀公的二伯重耳在楚国，便立即派人邀请重耳到秦国。楚成王派人送重耳到秦国，并赠他厚礼，重耳答应日后一定会报答楚君。

到秦国后，重耳受到秦穆公的热情款待，秦穆公将同宗的五个女子都嫁给重耳，其中还包括被晋怀公抛弃的妻子文嬴。此时晋国臣民也非常不满晋惠公、晋怀公父子统治，他们听说重耳在秦国，便暗中派人来秦表示愿为内应，希望重耳能够尽快回国。公元前636年，秦穆公派大军护送重耳回晋国夺位，早就想换国君的晋军纷纷为其让路开道，就这样，众望所归的重耳轻而易举就攻入晋都，杀死晋怀公，在颠沛流离19年之久后登上晋国君主之位，是为晋文公。

晋文公依靠秦穆公赠送的3 000勇士成功稳定了国内局势，他重赏随从自己逃亡的狐偃、先轸、赵衰、贾佗、魏犨等大臣，平反并任用晋惠公、晋怀公时代受到迫害的旧族，实行通商宽农、宣扬德教、选贤任能、论功行赏等政策。同时晋文公进一步打破国野制度，大力推行"作

穆公将同宗的五个女子都嫁给重耳

晋文公复国图1

州兵"，给予更多"野人"从军机会，以此扩大兵源，将原本晋国的二军扩建为三军。并设立三军六卿制，将全国军队分为中、上、下三军，每军各设一名将、一名佐，按地位高低分别是中军将、中军佐、上军将、上军佐、下军将、下军佐，其中地位最高的中军将又称为元帅，把持全国的最高军政大权。在晋文公的领导下，晋国上下君臣一心，很快就从衰弱中恢复过来，再次成为一个强大的诸侯国。

在外交策略上，晋文公接过了齐桓公尊王攘夷的大旗。自齐桓公晚年昏庸之后，一度被击退的戎狄蛮夷再次肆虐中原，这次不仅各诸侯国受到侵犯，就连周王室也自身难保。公元前649年，伊洛之戎联合扬拒、泉皋诸戎一度攻入周都洛邑，烧毁都城东门。公元前636年，戎狄的军队再次大败周师，攻入周都，俘虏周公忌父等公卿，并拥立周襄王的异母弟王子带为新天子。周襄王狼狈出逃，告难天下诸侯。即位不久的晋文公打着勤王的旗号，出兵帮助周襄王重回都城复国，并生擒王子带，将其押到都城处死。周襄王为感谢晋文公，将位于今河南省中北部的大片土地赐给晋。如此，周王朝进一步缩小成仅剩方圆一百多里的弹丸小国。

初步实现尊王攘夷后，晋文公要实现霸业，那就得像齐桓公一样成功抑制楚国北侵，此时的楚国已经远比齐桓公时期要强大，中原的郑、鲁、卫、许、陈、蔡、曹等国都被迫屈服于楚军的锋芒下。公元前633年，楚国发兵进攻宋国，宋国向晋国求助，面对强大的楚国，晋国联合齐、秦两个大国，南下解救宋国之围。晋文公当年流亡楚国时，受到楚成王礼遇，曾表示过为报答楚成王，如果将来晋楚交兵，必将退避三舍。如今晋楚果然交兵，晋师寡而楚师众，晋文公有意诱敌深入到对晋国有利的战场再伺机决战，便以履行对楚成王的承诺为名，后退90里（在古代一舍为30里，退避三舍为退避90里）至预定战场城濮驻扎下来，以便和赶来的齐、秦、宋诸国的军队会合。

一直横扫中原的楚军以为晋军是胆怯而退，便贸然追击晋师，结果中了晋军的诱敌之计，失去了兵多势众的优势。等到疲惫的楚军先锋部队匆忙赶到战场，以逸待劳的晋军出动精锐特种部队——披着虎皮的马拉战车，出其不意地向楚军战斗力最差的右军发起猛攻。楚军被晋军突如其来的"虎拉战车"惊了阵脚，方寸大乱。晋军一冲而上，将楚军杀得七零八落。楚军惨败回国。楚成王就此收回逐鹿中原的野心，原本投降楚国的郑、鲁、卫、许、陈、蔡、曹等中原诸国全都倒向晋国。

　　城濮之战免去了中原各国被楚国吞并的危险。周襄王亲自到践土（今河南原阳西南）慰劳晋军，晋文公把楚国的俘虏献给天子，并以周天子的名义召集天下诸侯在践土会盟。周襄王封晋文公为诸侯的领袖"侯伯"，赏赐他大车两辆，红弓1把，红箭100支，黑弓10把，黑箭1 000支，香酒1卣，还有"虎贲勇士"三百人，让晋文公"敬服王命，以绥四国，纠逖王慝"。晋文公则在会盟上要求各诸侯"皆奖王室，无相害也。有渝此盟，明神殛之，俾队其师，无克祚国"（《左传·晋楚城濮之战》），就此晋文公正式荣登霸主宝座，成为继齐桓公之后第二位中原霸主。

晋文公复国图2

五、秦晋争霸

在践土称霸后，晋文公为进一步扩张在中原地区的势力，便以郑国曾在他流亡途中对其无礼且与楚国亲近为由，联合秦国包围郑都。晋、秦两强国大军压境，郑国有灭顶之灾。郑国大臣烛之武夜间用绳子吊出城外，到秦营游说秦穆公说："如秦助晋吞并郑国，那么晋国的力量增强，将会威胁到秦国，不如与郑国同盟，郑国一定会成为秦国最忠实的盟友。"秦穆公于是私自与郑国结盟，背晋退兵，并留派杞子等将领帮助郑国防守。随后，郑国又向晋国讲和，表示将永远附属晋国，晋文公便也罢兵而还，秦、晋自此有隙。

公元前 628 年，在位 9 年的晋文公逝世，其子晋襄公即位。郑国君主郑文公也在同年过世，帮助郑国戍守的杞子等秦将派人向秦穆公密报他们可为内应，里应外合一举灭掉郑国。秦穆公一直想将秦国势力深入中原，便不顾百里奚劝告，派孟明视等三位将军率领大军准备袭击郑国，结果半途中碰上郑国商人弦高，弦高知道回国报信已经来不及，便谎称奉郑公之命用 12 头牛慰劳秦军。秦军以为郑国已有准备，便折道回军。

由于秦国伐郑要途经晋国，晋襄公不顾先前秦穆公对晋国的恩义，以秦国曾私自背晋与郑国结盟为名，在秦军班师回国经崤山天险时发动伏击，将毫无防备的秦军全部歼灭。崤山之谷尸横遍野，孟明视等三位主将被活捉，多亏了晋襄公的嫡母文嬴出面求情，晋襄公才将三位秦将放回秦国。秦穆公穿着素服，哭着到郊外迎接三将，并自我检讨，称他们失败受辱都是自己的过错，穆公仍任用三将主持军政事务，且更加以信任，希望他们能专心谋划报复，以雪前耻。

公元前 625 年，秦穆公再次派孟明视等将率兵伐晋，晋襄公先发制人，出兵犯秦，在秦西部的彭衙大败秦军，同年冬，晋军又率宋、陈、郑等联军合兵伐秦，夺取秦邑汪、彭衙后撤兵。不甘屡遭晋国欺凌的秦穆公在公元前624年夏，第三次任命孟明视为帅带兵伐晋，并亲自督战。孟明视在带领秦军跨过黄河后，便焚毁所有渡船，自断归路，决心不破晋军誓死不还。斗志昂扬的秦军在过河后相继攻占了晋国的王官、郊邑两城。晋襄公见秦军"过河焚舟"，来势汹汹、以死相拼，乃避其锋芒、坚壁清野，拒不出战。

秦穆公的复仇之师在晋国横扫乡野，却一直没能与晋军主力展开决战，斗志渐失，秦穆公担心久必生变，便带领秦军来到崤山，掩埋当年阵亡的秦军将士尸骨，并举行了隆重的祭奠仪式，然后班师回国，从此不再东征。此战秦国虽然稍占上风，但是其东进的道路却被晋国牢牢扼制，一直到战国商鞅变法时，秦国都被压制在崤函以西，无法东进一步。

既然东进受阻，秦穆公改变策略，转而向西发展。他招降西戎的大臣由余，通过采纳由余的计策，取得对西戎战争的节节胜利，一连兼并了西戎12个国家，史称"益国十二，开地千里，逐霸西戎"，周襄王也派遣召公送金鼓给秦穆公表示祝贺，望他擂鼓继续向戎人进攻。到此秦国国界南至秦岭，西达甘肃临洮，北至宁夏盐池，东到黄河，成为一方霸主。秦穆公的霸业达到顶峰，《史记索隐》也将其列为春秋

吹箫引凤图
传说秦穆公之女弄玉爱吹箫，她与同善于吹箫的萧史结为夫妇。穆公为二人筑凤台，两人吹箫引来龙凤，萧史乘龙，弄玉跨凤，双双升天而去。此图即描绘弄玉在凤台吹箫，引来凤凰的情景。

五霸之一。

公元前 621 年，在位 39 年的秦穆公死去，纵观秦穆公一生可算明君义主，但在他死时竟晚节不保，用了 177 人为他殉葬，这是自西周以来用人殉葬最多的一次。殉葬的人中还包括有"三良"之称的奄息、仲行、针虎这三位十分杰出的秦国大臣，秦人对此悲痛万分，作《黄鸟》悲歌："谁从穆公？子车奄息……彼苍者天，歼我良人；如可赎兮，人百其身。"秦穆公用人才殉葬，断送了秦国霸业的前程，秦国再次变回秦穆公之前那个落后、野蛮的国家。

在春秋诸侯争霸中所有实现崛起的大国都是与蛮夷接壤的边缘型国家，如齐国临东夷、晋国临北狄、楚国临南蛮、秦国临西戎。而地处华夏中心的老牌中原强国，如郑、卫、宋等则日渐落魄，其中很重要的原因是这些边缘国家不仅拥有华夏文明的先进成果，也吸取周边民族的长处。同时因其和蛮夷长期战争，武备兴盛，且更讲实际功利不受礼仪束缚。而更重要的是，这些未开发的蛮夷之地给了这些边缘大国深度扩展的空间和稳固的后方腹地，成为他们赖以争霸天下的基础。

第二节　亚述帝国

我是阿淑尔·巴尼拔，伟大的国王、非凡的国王，宇宙之王、亚述之王、周边世界之王，王中之王，亚述的统帅、无敌的君主，支配着大海从高到低，所有的诸侯都匍匐在我脚下。

——亚述王阿淑尔·巴尼拔铭文

一、草原之路

秦穆公独霸西戎将中原文明扩张到了今甘肃东南部的临洮之地，并加强了与西戎诸国的联系。作为地处最西部的诸侯国，秦国当时是连接中原各国与西域地区的桥梁。从西周末年直到秦朝，中国的物资都是通过秦地出口到西域诸国，因此从中亚、印度到欧洲，很多国家对"中国"的发音都与"秦"有关，如意大利把"中国"叫"秦那"（Cina），而中国的英文名"China"也被认为来自"秦那"（Cina）的发音。①

　　虽然此时传统上的丝绸之路尚未开通，但在当时中原贵族的墓地中却发现有出产自西亚地区的蜻蜓眼玻璃珠，在欧洲德国墓葬遗址中也发现有来自中国的丝绸残片。这是因为在"丝绸之路"开通之前还存在着一条"草原丝路"。虽然中原与欧洲、西亚相隔数万里，中间又有无边无尽的高山和沙漠阻隔，双方一直无法建立直接的长途贸易关系，但这并不能隔断东方的中国与西方世界的交流。在东西文明之间存在着一片世界上最广阔的大草原，其东起自东北松辽平原，向西北穿越蒙古、准噶尔盆地，横贯中亚直达欧洲中东部的乌克兰匈牙利大草原。欧亚大草原沿亚洲温带沙漠边缘东西连成带状，是古代游牧文明的中心，也是沟通欧亚大陆东、西两端农业文明的商贸纽带，生活在这里的游牧民族是草原丝路的开拓者。草原丝路又被称为"皮毛路""茶马路"，这些游牧民族在"逐水草迁徙"的过程中也沿途进行商业贸易，用草原特产的牛、马、羊及皮、毛、肉、乳等畜产品换取欧亚大陆东、西两端农耕民族的农产品、纺织品、手工制品等，成为

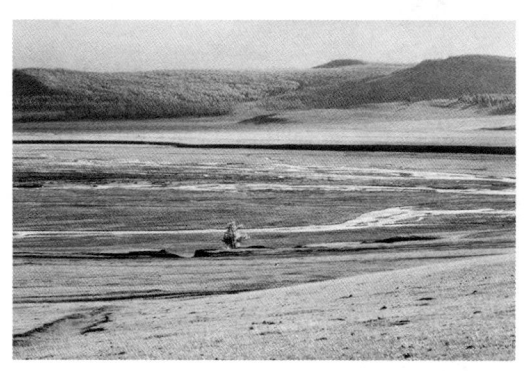

欧亚大陆的大草原

---

① 在英文中"瓷器（china）"与中国（China）同为一词，因此很多人认为中国英文名来源于瓷器。事实上瓷器被译为"china"是后来才有的事，瓷器最初的称呼是"Chinaware"，直译为中华器物、中华器皿，后省略 ware，称呼瓷器为 china。

东、西方贸易的重要媒介。

　　早在公元前 7 世纪，希腊人已经将殖民地扩张到黑海北岸的乌克兰等地，并和乌克兰大草原上的游牧民族进行商业贸易。其中有一名叫阿里斯铁阿斯的希腊商人还跟随游牧民的商队经草原丝绸之路向东越过欧亚交界的乌拉尔河，历时两年到达了东方伊赛多涅斯人的领地。阿里斯铁阿斯回到希腊后将自己的远东之游写成叙事诗《阿里马斯比亚》，这也是目前发现的西方最早对中亚以及中国新疆地区的记载。书中称在东方日出之地，在今中亚锡尔河以东，直至天山、阿尔泰山之间生活着伊赛多涅斯人，伊赛多涅斯人以东生活着独目的阿里马斯普人，在最远方有一个名叫希伯尔波利安的民族，其居地"延伸至海"。现代学者认为伊赛多涅斯人很可能是中国古籍中的塞种人，而阿里马斯普人（独目人）则可能是《山海经》曾经提及的"一目国"，至于最远方的希伯尔波利安人从发音上看类似于西伯利亚人，其意译也为"极北居民"，但英国的历史学家赫德逊等人仍然认为希伯尔波利安人有可能是指中国人。[1]

斯基泰风格的金甲衣

　　阿里斯铁阿斯描述这些生活在中亚及中国新疆的游牧民族，剽悍善战，畜牧发达，羊马成群，经常为了争夺黄金发生战争。这段记载有一定的真实性，在蒙古语中"阿尔泰"就是黄金的意思，阿尔泰山脉盛产的黄金、宝石，自古就是草原游牧民族最喜爱的奢华装饰品。黄金、宝石等贵重装饰品的交换与流通，也为不同地区的商贸与游牧文化交流开辟了通道。在这一时期，今天的欧亚草原地区考

---

① ［英］赫德逊：《欧洲与中国》，李申、王遵仲等译，中华书局，1995 年，第 3—4 页。

古发现的卡拉苏克文化、斯基泰文化、科班文化、塞种文化等游牧文化，都以"野兽纹"①装饰风格的精美金饰著称，这正是不同游牧文化的交流与商贸的体现，现代的学者将这些造型相似的装饰艺术风格统称为斯基泰风格。

斯基泰风格得名于斯基泰人，斯基泰人属印欧语系-伊朗语族，在语言和种族上与今日的奥塞梯人、伊朗人、阿富汗人、塔吉克人关系较近。广义的斯基泰人包括生活在西起黑海以北的乌克兰大草原、东到中国新疆一带的诸多伊朗语族游牧部落，这些伊朗语族游牧民在波斯历史上被称为塞克人，中国史籍中的塞种人、奄蔡人等都属于广义的斯基泰人。而狭义的斯基泰人则单指生活在东欧大草原上的斯基泰游牧部落，这是个与希腊人关系最密切，西方文献中最早有明确记载的游牧民族。希腊人称他们身材高大健壮，蓝眼隆鼻多须，以四轮马车为流动住所。四处游牧的斯基泰人没有都城，属部落联盟性质的游牧国家，各部族每年春天大会于王廷，王和各级首领的继承都是世袭制。斯基泰之名来源于一个古老的印欧同源词——"射手"，善于养马射箭的斯基泰人是最早以骑射闻名的"马上射手"，他们也被认为是希腊神话中在草原上游荡的半人马射手的原型。斯基泰骑射手使用的"斯基泰式复合弓"长80厘米左右，用马鬃或者动物的肌腱做成弓弦，其有效射程为60—80米，在整个欧亚大草原地带，以及中国

半人马射手的原型便是斯基泰骑射手

---

① "野兽纹"装饰风格是指以各种动物形象、兽禽搏斗的浅浮雕为主体的金属宝石装饰，如鹰形金冠、四虎噬牛纹金饰牌、虎形镶宝石金饰等。

在汉之前所使用的角弓大多是这种斯基泰弓形。从小在马背上长大的斯基泰人能在战斗中凭借马匹的速度来回奔驰射出密集的箭雨，在敌人还未反应过来时，就发起闪电式突袭。他们还能在撤退时，在高速疾驰的坐骑上回身给对手来个猝不及防的"回马箭"，使敌人疲于奔命，追不上，打不着，只能被动挨打。斯基泰人作战异常勇敢，对待敌人的手段也极其残忍。

斯基泰人的黄金梳子

曾经游历东方的阿里斯铁阿斯在其叙事诗《阿里马斯比亚》中提到，斯基泰游牧部落最早居住在中亚，与活动区域大概西至中亚锡尔河，东至天山、阿尔泰山的伊赛多涅斯人相邻，后来伊赛多涅斯人被他们东面的阿里马斯普人打败，被迫向西迁移，赶走了斯基泰人。不过希罗多德宣称，东欧大草原上的斯基泰游牧部落是被同族的马萨格泰人打败才向西迁移到欧洲的，据希罗多德记载："马萨格泰人住在阿拉克塞斯河对岸与伊赛多涅斯人相对的地方，有一些人说他们是斯基泰人的分支部族。"也许真实情况是伊赛多涅斯人联合马萨格泰人一起赶走了斯基泰人，以阿拉克塞斯河为界瓜分了斯基泰人的土地。

斯基泰人被马萨格泰人击败后，只得离开中亚，向西迁移到东欧的大草原，并赶走在那里生活的辛梅里安人。辛梅里安人（希腊语意为"流动的马队"）和斯基泰人一样属于印欧语系的游牧民族，当辛梅里安人看到斯基泰人以排山倒海的军势前来进击时，辛梅里安人中的民众打算直接逃跑，但辛梅里安人的王族却不愿离开故土，王族与民众因争执

斯基泰人与斯拉夫人的战斗

互相残杀，直到王族的人全被杀死方止。随后，辛梅里安人的民众将他们安葬在故土后，便举族南下，沿着黑海海岸线逃亡，流窜至小亚细亚和伊朗高原西北部。

　　位于高加索南部和小亚细亚东部、亚述帝国曾经最强悍的对手乌拉尔图王国首先遭到这次多米诺骨牌般的迁移浪潮的可怕入侵。在斯基泰人面前如同丧家之犬的辛梅里安人在这里却犹如天兵下凡。根据亚述人的铭文所述，正是这些辛梅里安人协助亚述王萨尔贡二世击败了西亚强国乌拉尔图，然而辛梅里安人在洗劫了乌拉尔图之后，又试图南下进入亚述王国的领土。战无不胜的亚述王萨尔贡二世当即带领精锐卫队迎战辛梅里安人，但是横扫西亚的他显然低估了这次对手的实力，一生未败的亚述王萨尔贡二世在与辛梅里安人的鏖战中阵亡，不过辛梅里安人也受到亚述军队的打击，不敢继续进入亚述境内，而是转而西进，向小亚细亚的弗里吉亚王国发起毁灭性的进攻。

斯基泰战士

头戴弗里吉亚帽的骑士

弗里吉亚帽原为弗里吉亚人所戴之帽，在罗马时代，获释的奴隶会在节日场合戴弗里吉亚帽，弗里吉亚帽因此成为释放奴隶的标志，法国大革命时期，弗里吉亚帽更被作为自由的象征。

弗里吉亚人是在约公元前1200年赫梯帝国崩溃后，从欧洲巴尔干半岛迁入小亚细亚北部的印欧语系民族，在语言上与色雷斯语、亚美尼亚语和希腊语比较接近，他们在小亚细亚以戈尔迪乌姆为都城建立弗里吉亚王国。在戈尔迪乌姆遗址有座陪葬品丰富的王墓，被称为"弥达斯王陵墓"。弥达斯王就是希腊传说中拥有金手指，能点石成金的弗里吉亚国王。弗里吉亚人在音乐上有很大贡献，弗里吉亚调式也是西方中世纪教会八大调式之一。但是音乐家毕竟打不过武夫，辛梅里安人在弗里吉亚境内势如破竹，弗里吉亚人根本招架不住。约公元前695年，辛梅里安人攻陷并焚毁弗里吉亚的都城戈尔迪乌姆，弗里吉亚国王弥达斯在城破前饮牛血自杀，弗里吉亚王国就此覆灭。

在辛梅里安人南下逃亡时，一部分斯基泰人仍然不依不饶地追击他们，不过斯基泰人在追击辛梅里安人的过程中却走错了路，误入伊朗高原西北部的米底亚地区，当地的米底人正与亚述人交战，斯基泰人通过联合亚述人，征服了米底亚地区，并以此为基地，侵扰西亚各地。据希罗多德描述，这些斯基泰人带来了比辛梅里安人更可怕的灾难，"他们的暴虐和横傲的行为使整个地方变成一片荒野，原来，除了他们榨取加到各地人民身上的贡赋外，他们更骑着马到各地把人们的财物掠夺一空"。①

---

① ［古希腊］希罗多德：《希罗多德历史》，王以铸译，商务印书馆，2011年，第1卷，第106节。

二、亚述王西拿基立

亚述人在与辛梅里安人等游牧民族的战争中，由于小亚细亚与伊朗山地复杂崎岖的地势不便于亚述战车使用，让辛梅里安人的骑兵占尽先机。这让亚述人深刻体验到战车兵的笨重和骑兵的机动，进而开始"胡服骑射"的改革。从此亚述军队战车兵和骑兵有了此消彼长的明显变化，过去亚述的骑兵大多只负责传信侦察，战场上的地位和作用远逊于战车兵。在萨尔贡二世以后，亚述军中战车的数量锐减，逐渐演变为国王和高官显贵乘用或运载步兵的工具，骑兵则成为战场上冲锋陷阵的绝对主力。从当时的石雕可知，亚述骑兵已使用软马鞍，目前多认为软马鞍是亚述人发明的，但也有可能是他们从入侵的游牧民族那里学来的，在此之前"骑兵乘马没有鞍子，他们的腿和脚是裸露的，骑兵的姿态十分特别，他们不是让双腿自然垂于马的两侧，而是把双腿提到双膝同战马背部在一个水平线上，目的是靠双膝夹紧马颈根部以便在马背上坐稳"。[1]由于亚述人并非游牧民族，不像斯基泰人和辛梅里安人一样从小在马背上长大，因此有了软马鞍后，才使出身农耕民族的亚述骑兵替代战车兵成为可能。

亚述浮雕中已装备有软马鞍的骑射手

除软马鞍外，亚述时期还出现了马颊护件、马的鼻羁和马颊扣带。亚述人又招来大量游牧民族骑射手，尤其是追踪辛梅里安人南下的斯基泰人当教练和雇佣兵，从而建起了一支庞大的骑兵部队。亚述的骑兵

---

① 崔连仲主编：《世界军事后勤史资料选编：古代部分（公元前3500—公元476）》，金盾出版社，1990年，第92页。

和斯基泰人一样分为骑射手和骑矛手两大类，骑射手数量众多，是骑兵中的主力。骑矛手则装备精良，不仅穿配护甲，还备有弓箭，是骑兵中的精锐。在骑兵替代车兵的同时，亚述步兵部队也随着武器装备的更新分类更细化，弓箭手进一步被划分为重装弓箭手、次重装弓箭手、轻装弓箭手和最轻装弓箭手四类。长矛手则被分为重装矛手和轻装矛手两大类，其中重装矛手被部署在方阵前列，作为第一防线。

巴比伦战争中的亚述王西拿基立

约公元前705年，亚述王萨尔贡二世死后，他的儿子西拿基立（辛那赫里布）即位（约公元前705—前681年在位），一度被萨尔贡二世赶出巴比伦尼亚的迦勒底首领梅罗达克·巴拉丹在埃兰人的支持下，再次率领部族占领巴比伦，自任巴比伦国王。这对刚登上王位的西拿基立的权威无疑是极大的挑衅，西拿基立亲率大军，前往巴比伦平叛，巴比伦则联合埃兰人、阿拉米人、阿拉伯人等组成联盟，互成掎角之势，共同抵抗亚述，西拿基立花了很大代价才夺回巴比伦，但巴比伦的反叛点燃了亚述帝国各民族解放的火把，趁亚述忙于巴比伦战争，犹太国王希西家与埃及、腓尼基诸邦、腓力斯丁人以及叙利亚和巴勒斯坦各暴动城邦再次组成反亚述联盟。

西拿基立于是挥师西向，镇压反亚述联军的叛乱，反亚述联军败北，原本反叛的叙利亚和巴勒斯坦各城邦都纷纷望风而降。犹太王希西家向埃及求援，此时埃及在努比亚黑人法老的统治下国力日渐恢复，有意将势力扩张到西亚，便放弃以往与亚述的和平方针，派兵援助犹太国。西拿基立识破了这一意图，先行一步带领精悍部队采用迂回战术绕过犹太国，对远来的埃及援兵发起突袭，将其一举击溃，然后大军压境，包围耶路撒冷，这时犹太国想投降也来不及了，只能祈求上帝保佑。眼看犹太国就要像兄弟以色列国一样被亚述灭国，这时亚述军内突发流行性瘟疫，受瘟疫影响，亚述军队只好撤军归国。犹太先知们把这次胜利归功于"犹太王希西家使犹太人重新恢复对上帝的信仰"①，他们

亚述王宫内的鹰头神浮雕

绘画作品中的"耶和华的使者击退亚述军队"

---

① 犹太王希西家（约公元前716—前687年在位）即位之时，犹太全国都陷入巴力神和他妻子阿施塔特等淫秽的偶像崇拜中，耶和华的圣殿几成马厩。希西家上任后，重新清洁圣殿，召集所有忠于耶和华的祭司消灭国内的一切偶像。他号召全国的百姓，要求他们敬拜耶和华，重守逾越节，以重建犹太人对耶和华的信仰。

在《圣经》中称：是耶和华的使者一夜之间击杀了亚述军十八万五千人，迫使亚述王拔营撤军。

当西拿基立在西线作战时，巴比伦的迦勒底人再次在埃兰国的支持下发动叛乱，西拿基立决定釜底抽薪，亲自率大军远征埃兰地区，消灭躲在埃兰国境内的迦勒底反叛力量，并教训多次支持迦勒底人的埃兰国。埃兰人则联合迦勒底人、阿拉米人和其他反叛亚述的各民族，与亚述人展开一场规模空前的大会战。战斗的结果是，西拿基立声称他的亚述军队取得辉煌的"胜利"，共杀伤敌军 15 万人。然而实际上亚述军队同样伤亡惨重，不得不放弃了夺回巴比伦的计划，撤军回国重作休整。埃兰人则达到保护境内和巴比伦的战略目标，在巴比伦的编年纪中就宣称埃兰人在此战中成功击退了亚述人。

但西拿基立绝不容忍巴比伦地区被埃兰和迦勒底人控制，他整兵备马、窥测时机，以待重夺巴比伦。公元前 689 年，埃兰发生内乱，西拿基立迅速出兵南下，打败迦勒底人，攻入巴比伦城，俘虏迦勒底国王。为惩罚一再反叛的巴比伦，西拿基立决心要让巴比伦从此消失，巴比伦城的城墙、庙宇和宫殿都被夷为平地，主神马尔杜克的神像则被掠到了亚述。

西拿基立摧毁了两河流域最大的城市巴比伦后，决定把亚述帝国的首都尼尼微打造成两河流域新的文明中心。尼尼微意为"上帝面前最伟大的城市"，该城遗址位于底格里斯河左岸，与今伊拉克北部尼尼微省的省会伊拉克第三大城市摩苏尔城隔

全球史下看中国

轴心时代的到来

尼尼微的发掘

河相望。尼尼微原为亚述
夏都，西拿基立役使大批
战俘和民工将尼尼微扩建
成为世界上最宏伟的都城，
《圣经》中描述："尼尼微
城市巨大，要走三天才能
走完。"考古发现尼尼微古
城遗址占地约750万平方
米，分内城和外城。巍峨

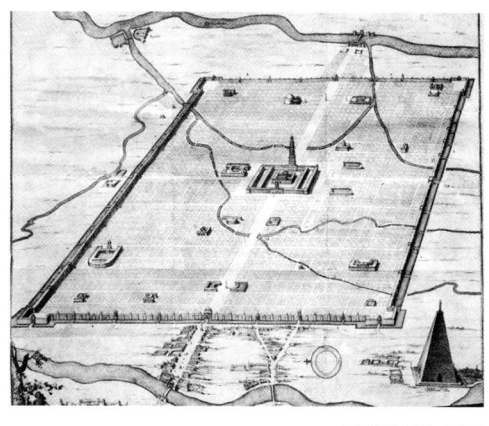

尼尼微城布局图

的城墙全长12千米，外有壕沟，每隔一段距离筑有箭塔，共有15座城
门，每座城门前都有一对巨石人面兽身像护立。城内主要建筑包括三座
奢侈豪华的宫殿和两组宏伟壮观的神庙建筑群。《圣经》称西拿基立建立
了"无与伦比的宫殿"以及"天下所有人民的奇观"，考古发现的尼尼微
王宫正是亚述最宏伟奢华的王宫。宫殿以宝石为台阶，以巨大的铜制雄
狮与人面公牛守门护卫，内部大厅四壁上的大理石浮雕气势强悍、栩栩

亚述宫殿

亚述宫廷大厅

如生，长达 3 000 米，高达 2 米多，按时间先后顺序展现了亚述历史上重大事件的场景，其规模在上古世界首屈一指，艺术水平也堪称一流。这套宏大的浮雕如今较完好地保存在大英博物馆中。

　　亚述王宫殿内房屋设施齐全，由水井、滑轮、吊桶等组成的供水设施可将水输送到淋浴室，还配备有带轮子的火炉在冬天为房间供热。宫殿的四周建有当时世界上规模最大的园林，将宫殿环绕其中。园林中有一座"悬苑"，建于层层阶梯之上，饰以立柱的回廊里面种着来自四境的奇花异草。园林中还有汩汩流出的清泉。采用青铜铸造的提水器械实现了高处灌溉。这是一座比后来的新巴比伦空中花园更早的空中花园。为了给城内和园林提供充足的水源，西拿基立下令修建了一条长 80 多千米、最宽达 20 米的石材管道运河，将郊外 80 千米

亚述尼尼微浮雕中类似空中花园的"悬苑"

处山区的清澈泉水引入城中，运河穿过的峡谷修建的高架渠，共使用了200 多万块 50 厘米 × 50 厘米 × 65 厘米的石块，在尼尼微城下还有石砖砌成拱顶的下水道排水。正如西拿基立所期望的，尼尼微成了巴比伦之后的两河流域的中心，据文献记载，当时这里仅儿童就有几万人，城中的商人"比天上的星星还多"，现代学者从考古遗址上估计其城内人数约为 15 万—20 万，是当时世界上人口最多的城市。

三、亚述王以撒哈顿

西拿基立在统治时期努力维护先王的战果，一生都在平叛中度过，为了威吓境内所有敢于反抗亚述的民族，他对所有企图独立地区的居民大加杀戮或全部贬为奴隶，单是焚毁的城市就有 75 座。由于不断将征服地区的人们贬为奴隶，亚述帝国的奴隶制经济得到了空前的发展，其奴隶之数为其他古代文明所罕见。

公元前 681 年，杀人无数的西拿基立最终在宫廷政变中被自己的几个儿子谋杀，亚述爆发内战，帝国境内的人民均认为是西拿基立倒行逆施，毁灭了"神之门"巴比伦，以致天怒人怨。西拿基立诸子之一的以撒哈顿（阿萨尔哈东）击败诸兄弟平定内乱登上王位，为了缓解亚述日益严重的民族矛盾，他采取怀柔政策，重建巴比伦城，并在这里加冕为王，以后每年都在巴比伦居住一段时间。他对巴比伦祭司做出了巨大的让步，承认巴比伦的首要宗教地位，并实行有利于巴比伦尼亚地区祭司阶层的特权政策，从而赢得巴比伦祭司阶层的支持。同时他将一个与亚述友好的埃兰王子乌尔塔库推上了埃兰王位，这使迦勒底人失去了靠山，进而成功控制了巴比伦南部一反再反的迦勒底部落，在他统治时期，巴比伦再没发生大的叛乱。

随后，以撒哈顿开始着手对付北方的辛梅里安人和乌拉尔图人，当时辛梅里安人和斯基泰人的游牧骑兵驰骋于小亚细亚、伊朗、高加索

亚述王以撒哈顿

到叙利亚之间，四处烧杀抢掠，严重威胁亚述北方疆界的安全。辛梅里安人还与亚述的宿敌乌拉尔图王国和解，以共同对付亚述人。当时乌拉尔图国王鲁萨二世（约公元前685—前645年在位）是一个年轻有为的君主，他在位时期改善了首都图什帕等地的灌溉系统，扩建高加索地区的推谢拜城作为北方的政治、经济中心，他还效仿游牧民族组建骑兵部队，使乌拉尔图重新成为一方强国。以撒哈顿为对付辛梅里安人和乌拉尔图人的联盟，与追杀辛梅里安人的斯基泰人和亲，把一个女儿嫁给斯基泰的国王，与之结为联姻盟友，进而成功击败了辛梅里安人的入侵，杀死了辛梅里安人的国王图什帕，使辛梅里安人不敢再侵犯亚述。

在亚述忙于东线的战争时，亚述帝国西部，以西顿城为首的腓尼基城邦在埃及的支持下再次反叛亚述。以撒哈顿在约公元前677年残酷地镇压了这次叛乱，处死西顿王。但随后腓尼基人又在推罗国王的带领下，再次联合埃及对抗亚述。亚述军队击败了推罗和埃及的军队，包围了推罗城，迫使推罗王投降。

推罗投降的风声传到埃及后，埃及人都深感悲痛[1]，因为不仅埃及粮食的出口十分依赖腓尼基的商船，而且腓尼基也是亚述与埃及之间的缓冲区，亚述征服腓尼基正是其入侵埃及的前奏。果然在稳定帝国四方

---

[1] 《旧约·以赛亚》23：5："这风声传到埃及，埃及人为推罗的风声极其疼痛。"

的边疆后，以撒哈顿便开动亚述对外扩张的战车，于约公元前675年穿过亚非交界的西奈沙漠，对一再煽动巴勒斯坦和腓尼基叛乱的埃及发起进攻。埃及在努比亚黑人法老塔哈尔卡（约公元前689—前663年在位）的带领下奋起反击、顽强抵抗，一度击退来犯的亚述军队，然而由于兵器装备与亚述的差距太大——亚述已经用廉价坚韧的铁器取代了昂贵的青铜器，用

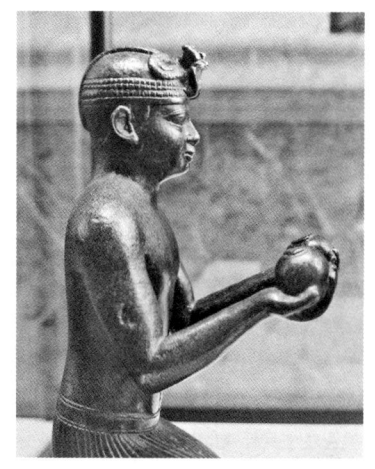

埃及法老塔哈尔卡的青铜像

机动灵活的骑兵取代了笨重的战车，而埃及由于地理和文化上的相对封闭，依然处在落后的青铜、战车时代——最终埃及还是败给亚述。约公元前671年，亚述王以撒哈顿攻陷埃及首都孟斐斯，将黑人法老塔哈尔卡赶回南方的努比亚，占领了整个埃及北部地区，并加冕为"上下埃及和努比亚之王"，其事业达到人生的巅峰。

四、王中之王阿淑尔·巴尼拔

不甘心失败的黑人法老塔哈尔卡在亚述王回国后卷土重来，并在约公元前669年成功夺回了孟斐斯和下埃及。以撒哈顿在率领军队前往埃及救援的途中病死，他的儿子阿淑尔·巴尼拔（约公元前668—前627年在位）即位后，继承父志，再次远征埃及。阿淑尔·巴尼拔进一步改革细化亚述兵种，将亚述骑兵分为由游牧民族组成的装备弓箭和标枪的轻骑兵、身穿硬皮甲的骑弓手和使用长矛冲锋的骑矛手三种，步兵则增加了投掷手、锤矛手和战斧手等新兵种。约公元前667年，阿淑尔·巴尼拔重新占领孟斐斯，并一鼓作气直捣上埃及的底比斯，将这座阿蒙神的圣城洗劫一空，上下埃及全都被亚述征服，黑人法老塔哈尔卡逃回

被亚述士兵俘虏的埃及人

努比亚，不久后病逝。塔哈尔卡的继承人、其侄子坦沃塔玛尼是埃及努比亚王朝的末任君主，他趁亚述主力回国，再次率军北征，一度夺回了上下埃及的大部分失地，但最终的收获却是累累白骨和血的教训。坦沃塔玛尼兵败回国后，努比亚彻底丧失了北上埃及的资本，埃及第二十五王朝（努比亚王朝）就此终结。

正是阿淑尔·巴尼拔将亚述帝国对外征服的霸业推向顶点，他不仅将埃及全境纳入帝国疆土，还征服了小亚细亚东南部的奇里乞亚，此时亚述帝国面积达到约200万平方千米，境内人口多达约800万。版图横跨西亚、北非，统治地区包括今伊拉克、科威特、叙利亚、以色列、巴勒斯坦、黎巴嫩、埃及全境和土耳其、伊朗、约旦的部分地区，在人类历史上第一次将最古老的中东两大文明中心新月沃地和埃及全都纳入自己的统治之下，成为世界历史上前所未有的大帝国。

但亚述帝国鼎盛的版图并没有持续太久，约公元前652年，阿淑尔·巴尼拔的弟弟——出任巴比伦国王的沙马什·舒姆·乌金，在埃兰王国和迦勒底人、阿拉米人、阿拉伯部落等亚述境内众多异族的支持下宣布脱离亚述独立。这次叛乱严重消耗了亚述的实力，阿淑尔·巴尼拔用了整整四年才击败叛

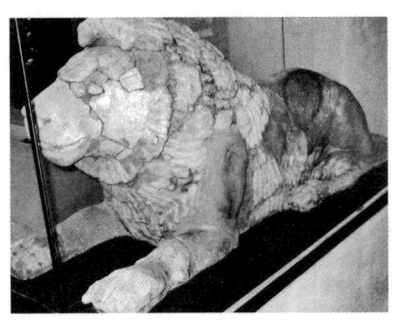
古埃兰的石狮

亚述人夷平埃兰人的城市

军，包围了巴比伦城，他的弟弟巴比伦王沙马什·舒姆·乌金将宫殿、财宝和姬妾全都付之一炬并在城中纵火自尽。鉴于埃兰多次支持巴比伦反叛，阿淑尔·巴尼拔认识到：埃兰不灭，巴比伦将永无宁日。在平定巴比伦叛乱后，阿淑尔·巴尼拔率领得胜之师，长驱直入，全力进攻埃兰这最桀骜不驯的敌人。埃兰人顽强抵抗，奋起反击，多次打退亚述军队的入侵，无奈实力不济，在十年反抗后，最终于约公元前639年被亚述彻底征服。为了惩罚埃兰人，亚述军队在埃兰境内所到之处，堕毁城垣，滥加焚烧、杀戮，埃兰的首都苏萨也惨遭亚述屠城，阿淑尔·巴尼拔甚至下令掘开埃兰的王家陵墓，把埃兰先王的尸骨当作俘虏带走，以让他们的鬼魂没有栖身之地。拥有两千多年历史的埃兰文明因亚述斩尽杀绝的政策从此退出历史舞台，从东北方迁移来的波斯人逐渐取代埃兰人成为伊朗西南部的主人。

亚述解决东线心腹之患埃兰的代价是失去西线的埃及，带领埃及人摆脱亚述统治的不是埃及土著，也不是来自南方的努比亚黑人，而是来自西方的先前统治过埃及的利比亚人。尼科一世是埃及第二十四王朝的利比亚王公后裔，他被追认为埃及第二十六王朝的第一个法老，但实际上他只是亚述任命的尼罗河三角洲地区的舍易斯总督。约公元前664

舍易斯王朝的建立者普萨美提克一世

年，尼科一世去世，他的儿子普萨美提克一世继承舍易斯总督之位。野心勃勃的普萨美提克一世不甘于做亚述卑躬屈膝的封臣，他趁着亚述忙于东方巴比伦和埃兰的战争，依靠希腊雇佣军的力量首先控制了尼罗河三角洲地区亚述其他的封臣，然后集中力量将亚述残余势力逐出埃及，并征服南方，让自己女儿尼托克丽斯成为"底比斯阿蒙神的妻子"，建立起统一独立的古埃及第二十六王朝（约公元前664—前525年），因其都城在舍易斯，又称舍易斯王朝。

埃及能够摆脱亚述的统治，一方面是因为这一时期亚述正陷入与巴比伦、埃兰战争的关键阶段，另一重要方面则得益于铁器在埃及的普及。在亚述入侵之前，铁虽然在埃及已被使用，但由于受到传统青铜业的排挤，替代很缓慢。在埃及和亚述的不断战争中，铁制武器的优势日益显现，最终让埃及实现铁器革命，进入铁器时代。如果说之前亚述征服埃及，仰仗的是更廉价、坚韧的铁制武器，那么等到埃及也掌握了这一武器，就是埃及实现民族解放的时刻，埃及的独立意味着亚述帝国的扩张就此到了极限，已无力再征服更多的土地。

作为亚述巅峰时代的君主阿淑尔·巴尼拔和历届亚述王一样喜欢兴建宏伟富丽的宫殿，宫殿中他们的浮雕多是关于战争、狩猎等惊心动魄的场景。穷兵黩武的阿淑尔·巴尼拔生平除了战争以外，最大的嗜好就是狩猎，传说他一生中曾亲自杀死过4 500头狮子。阿淑尔·巴尼拔骑着骏马与雄狮厮杀搏斗的猎狮像是亚述最著名的国王浮雕像，也是艺术史上不可多得的杰作。除狩猎外，阿淑尔·巴尼拔的另一个爱好是读书，他是亚述历史上少有的文武双全的帝王，虽然他因残暴的统治堪称屠夫恶魔，但他依然以文化人自居，并为保存两河文明做出前人无可比拟的贡献。他曾发布诏令称："我，阿淑尔·巴尼拔，受到智慧神纳布的启发，觉得博览群书非常必要。读书可增强知识及技艺，学到治国平天下的本领。"为了实现博览群书这一目的，阿淑尔·巴尼拔在他的巨大豪华的王宫中，建起一座已知当时世界上规模最大的图书馆，他派人从全国各地收集所知的图书，然后由书吏抄录后保存，盖上"天下之王，亚述王阿淑尔·巴尼拔宫廷"的印章。后人在尼尼微图书馆遗址

阿淑尔·巴尼拔猎狮像

亚述王的图书馆

中共发现了约2.5万块的泥板文献，由于数量众多，亚述书吏将图书进行编目分门别类，登记了全部图书目录以方便查找，这是已知世界上最早的分类信息目录。除了使用泥板图书外，亚述人还发明了世界上最早的可以重复使用的记事簿——蜡板书。这种书中空注蜡，重复使用时，只需将蜡板烤热，蜡变软即可再次刻写，后来的希腊人与罗马人也

曾流行使用蜡板书写作。亚述王的图书馆几乎涵盖了古代两河文明的所有精华，亚述文明也被视为两河文明的集大成者，早在古希腊时期，西方就将亚述作为两河流域的代名词，希罗多德便将巴比伦人归为亚述人，今日研究古代两河流域语言、文字、社会和历史的学科也被称为亚述学。

第三节　吕底亚与希腊

> 据我们所知道，他们（吕底亚人）是最早铸造和使用金银货币的民族。
>
> ——［古希腊］希罗多德

一、吕底亚：西方货币的发源地

辛梅里安人被强盛的亚述击败后，只好继续留在小亚细亚靠游牧和劫掠为生，此时小亚细亚东部的乌拉尔图王国已呈现复兴之势，成功击退了辛梅里安人的进犯，而小亚细亚中部的弗里吉亚王国则因辛梅里安人"杀鸡取卵"般的洗劫，遭受毁灭性打击，原本繁华的城乡全都变成了荒凉之地。在踏平了弗里吉亚人的土地后，辛梅里安人很快就和小亚细亚西北部的吕底亚王国发生冲突。

吕底亚人和弗里吉亚人一样属于印欧语系安纳托利亚语族，早在约公元前 1300 年以前就已建国。约公元前 652 年，辛梅里安人侵犯吕底亚王国，击败吕底亚王阿尔杜斯二世，占领了除了卫城以外的整个吕底亚都城萨迪斯。好在辛梅里安人属于流动性质的游牧部落，对所攻占之地，采取抢完就走的政策，让吕底亚人得以重新夺回土地，恢复元气。在阿尔杜斯二世过世后，吕底亚人在新任国王萨杜阿铁斯的带领下开始对辛梅里安人展开反击。萨杜阿铁斯通过组建骑兵、与亚述联盟等军事外交手段，成功赶走了辛梅里安人，并占领了被辛梅里安人灭掉的弗里吉亚王国的土地。到他的儿子阿利亚特二世在位时期，吕底亚已彻底将辛梅里安人赶出小亚细亚半岛，辛梅里安人就此从历史中消失，吕底亚则从此成为小亚细亚的主导力量。

吕底亚人的狮子胸针

吕底亚印有狮子头像的白金币

小亚细亚地处欧亚文明的交界处，是连接东、西方贸易交流的重要枢纽，当时金银已成为商业贸易的一般等价物，在吕底亚帕克托拉斯河两岸的低洼地带拥有储量极为丰富的沙金矿，吕底亚人从这条河的沙子中提取一种发白的金银混合矿物用于交易和外贸。在约公元前7世纪[1]，吕底亚王室将这种原生"白金"块铸造成固定形状和标准重量，并刻上保证货币重量及纯度的吕底亚王室印记——一头狮子的头像。印记有两种意义：第一，印记指出硬币里含有多少贵金属；第二，印记能证明发行者的身份，进而确保硬币成分。[2]

在有印记的铸币出现之前，各地区就有将铜铁或贵金属条块作为"称量货币"的支付形式，如我国在有文铜钱出现前使用的无文铜贝。甚至清末银圆出现前广泛使用的碎银两等就属于称量货币。这种称量货币没有成色及重量的信用保证，所以每次交易都须鉴定成色和称重量，

---

[1] 吕底亚金银铸币的出现时间最早可追溯到约公元前700年，但正式定型并得到普遍流通的时间一般认为是在阿利亚特二世统治时期。
[2] ［以色列］尤瓦尔·赫拉利：《人类简史》，林俊宏译，中信出版社，2014年，第10章。

以定价值，这需要专业知识，且十分不便。吕底亚铸币通过用国家信用保证货币的成色、重量、大小，从而减少了交易成本和称量次数，让金属货币作为一般等价物的优势充分发挥出来。

吕底亚王室在货币上打印作为信用凭证的方法，被各国铸币继承了下来，开启了西方货币史上的革命，而吕底亚的"冲压打制铸币法"同样被世界各国所沿用。世界铸币的形态虽然各不相同，但以制作工艺划分的话，大体可分为以中国古代铸币为代表的浇铸法铸币，以及起源于吕底亚的冲压打制法铸币两大类。冲压打制法是指先将造币金属熔化成板，然后加工成相同质量的金属块放在两个冲压印模之间，再用铁锤等重物打压，将印模上的图案印压在金属硬币上。

吕底亚是西方史料中最早铸造金属货币的国家，在吕底亚人发行铸币后，附近的希腊人也很快意识到钱币的便利性。据希罗多德记载，吕底亚人是一个和希腊人关系十分密切的民族，他们使用的文字与希腊人类似，风俗信仰也同希腊人一样，唯独不同的是吕底亚普通人家的少女在出嫁之前都要通过卖淫来攒够嫁妆。[1] 希腊和相邻的吕底亚一直有频繁的贸易往来，在商贸交流中，希腊人学会了吕底亚人的铸币技术，并将货币改进成扁平的圆形硬币，在硬币的正反两面都印上图案，成为今日普遍的硬币形式。

与希腊文字类似的吕底亚文字

全球史下看中国

轴心时代的到来

---

[1] 不过吕底亚女子在出嫁后就绝不能被丈夫以外的人看到裸体，否则将被视为奇耻大辱。

二、古希腊僭主政治

第一批希腊钱币铸造于今爱琴海西部的埃伊纳岛，主要流通于希腊最南端伯罗奔尼撒半岛的希腊多利安人城邦，阿尔戈斯、科林斯、斯巴达是半岛上最重要的三个希腊多利安人城邦。传说阿尔戈斯城的僭主斐冬最早统一了伯罗奔尼撒半岛的度量衡标准，并在埃伊纳岛上铸造了希腊最早的钱币。

阿尔戈斯的斐冬是古希腊最早的僭主（约公元前 670—前 660 年在位），古希腊各城邦一般都设有全体公民组成的公民大会、贵族或民选议员的议事会和具体的行政部门三级权力机构，而僭主则是指无视公民大会和贵族议会，凭仗武力或非法律途径取得独裁统治权的人。在希罗多德那里，"僭主"一词首先用来指通过阴谋篡夺王位的吕底亚国王巨吉斯，有"僭越为王"之意，阿尔戈斯的斐冬不仅学习吕底亚王室铸造钱币，也效仿东方吕底亚式的君主专制建立僭主制独裁统治。在此之前，古希腊城邦领导人的权力受到公民大会和贵族议会的制约，缺乏个人专断的条件，斐冬是多利安王族的后裔，他是阿尔戈斯王位的合法继承人，但在古希腊，王也要受制于法律与城邦公共会议。斐冬认为城邦公共会议人多口杂，无法集中优势去做重要的大事，因此斐冬僭越了王的宪法权力，建立

巨吉斯偷看王后的裸体

巨吉斯是原吕底亚国王坎道列斯的侍卫。坎道列斯为了夸耀妻子的魅力，让巨吉斯暗中偷看了王后的裸体。王后发现后便联合巨吉斯杀了坎道列斯，让巨吉斯登上王位，并嫁给了他。

了一个非法的僭主制独裁政府，并利用手中的独断权力使阿尔戈斯走上强邦之路。

　　阿尔戈斯是希腊重步兵的发源地，而斐冬被认为可能是第一个提倡重步兵方阵作战的希腊统治者。重装步兵由从小接受严格纪律和军事训练的公民组成，他们全身重甲武装，其主战武器是约2.4—3米的长枪，作战时排列成密集的长枪方阵，前三排的战士将长枪对着敌人，后排的战士把枪架在前排战士的肩上，同时用彼此覆盖半身的大圆盾互相联合组成一道坚固的盾墙，为自己和同伴提供有效的保护，从而形成一道密集的枪盾林杀向敌军。当两阵靠近时就用长枪猛刺对方不为盔甲所保护的部位，并使用盾牌撞击对方，当长枪折断或贴身近战时就抽出腰间短剑刺杀。一旦敌人的阵线被冲散，就可以在追击的过程中给予敌人以重击。方阵的指挥官通常会把最好的战士布置在方阵的前方和后方。因为前方勇士的战斗力决定方阵的攻击力和士气，而处于后方压阵的战士则能迫使前排的战士勇往直前，而不是转身逃跑。

　　这种重步兵方阵的缺陷是比较迟钝，容易被敌人从侧翼和背部攻破，所以在重步兵方阵的翼侧都配有投石、投枪、射手等轻装散兵和少量骑兵，以掩护缺乏灵活机动性的步兵方阵能及时地转向迎敌。阿尔戈斯重步兵最重要的装备就是其手中被称为"阿尔戈斯盾"的双耳

古希腊重步兵方阵

盾，这是一种标准的重装步
兵圆盾，公元前669年，斐
冬正是统领手持这种盾的阿
尔戈斯重步兵方阵击败了强
邦斯巴达，称霸伯罗奔尼撒
半岛。

斐冬的军政改革使阿尔
戈斯成为军事强国，以后希

腊重步兵成为希腊军队最具代表性、最具战斗力的核心主力，斐冬依靠
阿尔戈斯的强大军力控制了奥林匹亚所在的爱利斯地区，成功主持了公
元前668年的第28届奥林匹克运动会，大大提高了阿尔戈斯在希腊世
界的地位。他还在阿尔戈斯大兴土木，建造了完善的下水道系统和巨大
的赫拉神殿等公共建筑，在斐冬的统治下，阿尔戈斯进入全盛时期。

由于阿尔戈斯势力过于强大，同在伯罗奔尼撒半岛上的斯巴达与科
林斯联合起来对抗阿尔戈斯，斐冬则介入科林斯城邦内的派系斗争，支
持其在科林斯的好友居普赛洛斯发动政变夺取科林斯政权。斐冬最终死
于科林斯城邦的派系斗争中，但是得到斐冬支持的居普赛洛斯成功于公
元前657年在科林斯建立起僭主统治。

科林斯位于伯罗奔尼撒半岛通往希腊大陆的交通要道——科林斯地
峡，由于垄断伯罗奔尼撒半岛对外来往的贸易交通要道，科林斯自古就
是一座工商业繁荣的城市。在居普赛洛斯夺取政权之前，科林斯一直处
在以巴基斯家族为首的贵族阶层统治下，居普赛洛斯带领群众推翻该家
族的统治，并把他们的土地全部没收，分配给支持僭主的平民群众。居
普赛洛斯自称他代表底层民众的利益，他通过"劫富济贫"打压贵族势
力来争取民心，同时鼓励失势贵族和贫民向外殖民，先后开拓了三个殖
民城市。他和阿尔戈斯的斐冬一样热心参与奥林匹克运动会，资助奥林

匹亚等圣地的公共神庙、神像的建造，以此提高科林斯在希腊世界中的声誉。

古希腊科林斯的飞马钱币

科林斯的繁荣在居普赛洛斯的儿子佩里安德的统治时期（公元前625—前585年）达到极盛，佩里安德进一步强化僭主专制，他声称"僭主的卫兵忠诚而不是城邦军队忠诚，才能安全"。对内，他设立地区法庭以取代贵族法庭，进一步打击贵族阶层，保障平民利益；对外，他鼓励殖民扩张，将科林斯的殖民地从西部的意大利和西西里岛地区扩张到东边爱琴海乃至黑海地区，这些殖民地成为科林斯的原材料供应地和商品销售市场，促进了科林斯的经济繁荣。为方便货物流通，发展商业贸易，佩里安德降低税率，铸造了科林斯最早的钱币。他兴修道路，并开凿了横跨科林斯地峡、连接西边科林斯湾和东边爱琴海萨罗尼科湾的运河。由于地峡中部难以开凿，他为此建造了一条长约6.5千米石砌的拖运船舶专线"曳道"，"曳道"上有类似铁轨的凹槽专供拖车行驶，实现"陆地行舟"的功能，这样从东部爱琴海前往科林斯西海域的船只，就不用绕道伯罗奔尼撒半岛，可以直接从科林斯地峡通过，这些过路的商船为扼守其间的科林斯带来滚滚财源。

在佩里安德的统治下，科林斯获得了极大的繁荣，一跃成为希腊大陆最富裕的城邦，不仅是希腊的交通海运商贸中心，还是陶器、纺织、金属加工与造船业的主要中心。科林斯出产的绘有精美图案的黑彩陶器不仅遍及希腊世界，还销往地中海各国。西方古代有句谚语："不是每个人都能去科林斯。"古希腊的科林斯好比现今美国的拉斯维加斯、中东的迪拜，其昂贵奢侈的生活方式不是一般人能承受得起的。科林斯城中建筑流行的科林斯柱式，结构精美复杂，柱身比例纤细、柱头形似盛满花草的花篮，又如少女的裙摆，体现出女性般的柔美。著有《建筑学要素》的亨利·沃顿爵士称其"就像个放荡的高级妓女"。这句评价对科林斯算是名副其实。科林斯是古希腊的性都，在科林斯卫城山上至今矗立着性爱女神阿芙洛狄

科林斯柱式

忒的神庙遗址。据记载，在当时从卫城山脚下直到卫城山上的阿芙洛狄忒神庙，一路上全是阿芙洛狄忒女神的庙妓，其总数超过1 000名，甚至比齐国临淄女闾的700人还多，堪称古希腊最大的红灯区，庙妓中的拉猗司因其超凡的智慧和美貌更是名遍希腊。

佩里安德除了发展科林斯经济外，还提倡文艺、延揽诗人学者，他统治时期，是科林斯的黄金时期，佩里安德本人也被列入古希腊七贤之一。他曾留有名言："快乐是暂时的，荣誉是永久的，人生有三大难：第一是赢得荣誉；第二是在世一天保持一天的荣誉；第三是死后留下好名声。"爱好荣誉、才能出众的佩里安德是古希腊僭主统治的表率，但僭主统治的缺点在于不能保证统治者能一生英明，也不能保证他的继承人堪当大任。佩里安德晚年的统治便变得残暴专横。在他死后，他的侄子普萨美提库斯继位不到三年，就被人民推翻，家族房舍全被夷为平地，连佩里安德的尸骨也从墓中被挖出并弃之荒野，表明了人们对僭主制的痛恨。

三、斯巴达吕库古改革

阿尔戈斯、科林斯、斯巴达同为伯罗奔尼撒半岛上最重要的三个多利安人城邦。工商业发达的阿尔戈斯和科林斯先后出现僭主政治，但斯

巴达从始至终都没出现过僭主，也不像后来的雅典发展出民主制，而是走了一条和其他所有希腊城邦都完全不同的道路。

独特的发展模式源自斯巴达特殊的自然地理环境。与大部分面朝大海，拥有优良港口的希腊城邦不同，位于伯罗奔尼撒半岛南部拉哥尼亚平原的斯巴达除了南面临海外，其余三面环山，仅有的海岸线几乎布满悬崖与

三面环山的斯巴达城邦

礁石。地理上的孤立性使斯巴达不易发展商业贸易，也难以与希腊其他城邦进行文化交流。这本应该只是个偏僻的小山村，但斯巴达的地理优势在于这里拥有希腊大陆上最丰富优质的铁矿和最肥沃富饶的平原，"斯巴达"这个名字的意思就是"适于耕种的平原"。优越的农业生态环境使斯巴达单靠自给自足就能发展成为希腊第一大邦（雅典兴起之前，斯巴达不管是面积还是人口都是希腊第一），而不用像其他希腊城邦一样需要靠贸易来进口粮食。丰富的铁矿石储备也让斯巴达无须进口铁就能打造生产工具和武装一支强大的军队。

希腊城邦时代的斯巴达和特洛伊时代的斯巴达虽有着相同的名字和地域，却不同族。城邦时代的斯巴达是约公元前1200年南下的多利安人征服原斯巴达地区的居民建立的，入侵的新斯巴达人一直到约公元前900年斯巴达王索奥斯统治时期，才完全征服斯巴达所在的拉哥尼亚地区。

公元前8世纪斯巴达也像希腊各城邦一样出现人口过剩与土地不足的问题，但斯巴达没有像其他希腊城邦一样出海殖民，而是盯上了西南部的邻邦美塞尼亚的土地。美塞尼亚和斯巴达一样是多利安人入侵时所建，美塞尼亚所处平原土地肥沃，和斯巴达连成一片，急需土地的斯巴达有意将整块富饶的大平原都占为己有，便对兄弟之邦发起战争。美塞尼亚人奋勇抵抗，斯巴达人倾全国之力，并借助盟邦科林斯的力量，经过先后两次美塞尼亚战争，才彻底征服此地。在战争期间，由于斯巴达男人外出征战太久，有很大部分的斯巴达女人在家与斯巴达周边的依附民通奸生下一批私生子，这批私生子被赶出斯巴达城邦，于公元前706年来到意大利建立了斯巴达的海外殖民地——塔兰托。

斯巴达征服了拉哥尼亚和美塞尼亚后，由于被征服者数量远远超过斯巴达自身公民的数量，斯巴达原有的政治体制已不适应当时的国内形势。公元前669年，斯巴达又惨败于阿尔戈斯的重步兵方阵，因此斯巴达实行军事改革也迫在眉睫。为实现强国强军的目标，巩固对新征服地的占领，斯巴达长老吕库古（约公元前700—前630年）对斯巴达实行变法改革。

吕库古，又译为来库古，其名在希腊语中代表着硬汉的意思，他出身斯巴达的王族，早年曾游历埃及、克里特岛等地，学习使国家强大的法则，学成归国后被国人推荐为摄政大臣，思用其法治国。于是吕库古制定法典，通过律法将斯巴达改造成一个强大尚武、纪律严明的军国主义城邦。

吕库古认为要让公民遵纪爱国，首先要维持社会公平，要维持社会公平，就要消除贫富矛盾，要消除贫富矛盾，就需避免土地兼并现象。他下令将所有土地都收归公有，平均分配给斯巴达公民，土地所有权属于城邦，任何人不准买卖转让，但是可以传给后代。土地由美塞尼

斯巴达的立法者吕库古

亚人等被斯巴达人征服的民族耕种，他们被统称为希洛人或黑劳士，每年都要将收获粮食的大半交给斯巴达人。希洛人没有政治权利、私有财产和人身自由，世世代代都只能在斯巴达人的农场上从事耕作，属于斯巴达城邦集体所有的农奴，虽然身份上不是奴隶，不能随意买卖，但斯巴达人可肆意伤害或侮辱他们。希洛人即使没有过错，每年也要被鞭笞一次，以便让他们记住自己卑贱的身份。为防止希洛人繁衍太多造反，斯巴达人会定期对他们进行屠杀，借以铲除其中的可疑分子和强壮优秀者。

全球史下看中国

轴心时代的到来

把耕种的事情交给希洛人后，吕库古又进一步禁止斯巴达公民从事工商业活动，这样工商业就成为斯巴达的依附民——庇里阿西人的工作，庇里阿西人意为"边区居民"，简称"边民"，他们住在斯巴达城的周边地区，成分较复杂，有随斯巴达人一同南下的民族，有服从斯巴达的周边地区的居民，也有投靠斯巴达的希腊人，还有被废除公民权的原斯巴达人。他们属自由民，可自由从事农工商业，在本地也有自治权，但无斯巴达城邦的公民权，平时要向斯巴达缴纳赋税，战时也有服兵役的义务，属斯巴达社会第二等级。在古典著作中，庇里阿西人与斯巴达公民又都被统称为拉栖弟梦人。

作为统治阶层的斯巴达公民在其人口最多时约有9 000户，与边民、希洛人的比例约为1∶3∶7，有了负责农耕的希洛人，从事工商的庇里阿西人，斯巴达人即可脱离社会生产成为专职的军人。斯巴达人认为把时间和精力花在工匠技艺和赚钱谋生上，等于是贬低自己的身份和人格[1]，所有斯巴达男人除了军政外，不得从事其他生计，他们只懂战斗，他们只是战士。为了使所有斯巴达人都能成长为坚强的战士，斯巴达全国实行军国合一制度，实行严酷高效的军事化管理。

---

[1] ［古希腊］普鲁塔克：《希腊罗马英豪列传Ⅰ》，席代岳译，安徽人民出版社，2012年，第128页。

斯巴达长老检查新生的男婴

每个新生的男婴都要接受长老检查，体质不合格的直接被扔到荒山野谷。母亲要用烈酒给婴儿洗澡，如果他因体弱无法承受，就任他死去，只有强健的婴儿才会被抚养。父母从小就要培育孩子不挑食、不哭闹、服从命令、麻木无情的性格，培养在黑暗中独处的能力。男孩 7 岁起就入住军营帐篷过集体的军事生活，培养勇气、磨炼身心。为训练他们对首领的绝对服从和忍受力，每年在节日时他们都要跪在神殿前进行鞭笞考验，不许求饶出声，否则越叫越打。吕库古还授权任何斯巴达公民可要求孩子们做他们所认为正确的事情，并惩罚他们的错误行为，并规定每位做了父亲的人都可像管教自己的孩子一样管教别人的孩子。因此在斯巴达，孩子们从不缺乏人管教，而斯巴达的孩子在成年后也能在任何事情上都尊敬他们的顶头上司。男孩到 12 岁便会被编入少年队，进行最严酷苛刻的训练，不论酷暑严寒都只能光头赤脚，穿一件外衣，他们每人都必须通过偷取食物来果腹，从而锻炼他们的侦察应变能力与生存智慧，以便他们更能与敌人作战，而偷窃行为一旦被发现，就会被严加惩处，因为连小偷都做不好更不用说成为勇敢的战士了。为培养少年的实战能力，同时为削弱希洛人，军事长官会时常派遣斯巴达少年下乡突袭，杀死他们所能捉到的每一个希洛人。斯巴达男人满 20 岁后，正式成为军人，30 岁才可结婚，不过每天晚上仍要回到兵营过集体生活，一直到 60 岁才退伍，但还是随时候命的预备军人。

在政治上，吕库古制定以两位国王、五位监察官及长老院、公民大会为形式的贵族寡头政体。斯巴达的两位国王分别来自较高级的亚基亚德家族与较低级的欧里庞提家族。他们不得与外国联姻，也不能互相联姻，以防树立外援，或二王权力合一。两个王室同时执政，继承互不干扰。两位国王有权向任何国家发动战争，在打仗时他们一个任前线统帅，一个留守后方，平时他们除了充当宙斯神①的祭司长，进行占卜祭祀、参加长老会外，权力十分有限，城邦内部的重大事务，甚至王位的废立均由"长老会议"决定。

长老会议是斯巴达最高权力机构，由两个国王和 28 个长老组成，长老只有 60 岁以上的公民才能被选任，任期终身，长老会的决议要经公民大会表决才可生效。30 岁以上的斯巴达男子都能参加公民大会，大会上通过呼声的高低来表示议案是否通过，公民大会职责包括立法、战争、选举长老和重要官员，但是其决议可被长老会否决。平时公民大会由监察官召集，监察官共五人，是具体办事机构，一年一选，从公民中选出，他们通过监察来制衡国王与长老会的权力。监察官与国王每月都要相互发誓。前者代表城邦，后者代表自己。国王的誓言是："我将根据城邦已有的法律加以统治。"监察官代表城邦所发的誓言是："只要你遵守你的誓言，我们将确保你王权永固。"监察官还拥有广泛的权力，有权对任何人进行处罚，有权罢黜任何在职官员，甚至对其实行监禁，直至处死。

为促进社会平等，斯巴达包括国王在内的几乎所有男人都在公共食堂就餐。"黑色肉汤"②是斯巴达人最出名的美食，但外邦人吃过以后，都不想再吃。斯巴达男人都吃同样粗疏的食物，穿同样破旧的衣服，受同样严酷的教育，睡同样恶劣的地铺，禁止任何的奢侈品享受，因为

---

① 许多人误以为斯巴达的守护神是古希腊战神阿瑞斯，这种观点是错误的。斯巴达王族的守护神是宙斯，同时斯巴达人也崇拜阿波罗。阿瑞斯在古希腊神话中代表残暴与不义的战争，而且经常战败，包括斯巴达人在内的古希腊人都普遍崇拜智慧的女战神雅典娜，而非残暴的战神阿瑞斯。斯巴达国王每次跨出国界出征时，都要向宙斯和雅典娜奉献牺牲。

② "黑色肉汤"非常珍贵，所以只让老年人饮用，肉则留下来给年轻人吃。

他们认为奢侈品会使人变得软弱贪生。吕库古还禁止贵金属货币的流通，而代以铁制货币。因为铁币价值低，用于储存与小额零售都嫌沉重占面积，更不用说长途大宗贸易了，这样就减弱了商人靠交易致富的能力，也不会有人去偷盗、抢劫或是通过权力索取这种难以搬运、不易隐藏的钱币。而且铁还有容易生锈、难以长久保存的缺点，因此外邦人都不收，这样就杜绝了进出口贸易，外邦人也不愿涉足一片没有金钱的国土，这些都进而使斯巴达经济停留在自给自足的自然经济阶段，以防止社会贫富分化，使人人平等、同苦共贫，减少内部阶级斗争，一心维护城邦集体利益。

全副武装的斯巴达武士

　　虽然过着最差的生活，但是斯巴达人却装备有全希腊最优质的武器防具。希腊其他城邦战士装备都是公民自费购买的，款式五花八门，而斯巴达则由城邦提供统一制式的武器装备。斯巴达战士清一色身着象征死亡和勇敢的血红战袍，这样他们伤口流出的血就不明显。为了使斯巴达人时刻保持戒备，吕库古还下令不得修建城墙，因为"守护城邦的是它的战士，而不是围墙，斯巴达的战士就是守卫斯巴达的人墙"。

　　在文化上，吕库古认为要成为一个伟大的人，不仅要有发达的四肢，同时要具备简单而又智慧的头脑，斯巴达人不需要口若悬河、思想复杂的学者辩论家，只需要勇敢爱国、服从守纪的公民。所有斯巴达人被要求从小养成沉默寡言的习惯，斯巴达青少年只被要求会写命令和便条就可以了，平时说话要像军事口令一样。为保持斯巴达人的单纯，斯巴达严格限制与外邦人交往，外邦人如无批准，绝不能进入斯巴达境内，以防止他们传入外邦人的不良风气。斯巴达人认为思想简单才是最大的智慧，言多必失，沉默是金，真理都是言简意赅的，从夸夸其谈者那里听不到明智的道理。不过斯巴达人对音乐与诗艺的爱好不下于对武艺的擅长，他们用诗歌与音乐歌颂勇者，嘲笑懦夫，诗歌的旋律也总是与英勇杀敌密切相关。

　　合格的斯巴达男人是一台战争机器，而合格的斯巴达女人则是一台生育机器。古希腊历史学家色诺芬就提到其他希腊人都希望自己的女孩子成为一个擅长纺织羊毛的手艺人，而吕库古则认为女奴的劳动已足以满足穿衣的需要，斯巴达女子无须从事手艺活动，她们的义务便是尽可能多地生育健康的子女。为保证生育，在斯巴达没有通奸罪，吕库古甚至立法规定上了年纪的丈夫必须将他所欣赏的身强力壮、道德高尚的男子引入家中，与其妻生育子女。斯巴达的男人也可以在取得其他妇女原配丈夫的许可后，合法与她们生育孩子。"让妻"在斯巴达被视为极其光荣的事情，而公开的裸体行为在斯巴达也备受赞扬，特别是在训练和竞技中。斯巴达女子要和男人一样进行艰苦的军事体育训练，因为斯巴达人认为只有体格健壮的母亲，才能生育出更强健的后代，如果妇女因难产死去，将会得到与阵亡战士一样的荣誉。斯巴达妇女个个坚强勇敢，以自己的儿子浴血沙场为荣，每当儿子上战场，她们往往会亲手将盾牌交给儿子说："与你的盾牌同在，要么拿着，要么躺在上面。"因为盾牌很重，逃跑时不能拿着，只有战死才能躺在盾牌上被抬回来。曾有斯巴达男子逃生而归，结果被其母亲用石头砸死。还有一个斯巴达妇女的 5 个

斯巴达的女子与男人一样要接受训练

儿子在一次战斗中全部阵亡，她对此表示："我生下他们就是要他们为斯巴达捐躯，如今我的心愿已成。"

古希腊历史学家普鲁塔克形容吕库古的变法改革："将自己的同胞训练成既没有独立生活的愿望，也缺乏独立生活能力的人，倒像是一群蜜蜂，孜孜不倦地使自己成为整个社会不可缺少的一部分，将自身的一切皆隶属于国家。"他使个人绝对服从于城邦，男人为城邦作战，女人为城邦生育，斯巴达至上，全民军事化。通过从小开始的思想灌输和军事训练，斯巴达将其公民打造成一台逆转人性的战争机器。吕库古为实现斯巴达强国梦的改革，可以说损害了包括斯巴达公民在内的所有居民的利益，正因为如此，他的改革也遇到巨大的阻力。在一次骚动中他的一只眼珠被一个改革反对者打了出来。这个反对者被罚给他做了一段时间的仆人，并在他的感染下成为他变法最大的支持者，最终吕库古克服了变法的障碍，赢得了斯巴达公民阶层对于新法的支持。

传说吕库古为斯巴达制定律法后，与全体国民立下誓约，绝不在他回来之前更改他的法律，然后他前往希腊圣地德尔菲神谕所请求神谕。"神谕"赞赏他制定的律法，并且保证只要斯巴达保留他的法律就能走向强大，于是吕库古绝食自尽，再也没有返回斯巴达，使得斯巴达人要一直遵守他离开前的誓约——"绝不在他回来之前更改他的法律"。斯巴达军国模式就此固定下来，吕库古制定的律法成为斯巴达未来500年的国家制度，奠定了斯巴达日后希腊第一军事强邦的地位。

吕库古向德尔菲女祭司请求神谕

第四节　婆罗门的统治

> 我将那振奋心灵的颂诗奉献毗湿奴，他度量了世间与空间的区域，他建立了至高的会众地，以他那宽广的三大阔步。毗湿奴因其英雄伟力被颂扬，就像漫步野外的敬畏猛兽，游荡山巅，在他那三大阔步中，所有生灵安居其间。我将那振奋心灵的颂诗奉献毗湿奴，像那游荡山巅、迈越阔步的公牛，他以三重的智慧支撑了地界与天界，维系了所有生灵。
>
> ——《梨俱吠陀·毗湿奴颂诗》

一、婆罗门教

斯巴达社会分为公民、边民、黑劳士三个等级，印度社会则分为婆罗门、刹帝利、吠舍、首陀罗四个种姓，其中刹帝利、吠舍、首陀罗的职业地位类似于斯巴达的公民、依附民、黑劳士，印度的统治阶层刹帝利种姓也和斯巴达的公民一样是为战斗而生。所不同的是，斯巴达战士就是斯巴达社会的最高阶层，而在印度的刹帝利种姓之上，还有更高的婆罗门种姓，由此导致印度文明和斯巴达文明的根本不同。同样是奴役被征服者，拥有婆罗门种姓的印度所用的方法要比简单粗暴的斯巴达文明有效得多。早在吠陀时代（约公元前1500—前600年），印度就产生了《梨俱吠陀》《沙摩吠陀》《夜柔吠陀》和《阿闼婆吠陀》四部最早的

印度的婆罗门圣贤

《吠陀本集》，通过思想文化维护印度的种姓社会。狭义的吠陀文献就单指这四部《吠陀本集》，而广义的吠陀文献还包括后来出现的解释四部《吠陀本集》的《梵书》《森林书》《奥义书》三类作品，三类作品又以《梵书》出现最早。《梵书》主要是解释吠陀颂诗意义，说明祭祀的起源、用途和方法的文献，还包括宗教神话传说、巫术、咒语和哲学社会观点，《梵书》在吠陀的基础上，进一步发展出吠陀天启、祭祀万能、婆罗门至上三大纲领。

吠陀天启是将吠陀文献看作神的启示，具有绝对可靠性，其智慧高于一切，其一字一音都隐含着深意，不会有任何错误和可疑性，人类只会无法理解其中的奥秘，而永远不可能超出吠陀的智慧。因为吠陀天启，所以依据吠陀指导的祭祀是万能的，世间万物的一切力量都源自对神的祭祀。祭祀如不灵验，是因为人类祭祀不够，或方法不对。由于能诵吠陀颂诗、主持祭祀活动的只有婆罗门阶层，因此婆罗门具有至高无上的权威，《百道梵书》中就称："众神是天上的神，有学问的婆罗门则是人间的神。"婆罗门祭司为独揽祭祀大权，想尽办法把祭祀仪式理论化和神圣化。《梵书》就是这样一种祭祀介绍书，婆罗门祭司在解释这些祭祀仪式的起源和意义时，创造出许多新的神话传说。从这点上看，虽然《梵书》名为解读四部《吠陀本集》，实际上却重塑了吠陀文献中的神话系统，吠陀时代印度流行自然神崇拜，主要神灵都和各类自然现象有关，如天神伐楼拿、雷神因陀罗、火神阿耆尼、太阳神苏利耶、月神苏摩等。在梵书时代，原本吠陀文化所崇拜的诸神地位都开始下降，今日印度教所崇拜的三大主神地位则显著提升，雅利安人早期信仰的吠陀教开始逐渐演变为婆罗门教（古印度教）。

与吠陀教相比，婆罗门教的神谱不仅包括早期吠陀时代雅利安人的神灵，也吸收了原本印度达罗毗荼等土著的宗教思想。在雅利安人入侵征服印度土著的同时，也被土著的文化所影响，两种不同信仰和观念的不断冲突，让雅利安人的婆罗门祭司意识到必须创造出融合雅利安人和土著共同信仰的宗教才能维持种姓社会的稳定性。婆罗门祭司通过吸收融合印度土著的信仰文化，发展出高于一切自然神的三相神信仰。

　　"三相"意为宇宙的"三种形式"，被称为印度教的"三位一体"，如今以多神崇拜著称的印度教神灵多达3.3亿个，但主要大神只有三个，分别是：创造神梵天、维持神毗湿奴和毁灭神湿婆。印度教教义认为，宇宙的运行包括三大基本特征：创造、维持、毁灭。以梵天、毗湿奴和湿婆分别代表创造、维持、毁灭三种功能。梵天为创造宇宙之主，众生之父，毗湿奴是宇宙与生命的维护者，湿婆则是一切的破坏者。梵天创世后，由毗湿奴维持43.2亿年，再由毁灭神湿婆摧毁，然后由梵天重新创造，如此不断循环反复。

　　创造神梵天，佛教称为大梵天王，在印度教神话中正是梵天用原始巨人普鲁沙的身体开天地、造万物。梵天的坐骑为孔雀，妻子辩才天女是智慧与雄辩女神，印度流传下来最古老的语言梵语传说便是梵天的语言，梵文字母也相传由他所创造。在崇拜梵天的神话里，每当早上梵天从梦中清醒，宇宙和世间万物就产生了。到黄昏，梵天入睡，宇宙就进入毁灭。梵天每天反复沉睡、苏醒，宇宙不断循环更新，不过，梵天的一天等于人间的43.2亿年。在梵书时代，梵天的地位已跃居诸神榜首，但是在今日的印度，他早已没有多少信徒。虽然印度教仍尊他为造物主，但是他们认为梵天已经完成了创世的任

四面神梵天

务，因此不再为广大印度教教徒所崇敬。虽然梵天在印度鲜有信徒，但是在东南亚，特别是泰国影响力却相当大，如今泰国香火最盛的"四面佛"就是"梵天神"，梵天神的形象为四张脸，分别朝向东、南、西、北四方，他的四尊面孔分别代表了健康、事业、爱情与财运。

毗湿奴神

维持神毗湿奴，佛教称为那罗延天或遍入天，他在吠陀时代最初是牛神，后来又和太阳神苏利耶合并，在婆罗门教时代升格为维持宇宙秩序的主神。他的形象为绀青皮肤，有四只手，分别拿着法螺、轮宝、神杵和莲花。作为维持守护神的他曾经10次下凡化身成各种形象拯救世界于危难。毗湿奴在印度最受崇拜的化身是第八个化身黑天神，黑天神又译作克里希纳，梵文的意思是黑色，因为黑色能吸收光谱中的7种颜色，代表了他具有的吸引力能吸引一切，他也是印度最重要的史诗《摩诃婆罗多》中的主神。毗湿奴的坐骑为金翅大鹏鸟，他的妻子吉祥天女是幸福与财富女神。在崇拜毗湿奴的神话里，让世界循环的主角从梵天变成了毗湿奴，传说毗湿奴躺在一条千头蛇身上沉睡，在宇宙之海上漂浮。宇宙周期循环（世上43.2亿年）之始，是毗湿奴一觉醒来的时候，这时梵天从他肚脐里长出的一朵莲花中诞生，开始创造世界，等到毗湿奴睡着，破坏神湿婆又毁灭了世界。这样，宇宙就在毗湿奴的醒与睡中不断地生又毁，毁复生。

毁灭神湿婆，名字意为"吉祥"，佛教认为他居住在色界之顶点净

舞王湿婆

全球史下看中国 轴心时代的到来

居天，能够自在变化，故称其为"大自在天"，他所在的须弥山 ① 也是印度教和佛教神话中宇宙天地的中心，日、月都绕此山运行。湿婆的原型是吠陀时代的风暴之神鲁陀罗与印度土著所崇拜的生殖之神"兽主"的结合体，兼具生殖与毁灭、昌盛与破坏双重性格。在三大神中以他的形象最为怪异多样，他有林伽相、恐怖相、温柔相、超人相、三面相、舞王相、璃伽之主相、半女之主相、大黑天神等变相，其通常的形象是五个头、三只眼、四只手，皮肤青黑，披头散发，颈挂骷髅，手持三叉戟、魔瓶、法螺等，身缠眼镜蛇，坐在一头大白牛身上。他额上的第三只眼总是紧闭，一旦睁开就能毁灭一切，遇神灭神，遇魔屠魔。舞王像是印度铜器店中常见的湿婆铜像，其面有三目，手为四臂，在燃烧的火圈中扭摆出曼妙的舞蹈。在印度人看来，湿婆舞蹈的节奏就是宇宙从诞生到毁灭的节奏。大黑天神是湿婆的化身，与毗湿奴的化身"黑天神"不是同一个神，大黑天神后来被佛教吸收而成为护法神，在西藏密宗佛教中占有重要地位。

林伽像是象征湿婆神的图腾像，"林伽"意为"标志"，其形象为一巨大的男根，象征生殖和重生，最早源自印度达罗毗荼等土著对男性生殖器的崇拜，后被雅利安婆罗门祭司融合成湿婆的图腾。传说，当年毗湿奴与梵天为他们之间谁才是最值得崇敬的神争论不休，这时突然在他

---

① 有一种观点认为须弥山就是西藏西南部普兰县的冈仁波齐山，冈仁波齐山是冈底斯山脉的主峰，也是冈底斯山脉第二高峰，它在藏语中意为"神灵之山"，在梵文中意为"湿婆的天堂"。冈仁波齐山南麓的孔雀河为印度教的圣河恒河的上游源头之一，冈仁波齐山北麓则是印度河上游狮泉河的发源地。

们的面前出现了一根巨大的林伽直入云天，两位大神大惊失色，于是分道扬镳寻找林伽的尽头，毗湿奴变成一头巨大的野猪，不断往地下挖掘，梵天变成一只迅飞的天鹅，不断向上飞翔，结果各自花了一千年都没有找到林伽的尽头。毗湿奴在湿婆面前跪下，承认湿婆才是宇宙最强大的神，而梵天却谎称他找到了林伽的尽头，动怒的湿婆神诅咒梵天从此在人间没人崇拜。传说四面神梵天原本有五张脸，其中一张就是被湿婆给砍去的。同时，湿婆祝福毗湿奴，说他将和自己一样得到三界崇拜。

湿婆神的标志林伽

　　事实上在梵书时代，梵天是当之无愧的众神之首，而毗湿奴与湿婆仅初露头角，远不能与梵天相提并论，但在以后的历史中，梵天的地位逐渐下降，而毗湿奴与湿婆的地位则日益上升，梵天的地位渐渐低于后两者。如今在印度有数不尽的寺庙供奉毗湿奴和湿婆，但供奉梵天的寺庙却屈指可数，而湿婆则是三大神中崇拜者最多的，他的崇拜中心是今日恒河流域的瓦拉纳西。这座城市相传在6 000年前由湿婆所建（据考古发现，此城建立至今应只有3 000多年），美国作家马克·吐温称其"比历史更久远、比传统更古老、比传说更悠远"。瓦拉纳西是印度最古老和最神圣的城市，享有"印度文明之光"的称号，在历史上又被称为迦尸，意思是"神光照耀的光明之城"。它是印度教的圣城。这里有印度最重要的湿婆神庙。虔诚的印度教徒最大的心愿就是：能居住在瓦拉纳西，参拜城内的湿婆神庙，在这里的恒河中洗澡并饮用恒河圣水，死后将遗体运来此处火化，骨灰撒入这里的恒河水中。

恒河边的圣城瓦拉纳西

根据印度史诗《罗摩衍那》的说法，恒河原本是天上的银河，并不在人间，太阳王朝的国王跋吉罗陀为了超度自己六万个祖先的灵魂，苦修了

湿婆神解开发髻，用头发承接从天而降的银河水

一千年，他的苦行感动了天上的银河女神，女神答应用银河水为他净化这些灵魂，但由于银河水从天而降，其水势之大足以毁灭人间，唯有让湿婆承接银河，分散水流，才能让它平稳下界。于是湿婆神解开发髻，让从天而降的银河水倾泻到自己的头上，银河水因湿婆神的头发阻挡被分成了几股威力较小的水流，再从喜马拉雅山（湿婆的妻子是喜马拉雅山的雪山神女帕尔瓦蒂）上流入印度，变成人间的恒河。从此印度教尊奉恒河为圣河，

印度教徒相信恒河水不但能包治百病，还能洗脱一生犯下的罪孽，敬奉湿婆神和洗圣水澡成为印度教徒的两大宗教活动。

《梵书》重塑了印度神话体系，被非雅利安民族的印度土著所接受，不仅在雅利安人活动的北印度流行，还传播到雅利安武士未能征服的南印度地区。印度半岛在地理上以中央的温迪亚山脉为界，将南方的德干高原与北方的印度河-恒河平原隔离开。北方的印度河-恒河平原已经基本被印欧语的雅利安民族所征服同化，因为南方的德干高原被中央的温迪亚山脉所阻碍，所以北方的雅利安政权一直难以扩张到南印度地区，雅利安人的印欧语也从未在南方流行，在南印度今天主要生活的是非印欧语系的达罗毗荼人等四种印度土著，他们的语言被统称为达罗毗荼语。雅利安武士的剑无法完成的统一事业，最终被婆罗门祭司的口所完成。婆罗门祭司将种姓制度和诸神信仰带到南方，用婆罗门教征服了整个南印度区域。如今通过分子人类学研究可知，从父系遗传角度上看，南印度达罗毗荼主要父系单倍群为 H、L 和 J，而北印度讲印欧语的雅利安人主要是 R1a。但是如果从最低等的首陀罗和贱民的父系遗传上看，就会发现北印度的低种姓主要来自原印度土著的 H 和 L，高种姓则以雅利安人的 R1a 为主，而在南印度低种姓则有大量雅利安人的 R1a 成分。但如果单从婆罗门种姓上看，就会发现无论是北印度讲印欧语的婆罗门，还是南印度讲达罗毗荼语的婆罗门，其父系单倍群中比率最高的都是 R1a，也就是说南北印度的婆罗门阶层最初很大部分都来自同一个种族，或

南印度人

者说南印度婆罗门阶层有很大比例上是从北方迁移来的，至于南印度的刹帝利阶层则基本上还是本土人。如今南印度的印度教徒比例比北印度更高，风俗也更传统。由于印度教反对杀生，提倡素食，所以南印度趋向全民吃素，标有"南印度餐厅"的餐馆基本上等同于素食馆。

正是婆罗门祭司创造的印度教实现了印度宗教文化上的统一，使印度文明得以历经数千年传承下来，虽然南印度诸民族使用与北印度雅利安语不同的语言，但他们又接受印度教及其社会习俗，并将婆罗门所用的雅语——梵语，作为其经文和学习的用语。如此，尽管南北印度诸民族有着根本不同的种族和语言背景，尽管历史上南北印度有数国曾长期独立并存，印度教都牢牢地将南北印度不同国家、不同民族结合在一起，形成统一的印度教文明，并成为今日印度各联邦统一共和的宗教文化基础。历史学界有过观点："印度的国家虽然分裂甚至灭亡而印度教不会亡，印度教不亡印度民族和印度文明就不会亡。"

二、轮回的奥义

在最早解读吠陀文献的《梵书》出现后，印度又出现了《梵书》的附属续编《森林书》《奥义书》这两类广义的梵书文献。

《森林书》为"森林中遁世者所读诵"之意，根据婆罗门教义，人的一生可分为青少年时拜师学习的梵行期；青壮年时返家结婚生子，实行种姓职责的家居期；年老时家产让子，栖居树林修行的林栖期，晚年时绝世俗之执着的遁世期。而《森林书》就是一种为年事已高，不复能举行日常的祭祀活动，因而遁入山林隐修的婆罗门祭司所传授的宗教哲学著作，包括《他氏森林书》《阇弥尼森林书》和《鹧鸪氏森林书》等，主要讲祭祀及人生的意义，人与自然、世界、神灵之间的关系，涉及对宇宙和人生的思考。

《奥义书》是《森林书》的附属部分，也是广义吠陀文献的最后部分，故又称为吠檀多（意为《吠陀》之终极）。《奥义书》的"奥义"在梵文中意为"近坐"，是指森林中的修行者秘密传授给身旁围近而坐的少数弟子的"深奥教义"。成书年代较为古老且与吠陀关系密切的《奥义书》共有 14 种，其内容通常以师徒对话的方式讲述：人的本质、世界观、人和神、自然与灵魂、人死后的命运，以及信徒对吠陀的疑问等。与其他吠陀文献相比，《奥义书》有明显的哲学性质，通过形而上的思辨来解释宗教哲学问题，其形成时间比《森林书》晚，内容也更为深奥。

与主要讲述神话与祭祀的《梵书》不同，《森林书》和《奥义书》在吠陀神话与祭祀礼仪的基础上，进一步论述宇宙的终极真理与人生轮回解脱之道，将婆罗门教从仪式主义上升到抽象思维。如果说之前的吠陀文献在人与神的关系、世界观、人生观、方法论上着重于论述"是什么"，那么在《森林书》和《奥义书》中已经进一步发展到系统论证出"为什么"，由此发展出的印度哲学，是与中国哲学、西方哲学并称的世界三大哲学体系。

由《森林书》和《奥义书》所搭建起来的主要宗教哲学观是轮回业报，在先前的《梨俱吠陀》中并不存在轮回的观点，在梵书时代，只是简单提及人死后的转世和报应，《森林书》中虽提出轮回的解脱之路，却未指明根本的方法，到奥义书时期，婆罗门终于建立起系统完善的轮回业报观，并明确回答了从无尽的轮回中解脱出来的方法。

《奥义书》认为万物有灵、灵魂永存，宇宙在不断毁灭创造中周而复始，同样生命也不是以生为始，以死告终，人的灵魂在宇宙中并不是只有一次，而是在不同生命环节中不断地轮回，每一段生命都是由前世的所为决定，以此为基础婆罗门创造出对后世佛教、道教、耆那教影响巨大的"三世轮回业报说"。

"三世轮回业报"中的"三世"指前世、今世、来世。"轮回"又称

象征业力无尽的无穷结

"业力"的业即行为,业力即为善恶报应之力。无穷结的符号象征因果报应的相互联系,业力的永恒循环。

"轮回转生",是指众生万物在"三世"中如车轮一样旋转不停、生死循环。"业报"的"业"即行为,"报"即报应,是指人行为的善恶决定来世的报应,善有善报、恶有恶报。"三世轮回业报"合起来就是说人生在前世、今世、来世中不断轮转循环,一个人在今世有什么样的生活、地位是对他前世所做行为的回报,而一个人在今生所做的行为,也将决定他来世的回报。如果一个人今世活得好,那是因为他前世积下的善因,但如果他今世种下恶果,那他来世就不得好报。

婆罗门用"三世轮回业报说"解释种姓制度,一个人今生种姓的高低都是他前世造就的善因恶果,不可违背,唯一能做的只有通过今生的行为改善来世的种姓地位;而一个人今生的善恶则取决于他是否坚持恭敬地履行自身种姓的责任和义务,只有坚持者,来世才能升为较高种姓,否则,来世将沦为更下贱的种姓。如作为平民阶层的吠舍只能专心从事生产经济活动,服从婆罗门与刹帝利的统治,不要贪恋政治和宗教的权力,不然终将不得善果;同样作为掌握军政大权的统治者刹帝利也无权插手婆罗门的宗教职权,且要负起"保护"与"供养"婆罗门的职责,尊奉婆罗门为最高阶层,才能取得现世和来世的幸福;至于作为最高等的婆罗门阶层也要按照婆罗门教义做事,因为就算是最高种姓也难逃生死轮回之苦。这样,婆罗门祭司就将"三世轮回业报"和四种姓制度联系起来,成为套在下等种姓人民身上的精神枷锁,所有人都要遵守执行他们所属种姓的职责,放弃斗争,逆来顺受,才能得到善报,在将来的轮回中投生到更高等的种姓中。

在婆罗门教看来,只有婆罗门、刹帝利、吠舍可轮回再生,这三者被称为再生族。首陀罗则没有来世,不可轮回再生,故称为一生族,至于旃陀罗（贱民）与动植物等更是不可轮回。为加大奖惩力度，婆罗门又引入"三道四生轮回"的概念。所谓"三道"，即天道、祖道、兽道；所谓"四生"，即胎生、卵生、湿生和种生。人和兽属于胎生，禽鸟属于卵生，蚊虫属于湿生，草木属于种生。世人如能遵从婆罗门

佛教的六道轮回正是从婆罗门教的三道轮回发展而来

教的教义积累善果就能进入祖道，来世重回人间，转生为再生族婆罗门、刹帝利、吠舍；反之，则沉沦于兽道，来世变为首陀罗、贱民、禽兽、蚊虫、草木。而要想不再回到人间，摆脱轮回再生之苦，就必须通过修行，使人死后灵魂能进入最高等的天道，才能超越时间与轮回。

　　然而就算是天道也并非永恒的极乐国度，印度的婆罗门认为世界最高的本原是梵，永恒的自我既源于梵，终究也要复归于梵，所以"梵我合一"才是灵魂的最高归宿。婆罗门教的"梵我合一"类似于佛教的"成佛"、道教的"得道"，是婆罗门教修行的最高境界，婆罗门教所说的"梵"[1]类似于道家所说的"道"，是一种高于世界一切事物的本源主宰，不具有任何属性和形式，不依赖于任何事物而又为所有事物存在的原因，超越于人类感觉经验又不能用逻辑或言语来表达，是只可意会不可言传，玄而又玄的无上奥秘，也是无限美好的极乐福境。

　　《百道梵书》称梵为万法之基，认为梵为知识的源泉，而《吠陀》

---

[1]　现代的一些学者认为，所谓的"梵"，就是由婆罗门教中的创世神梵天所演化而来的抽象概念，也有学者认为正好相反，创世神梵天是由抽象概念"梵"所演化出来的人格化形象。

是知识的运用。奥义书时代的圣贤们认为，人之所以处于轮回之中，其原因就在于"无明"（无知），现实世界万物的表象多变虚幻，具有欺骗性，并非真实的存在。由于"无明"的人类贪恋享受，跳不出尘世，不能理解作为世界万物背后唯一真实的存在——梵，因此不断投生转世，受"轮回"之苦。只有断绝七情六欲，摈弃尘世生活，修行梵法，让自我的小宇宙（灵魂）与永恒的大宇宙（梵）连成一体，认识到"我就是梵"，就能消除"无明"，实现"梵我合一"的人生最高境界，从而使灵魂摆脱痛苦轮回的物质世界，抵达极乐的梵界，获得解脱。正如《广林奥义书》所说："认识梵者，可自升天界，获得解脱。"

关于"梵我合一"，《森林书》中举了一个例子，"父亲撒了一把盐到水里，盐在水里溶化后，儿子只能感到水的咸味，却不能看到已溶化的盐。虽然看不到盐，但盐就在水中，同样虽然你感觉不到梵的存在，但实际上梵就在你身上，你就是梵"。

"梵我合一"的修行过程是漫长且相当辛苦的，只有婆罗门、刹帝利、吠舍三种姓才有修行和学习吠陀的权利和义务，首陀罗和旃陀罗

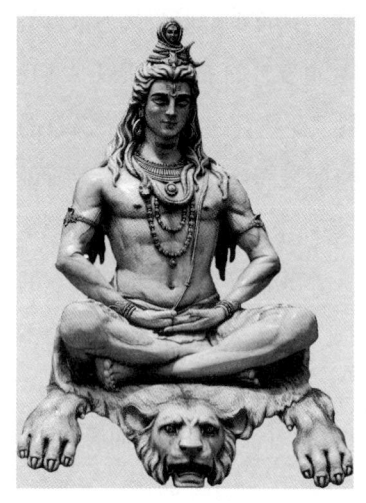

瑜伽的创造者及最伟大的瑜伽修行者湿婆神

如果读经将被处以死罪。早期婆罗门教不注重修建神庙。不过早在公元前7世纪就出现了塔克撒西拉等著名的婆罗门教育修行学校，修行方法除学习婆罗门经典外，还包括布施、禁欲、祭祀、正道、冥想、禅定、苦行、瑜伽等。而其中最重要的便是瑜伽修行。瑜伽的原意是"枷"与"驾"，即"用轭连接，服牛驾马"。在《奥义书》中演化出"结合""化一"之意。按照《奥义书》的解释，"瑜伽"就是使个

人的灵魂与宇宙的灵魂（梵）结合化一，实现"梵我合一"的修行之法。如今瑜伽已成为风靡全世界的健身之法。瑜伽术早在公元4世纪就随佛教传入中国，对我国的道教、气功、医学、武术、健身等都产生过巨大影响。南北朝时传入中国的《易筋经》就被认为可能是由印度僧人达摩所传授的瑜伽术。

第五节　游牧民族所带来的影响

> 北方的草原之路是至今为止人类发现最早的欧亚之路。
>
> ——［法］勒内·格鲁塞《草原帝国》

从全球化角度看，这一时期最引人注目的地方，就是草原上的游牧民族在东、西方文明之间所起到的中介作用。东方的中国与欧亚大陆西端的各文明隔着广阔的沙漠与草原，这片沙漠草原带隔开了欧亚大陆东、西两端的农耕文明，使双方难以建立直接的联系，因此生活在欧亚大陆中部大草原上的游牧民族成了东、西方贸易交流的先行者。

不过当时草原之路最主要的贸易品不是丝绸，而是阿尔泰山地区盛产的黄金。阿尔泰山是欧亚大草原的一条天然分界线，阿尔泰山以东的蒙古，地势较高、降水较少，气候也更恶劣，这里的牧场通常没有西部的牧场肥美，因此蒙古的游牧民总是设法向西推进，进而产生多米诺骨牌效应，引发了一场又一场自东向西的民族迁移运动。原本生活在东方的斯基泰人，就是因为被更东方的游牧民族击败，迁移到了欧洲。以后，西部还会有一批又一批的东方游牧民族到来，直到蒙古西征。

由斯基泰人西迁引发的游牧民族入侵浪潮，给亚述、吕底亚、弗里吉亚等欧亚大陆西部的农耕文明造成了可怕的灾难，但也给这些农耕文明带来了骑兵革命。亚述帝国与吕底亚王国通过学习游牧民族实行骑兵改革，击退了游牧民族的入侵。而正是依靠铁器与骑兵的优势，亚述帝国成功征服了更为古老的古埃及王国，将两河文明与尼罗河文明这中东文明的两大中心首次统合在一起，进而开启了以后中东文明一体化的序幕。

值得注意的是，这一时期中国的东周列国，同样受到西北戎狄入侵的威胁，全靠齐桓公、晋文公尊王攘夷才转危为安。但是戎狄入侵并未引发中原各国的骑兵革命。事实上中原地区直到战国中期才由赵国率先开始了"胡服骑射"的改革。那么到底是什么原因导致了中国骑兵革命比西亚地区延后了数百年之久？

从当时的史料记载可知，不同于后世以骑射见长的胡人，春秋时期的戎狄军队主要以步兵为主，如《左传·隐公九年》记载北戎侵郑，郑伯说："彼徒我车（他们是步兵，我们用战车），惧其侵轶我也。"《左传·昭公元年》记载晋国将领魏舒率军进攻无终（山戎国名）及群狄，魏舒也说："彼徒我车（他们是步兵，我们用战车），所遇又厄，以什共车，必克。"既然戎狄军队是以步兵为主，那么与戎狄的战争当然只能引发中原各国的步兵革命而非骑兵革命。晋将魏舒就是通过"毁车以为行"大败戎狄。魏舒"毁车为行"也是中国古代车战向步战转变的先声。

那么为何当时的戎狄不像游牧民族那样以骑兵作战？有学者指出："汉代学者由于战国以后北方的胡人都是游牧人，就推断先秦的戎狄也是游牧民族"是错误的，"春秋时期的戎狄部落并非游牧民族"①。战国以前的文献明确记载戎狄有城市，会务农，且并未记载他们是"随畜牧而转移"。当时戎狄和华夏的区别，并非游牧人和定居农人的区别，而是传统文化风俗的差异。戎狄部落在春秋时期曾广泛分布于现今河北、

---

① 林沄：《林沄文集·古史卷·戎狄非胡论》，上海古籍出版社，2019年，第169页。

山西、陕西和河南西部等地，而后在秦、晋等强国开疆拓土的过程中被征服而同化，最终融入华夏。

笔者认为春秋时期戎狄的范畴可能也包含后世的胡人，但主体并非是胡人，而是一些与华夏族文化风俗相异的农猎部落，秦穆公时"兼国十二"，晋献公时"并国十七"，他们所兼并的戎狄之国明显不是什么游牧部落。《左传》称："晋居深山，戎狄之与邻。"戎狄部落应该更多指生活在山地一带的山民，而非草原上的游牧民。燕山山脉—太行山山脉—黄土高原一线的山地高原是华北-关中平原与蒙古高原的天然分界，华北-关中平原的华夏诸国以车兵为主力，蒙古高原上的游牧民族以骑兵为主力，而生活在二者之间山地地区的戎狄部落由于山地地形不利车兵、骑兵作战，自然以步兵为主。在春秋时期，与中原华夏诸国直接接壤的正是这些生活在西北山地的戎狄部落，中原诸族需先越过山地之间的戎狄部落，才能与胡人有所接触。而到了战国时期，随着各戎狄部落都融入华夏，华夏各国开始广泛接触到草原上以骑射见长的游牧民，进而才有了"胡服骑射"的改革。而胡人因为地理方位与西北戎狄相似，因此在戎狄融入华夏后，延续了戎狄的称号。正如东夷原为对中原东部黄河流域下游非中原人的泛称，而到秦汉以后便用来特指居住于朝鲜半岛、日本列岛及琉球群岛等地的外族或中国东北的少数民族，至于先秦时的东夷人，则早已融入华夏。

历史大事件对照表

中原	荆楚	两河流域和尼罗河流域	吕底亚	古希腊	伊朗高原
公元前685—前643年，齐桓公任管仲为相，进行改革，采用"尊王攘夷"策略，多次会盟诸侯。	公元前689年，楚文王元年，将楚国都城从丹阳迁于郢都（湖北荆州）。	约公元前7世纪，巴比伦天文学家发现日月食循环的"沙罗周期"定律，巴比伦天文占星著作《犁星纲要》成书。	约公元前7世纪，小亚细亚的吕底亚王国开始铸造金属钱币，这是西方铸币的源头。	约公元前7世纪，斯巴达立库古变法，确立军国政治。	约公元前700年，波斯部族首领阿契美尼斯创建阿契美尼斯王朝。
公元前679年，晋国公族曲沃武公杀武公，统一晋国，称晋武公，史称"曲沃代翼"。	公元前680年，楚灭息。	约公元前705—前681年，亚述王西拿基立在位。	约公元前652年，辛梅里安人侵犯吕底亚王国，攻占并洗劫了吕底亚都城萨迪斯。	公元前683年，雅典设置"九执政官"，任期为一年。	约公元前675—前653年，米底王弗拉欧尔特斯在位，领导米底人脱离亚述统治。
公元前677—前651年，晋献公在位，攻灭骊戎、耿、霍、虢、虞等国。	公元前678年，楚灭邓。	约公元前671年，亚述王以撒哈顿攻略孟斐斯，征服埃及。	约公元前626年，斯巴达联合达第二次美塞尼亚述彻底击败辛梅里安人。	公元前660年，希腊人建立拜占庭城市。	
公元前671—前626年，楚成王在位。	公元前638年，楚泓水之战，楚国大败宋国，宋襄公图霸破碎。	约公元前664年，亚述巴尼拔一世赶走埃及的亚述军队，建立埃及第二十六王朝。		约公元前650—前585年，黄金时代的科林斯是当时希腊文明最繁荣的城邦。	
公元前659—前621年，秦穆公在位。	公元前628年，楚、晋始通使。	约公元前639年，亚述王阿淑尔·巴尼拔攻灭埃兰王国。			
公元前656年，齐桓公伐楚，迫楚国签订召陵之盟，恢复对周王室的进贡。					
公元前651年，齐桓公在葵丘大会诸侯，霸业达到顶峰。					
公元前642年，宋襄公在齐桓公死后，拥立齐孝公，小霸中原。					
公元前636—前628年，晋文公在位。					
公元前632年，城濮之战，晋文公大败楚军，大会诸侯于践土，成为诸侯霸主。					
公元前627年，秦晋崤山之战，秦全军覆没。					
公元前627—前621年，秦穆公独霸西戎。					

第四章

多极化时代

（约公元前 630—前 550 年）

齐桓公尊王攘夷、会盟诸侯，给群龙无首的中原列国重新带来了秩序与稳定。齐国衰败后，晋国南阻楚国北上，西抗秦国东出，成为当之无愧的中原盟主，至于秦、楚两国则因地理位置常常被排斥在中原文化之外，被中原各国视为蛮夷。楚国也曾以蛮夷自居，僭越称王，并屡屡北上，攻打中原列国，齐桓公晋文公皆通过压制楚国，成就霸业。那么在齐桓公晋文公之后，中原诸国能否继续阻挡楚国北上？楚国与中原诸国的关系又将会走向何方？春秋群雄争霸的格局将走向单极化、双极化，还是多极化？

而在中东地区，亚述帝国一度征服了巴比伦与埃及两大文明古国，成功控制了两河流域与尼罗河流域中东文明的两大中心，那么中东文明是否能从此走向统一，还是重返多极化时代？埃及与巴比伦能否迎来复兴？新兴的希腊文明将如何从古老的中东文明那里汲取文明成长的养分？文明的火焰又将如何传遍整个地中海地区？

与老牌的中原诸国与中东诸国相比，长江流域的楚国与爱琴海的希腊城邦都属后起之秀，探讨这些后起之秀与文明先辈之间的关系，对研究文明的传播与发展有着重要意义。

第一节　晋楚争霸

（楚庄王）灭庸而楚内乱夷矣，连巴秦而楚之外援固矣，灭庸以塞晋之前，结秦以挠晋之后，斯不待陆浑兴师，而早知其有窥觎周鼎之志矣。

——［清］顾栋高《春秋大事表》

一、赵盾主政

楚成王四十六年（公元前 626 年），楚国太子商臣得知其父楚成王想废他另立太子，便发动兵变逼迫楚成王悬梁自缢，自己篡位为王，是为楚穆王。楚穆王一直想夺回楚国在城濮之战后失去的北方势力，但此时晋国在晋襄公的统治下正如日中天，楚穆王虽有志也无力，只好先养精蓄锐，以待时机。

楚穆王五年（公元前 621 年），晋襄公去世，由于太子夷皋年方七岁，由正卿赵盾（又称赵宣子，是后来赵国的始祖）主持朝政。晋国卿士都欲立年长的公子为新君，赵盾便派人到秦国迎回晋襄公的弟弟——在秦国做人质的公子雍——回国继位。秦康公的母亲是晋献公的女儿，秦康公与公子雍是表兄弟，便派出众甲士护送公子雍回国。不料原晋太子夷皋的母亲穆嬴以先君托孤之重每日带太子夷皋至朝堂哭诉，以死相逼，晋国上下，都哀怜穆嬴、夷皋，怪罪赵盾。赵盾深感不安，便会集群臣立太子夷皋为君，是为晋灵公。此时公子雍还在回国途中，对此毫不知情，为防止他借秦军夺位，赵盾亲自率兵突袭护送公子雍的秦国军队，秦军和公子雍本大喜而来，毫无防备，被打个措手不及，死伤惨重，逃命回秦国，晋兵一直追到剞首，公子雍死于乱军之中。

确立新君后，赵盾召集齐、宋、鲁、卫、陈、郑、许、曹诸国在郑国的扈地会盟，向诸侯宣告晋国的新君，这是中国有史以来首次以卿大夫为主盟的会盟。天下诸侯的会盟竟然由一个晋国大夫主盟，这让一些诸侯感到不满。同时，赵盾背弃秦国伏击秦军，导致秦晋之好彻底终结，成为世仇。秦国屡遭晋国背弃，恨其入骨，晋灵公二年，秦康公派大军攻打晋国，夺取晋国的武城。以后秦、晋两国交战不断，晋国的对外形势遭遇空前的危机。而在晋国内部，由于大权全由赵盾把控，朝中大臣多有不服，诸大夫不听从号令，自相争杀，朝堂动荡。赵盾乃通过血腥的屠杀，将反对赵氏的人尽行诛杀，重组晋国六卿将佐，就此赵盾独掌晋国朝中大权，成为晋国第一位集军政大权于一身的权臣。

晋国内外交困，楚穆王图霸中原的时机终于来了。公元前 618 年，筹备多年的楚穆王出师北伐，向中原的地理中心——晋国的附属郑国发起进攻。郑军大败于楚，向晋国求救，但晋国援军却迟迟未到，郑穆公不得已只好背晋与楚盟约。等到楚穆王得胜回师之后，赵盾才会同宋、卫、许四国联军向郑国进发，郑穆公又只好重新与晋结盟。救郑之战，晋国出兵迟缓，让楚国看出晋国的色厉内荏，不敢与楚决一雌雄，楚穆王因此更加大胆，于同年夏再次北上出兵，攻打晋国的附属陈国，夺取陈国的壶丘（今河南新蔡东南）之地，迫使陈共公背晋与楚会盟。随后，楚穆王又联合陈共公、郑穆公和蔡庄侯等附属国兴师伐宋。此时晋国因长期和秦交战，腹背受敌，根本无暇南顾救宋，宋国只好请求归顺楚国。楚穆王又派使者行聘于齐、鲁，于公元前 617 年在河南厥貉会盟诸侯，自此，楚国恢复城濮败北之前在中原的势力，中原霸主的地位又转向楚国。

是时楚国强横，自恃为诸侯伯主，晋不能制，只能眼看着晋文公时代开始的晋国霸权被楚夺去。可惜短命的楚穆王才刚尝到霸主的滋味，就离世而去，其子熊旅嗣位，是为楚庄王。楚庄王年少初立，国事都被楚国大族若敖氏家族把持，楚国也和晋国一样出现权臣当政、政局不稳的形势。而晋国在执政者赵盾的严法治理下，"国人畏之，无敢不服"，全国政令统一。赵盾勤政廉洁，很受人们爱戴，晋国内政逐步稳定。外交上赵盾对秦国据险防守，秦国求战不得，东进无果，秦晋之战也就此告一段落。

赵盾为恢复晋国霸业，趁楚国新丧之机，利用晋国为中原文化正统的优势，于公元前 613 年再次高举"尊王攘夷"的旗号大会诸侯于宋地新城。宋、鲁、陈、卫、郑、许等诸国君主并至，宋、陈、郑三国之君，各诉之前从楚实为惧楚之威，情非得已。唯有蔡国因邻近楚国，附楚如故，不敢来赴会。赵盾以此为由出兵伐蔡，楚庄王竟坐视不救，蔡庄侯被迫签订城下之盟，背楚向晋，次年悲愤而亡。到此中原诸侯又复归于晋，楚穆王费尽心思才建立的中原霸权，在赵盾不费吹灰之力的反攻下，化为乌有。

二、楚庄王称霸

楚国尽失中原势力后，在长江流域的统治地位也开始动摇。公元前611年，楚国发生大饥荒，四境原本附属楚国的各蛮夷势力，纷纷造反独立，入侵楚境。西戎族从西南方向杀来，夷、越之族从东南方向杀来，楚国西北的庸国和刚被楚穆王征服的麋国人则联合楚国境内的群蛮、百濮起兵反楚，进逼楚都，楚国岌岌可危。而此时的楚国王宫依然酣歌醉舞，楚庄王一副亡国昏君的模样，在位三年没发布一项政令，将政务全委托给若敖氏家族处理，自己唯日夜荒淫享乐、沉溺酒色，并悬令于朝门，上写道："敢谏者，杀无赦！"右司马伍举以不鸣不飞的怪鸟暗喻进谏，楚庄王则称"此鸟不飞则已，一飞冲天；不鸣则已，一鸣惊人"。果然几个月后，楚庄王通过韬光养晦，在伪装少不更事、荒淫散乱的同时，在花天酒地中暗辨忠奸，找到一批冒死进谏的忠臣义士。从此楚庄王远离酒色，解散乐舞机构，亲理朝政，诛杀奸臣，提拔忠臣义士分化若敖氏家族的权力，让楚国的大权重新回到君王的手中。

楚庄王亲政的当务之急就是对付以庸国为首的群蛮入侵。庸国位于楚国西北，都城在上庸（今湖北省竹山县），和楚国同为长江流域的大国，趁楚国天灾人祸之机，庸国有意取代楚国江蛮霸主之位，楚国一度要迁都以避其锋。楚庄王听从大将苏贾的计策反守为攻，采取远交近攻之策，联

楚庄王像

手庸国后方的秦国、巴国侵入庸地。庸国三面受敌，很快不支，诸蛮见风使舵转而加入楚军阵营，最终庸国被楚、秦、巴三国瓜分，都城上庸归楚国所有。庸国灭亡后，唇亡齿寒的巴国也被楚国逼退回今重庆和川东地区，从此臣服于楚。巴庸历为楚患，如今巴伏庸灭，楚国后顾无忧，楚庄王便再生北上图霸之志。

此时，晋国的晋灵公和楚庄王一样开始亲政，但亲政后的表现与楚庄王却有天壤之别。灵公掌权后，亲近小人，生活奢侈，荒淫无耻，为满足挥霍无度的生活，他对内用重税大肆搜刮臣民，对外受贿无信，不行伯主之道。由于此时赵盾依然在朝中把持大权，晋灵公处心积虑打击赵盾势力，弄得晋国君臣不合，天下皆知。而此时楚已复强，中原各诸侯都不得不考虑改善与楚的关系。

公元前 608 年，郑国叛晋"受盟于楚"，并于次年受楚命攻打晋国的盟友宋国，大败宋军。晋国联合卫、陈来教训郑国，结果半路得知楚庄王派兵前来救郑，就慌忙撤军。晋国不敢与楚国正面交锋，除了因惧楚师强大外，还有在同年秦晋矛盾再起交兵的原因，秦国攻入晋境，包围焦邑，晋国自顾不暇，难与楚战。与此同时，晋灵公和赵盾间的矛盾也达到势同水火的地步，晋灵公几次派人暗杀赵盾，赵盾被迫出逃，其弟赵穿在桃园突袭，杀死晋灵公，迎赵盾回国，赵盾派赵穿到东周迎回做人质的晋襄公弟弟、晋灵公的叔叔公子黑臀继位，是为晋成公。有了晋灵公被杀的先例，晋成公乃将国政全权委托于赵盾，赵盾得以大展宏图，再度匡扶晋国霸业。

晋成公元年（公元前 606 年），赵盾再次率领联军攻打叛晋投楚的郑国，郑被迫再次背楚向晋。楚庄王得知后，遂出兵北上中原，途中以攻打陆浑之戎为由，陈师周都洛邑之郊，周定王惶恐不安，派使者王孙满慰劳楚庄王。楚庄王向王孙满询问象征天子权力的九鼎的大小轻重，大有吞周取天下之意，王孙满则回答"一个国家的兴亡在德不在鼎"。

这就是"问鼎中原"典故的由来。

趁着楚庄王北伐，留守国都的令尹（楚国宰相）斗越椒因怨恨庄王分夺若敖氏家族（斗越椒即若敖氏的大宗）的权力，便借国内无主之机，在后方发动叛乱。楚庄王回国与之交战，成功击杀令尹斗越椒，镇压若敖氏叛乱。此战过后，楚庄王借机将在楚国掌权数代的若敖氏家族清洗殆尽，楚国大权就此全归庄王。

若敖氏之乱平定以后，楚庄王改拜孙叔敖为令尹实行新政。孙叔敖擅长修建水利，他曾"决期思之水（今河南固始县境的史河），而灌雩雩之野"，他修建的期思陂、芍陂等是我国最早一批见于记载的大型水利灌溉工程，使楚国"收九泽之利以殷润国家"，并主持开凿了巢肥运河、荆汉运河等我国史载记录最早的运河。孙叔敖任相期间，"施教导民"，"布政以道"，实现楚国"上下和合，吏无奸邪，盗贼不起，各得其所便，民皆乐其生"的效果，为楚庄王霸业打下物质和民心基础。

楚国神箭手养由基
相传是养由基一箭射死令尹斗越椒，使楚庄王得以平定若敖氏之乱。

公元前601年，晋国正卿赵盾离世，楚庄王趁机在次年（公元前600年）派兵讨伐叛楚的郑国，结果败给了前来救援的晋国联军。不甘心失败的楚庄王于公元前597年亲率大军北上围攻郑国，晋国也派荀林父尽起三军前来救郑，在楚国强大的军队威慑下，郑国还没撑到晋国援军到来就投降了，郑襄公脱去上衣，袒胸露臂向楚庄王请罪求盟。刚赶到黄河的晋军听说郑国已投降楚国，主帅荀林父便想班师回晋，但他下属不愿无功而返，于是晋军渡过黄河继续向郑国进发。此时楚师尚未归国，郑国也加入楚国战线，楚郑联军以逸待劳在邲地（今河南郑州北）一举击败将帅不合、远道而来的晋国军队。晋军溃不成军，仓皇而逃，到黄河时，因争船渡河，很多人被砍掉手指，晋国的战车陷入泥坑，无法前进，还是楚军教他们拔去大旗、扔掉辕前横木才得以脱离。庄王带领得胜之师，追击到黄河边，祭祀河神，饮马黄河，并作先君之庙，向楚先君禀告这一辉煌胜利。

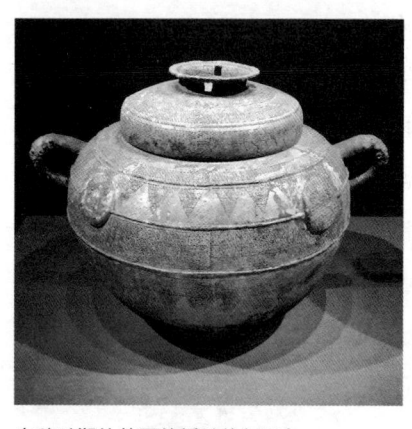

春秋时期的楚国的蟠虺纹铜浴缶

邲之战是晋、楚两大国之间的第二次正面大战，以晋军前所未有的惨败而告终，楚国一洗城濮战败的耻辱，控制了中原的中心郑国，楚庄王凭此一战而定霸取威，楚国国势进入鼎盛期。

晋景公在公元前595年曾派军再征郑国，企图让郑复叛楚，结果才到黄河边就被楚军击败。到此，中原各国大都倒向楚国，只有宋国依旧无视楚国，与晋结盟，就在晋国再败于楚的同年，楚国使者因去齐国借道宋国却未向宋国申报，被宋人杀死。楚庄王大怒，亲率全国精锐部队，包围宋都睢阳。宋文公急向晋景公求救，晋景公欲救之，但晋国大臣却认为："天方授楚，未可与争。虽晋之强，能违天乎。"晋国乃不出兵，只派使者前往要求宋国不要投降楚国。宋文公据城坚守，坚决不背晋降楚，一直到五个月后，城内"易子而食，析骸以爨"也没等到晋国的援救，最后只好向楚国求和。此战后，晋国因无信无义而在天下诸侯中威信扫地，中原盟主的地位荡然无存，宋国东方的齐、鲁两国也转而与楚国通好，楚庄王终于实现了称霸中原的梦想，成为"春秋五霸"之一。

三、鲁国改革与齐晋之战

楚庄王克郑围宋后，其势力开始威慑到宋国的邻国鲁国，公元前594年，在楚庄王围宋后的第二年，鲁国正卿季文子为增强国力，增加财政收入，乃实行"履亩而税"的"初税亩"田赋制度，也就是丈量鲁国百姓拥有土地的亩数，让他们按亩交税。在此之前诸侯君主只针对自己控制的公田征税，其性质好比租田给人耕作收取的地租，而不是税收。至于私人开垦的土地，虽然不合法，却不用向国家纳税，因此大量的荒地被开垦后，隐瞒在私人手中。由于难以将全部私田变为公田，同时也为了鼓励百姓开垦荒地，鲁国率先实行初税亩政策，承认私田合法化，但所有私田也要一律按田亩收税。这等于是承认土地私有合法化后，凭借国家力量强制向土地所有者征税，符合现代税收的性质，所以许多学者都将初税亩的实行作为我国农业税征收和土地私有化的起点。

实行私田合法化的初税亩制度，不仅增加了国家的财政收入，而且提高了农民私自垦田的积极性。在实行初税亩增加财政收入后，鲁国又在公元前590年进一步实行"作丘甲"制度以扩充兵员。古代军赋制度原以"甸"为征收单位，每4丘为1甸，每甸576户，出车1乘、马4匹、牛12头、甲士3人、徒兵72人，即1乘之兵员、装备。"作丘甲"后，改为以丘为征收单位，每丘出1甲士，称为丘甲，4丘就出4名甲士，比以往每甸（4丘）出3名甲士多出1名甲士。

鲁国增征甲士，是为了防备齐国入侵。齐国在公元前643年齐桓公死后，因其正妻无子，他五个宠妾生下的公子无亏、孝公昭、昭公潘、懿公商人、惠公元相继通过弑君政变成为国君，"五子夺位"让齐国这个春秋首霸陷入空前的混乱之中，只能眼睁睁地看着霸主地位先后被晋、楚两国夺走。一直到公元前599年五子中最后一位齐惠公病逝，权力平稳过渡给其子无野（是为齐顷公），齐桓公众公子夺位的混乱局面才最后降下帷幕。齐国实力的恢复引起邻邦鲁国的不安，在楚国独霸中原后，"鲁乞师于楚，欲以伐齐，楚师不出，故惧而作丘甲"。

果然，公元前 589 年，就在鲁国"作丘甲"改革的次年，齐顷公就率军南下攻鲁，并打败了助鲁的卫国军队。当时能救鲁国的唯有晋、楚两国，此时齐顷公与楚遣使结好，而出使齐国的晋国卿士反遭到齐顷公的戏辱，鲁、卫两国于是派使者向晋国求援。晋国有意报齐国戏辱之仇，借鲁、卫求援之机，出动大军攻伐齐国，齐顷公闻讯回师，与晋国在今山东济南的马鞍山下展开激战，结果齐军一败涂地，齐顷公险些被俘，晋军一路杀到齐国都城下，齐顷公被迫"割地献宝"与晋结盟。随后，齐顷公还亲临晋国谢罪，并表示要尊晋景公为王。

四、联吴疲楚

晋师伐齐之时，一代霸主楚庄王已在公元前 591 年病逝，新即位的楚共王年仅十来岁，楚庄王的弟弟子重任令尹，子反任司马主持朝政。由于国君新丧，新王年幼，楚国未及发兵救齐，导致齐国大败，叛楚与晋盟，楚齐联盟制晋的计划彻底破产。楚见齐败，楚共王以替齐国复仇为名，于公元前 589 年派令尹子重率大军，联合郑、蔡、许等国攻打鲁、卫两国，晋国畏楚师之众，不敢来救，鲁、卫只好向楚国求和，是年十一月，令尹子重邀集齐、秦、鲁、宋、郑、卫、陈、蔡、许、曹、邾、薛和鄫等共 14 个诸侯国于蜀（今山东泰安西）会盟，这也是春秋以来由楚国主持的参与诸侯国数最多的一次盟会。

然而楚国的中原霸业此时已开始从巅峰走向下坡路，因为晋国已经找到了对付楚国的办法，而这一切最初只是因为一个女人——夏姬。夏姬是当年楚庄王攻占陈国时获得的一名绝色妖淫女子，她曾先后与多位诸侯、卿士通奸，引无数男子为其折腰。她在陈国株林与陈灵公和两个大夫四人同床风流，陈国就是因为夏姬淫乱导致政变引来楚国入侵的。

楚庄王侵占陈国后，有意纳夏姬为妃，但是
楚国大夫巫臣却直言进谏称此举定会让楚庄
王背上不好的名声，楚庄王的弟弟子反也想
要夏姬，也被巫臣以"克夫灾女"为由劝阻，
方才打消念头。结果巫臣编说一堆借口让楚
庄王和子反不纳夏姬，却是为了把夏姬留给
自己。后来巫臣借出使齐国之机，带上夏姬
私奔到楚国的死敌晋国那里，被晋景公任命
为邢邑大夫。这让曾被巫臣阻挠纳夏姬的子
反万分恼怒，在楚共王即位后，他上奏楚共

夏姬像

王称巫臣私通晋国，亲自带人诛灭巫臣在楚国的宗族，瓜分了巫臣宗族
的财产。巫臣闻知后，悲誓报仇，他写信给子反说："尔以谗慝贪婪事
君，而多杀不辜，余必使尔罢于奔命以死。"他向晋景公献联吴疲楚之
计，即通好楚国东南部吴国，夹击楚国，使其首尾不能相顾。于是晋景
公派巫臣为特使，亲赴吴国。

　　吴国位于长江中下游以南流域，在当时是化外蛮夷之国，其人民
"断发文身，裸以为饰"，其语言、风俗、礼仪、文化都完全和中原不
同。吴国的君主寿梦曾游历中原，见到周天子，十分仰慕中原文明，巫
臣的到访正好让他得到了一直想学习的中原的先进文化和技术，而其中
最重要的就是巫臣从晋国带来的 30 乘战车。过去吴国人不懂车战，也
不会用战车指挥部队，行军作战毫无阵列和战法。巫臣教会了吴人用兵
列阵之术和车战之法，并授予抗楚之策，诱导吴国从侧翼攻楚。他还将
儿子狐庸留仕吴国做行人之官（外交大使），使通晋、吴之信，后来狐
庸更当上了吴国的国相。羽翼渐丰的吴国在晋人的引导下，开始不断骚
扰楚国东部地区。楚掌权的子重、子反在一年之中就为防吴疲于奔命
七次之多。原本楚国东部的属国，大多投靠吴国，自此吴势日强，兵力

日盛，"蛮夷属于楚者，吴尽取之，是以始大，通吴于上国"。吴君寿梦也像楚王一样僭爵称王。

五、晋悼公霸业

汉代壁画《赵氏孤儿图》
晋景公诛杀赵氏时，晋国大夫韩厥力谏保住晋国赵氏家族的一线血脉赵武。图中描绘的是韩厥背着幼年时的赵武。

楚国有了吴国这个后方大患，边境从此"无宁岁矣"，大大削弱了北上的实力，晋国趁势恢复其在中原的势力。晋国在先前因赵盾长期专政，使赵氏凌驾诸卿之上，乃至对晋公室形成了严重的威胁。晋景公于公元前583年杀死了赵同、赵括，并灭了他们的家族，只留下一个"赵氏孤儿"——赵武。这次大清洗结束了从赵盾时代开始的赵氏家族专政，使晋国的大权重新回到君主手中。但是诛杀功臣世家后的晋景公也未得好死，两年后（公元前581年），晋景公如厕时不慎掉入粪坑中溺亡，其子晋厉公即位。

晋厉公为对付楚国，与秦桓公在令狐订盟，结果秦桓公回国后就背盟，并联合北方的狄族和南方的楚国三面夹击晋国。晋国为对付秦国，在宋国大夫华元的调解下，与楚国在公元前579年达成第一次弭兵会盟。随后，晋厉公打败入侵的狄人，并于公元前578年联合齐、鲁、宋、卫、郑、曹、邾、滕等诸侯联军伐秦，连周简王也派军助战。单单一个秦国哪里是诸侯联军的对手，秦军在麻隧之战大败而逃，诸侯联军追赶败兵直达泾阳，俘虏秦军大将成差。

打败秦国解决西顾之忧后，晋厉公得以再次对付楚国，此前虽然和楚国有弭兵之盟，但它不过是晋楚双方在各自不利时采取的临时战略。

公元前575年，在第一次弭兵会盟4年后，由于郑国再次叛晋与楚结盟，并仗恃楚国为后盾，进犯晋国的盟友宋国，晋厉公出动倾国之师，会同齐、鲁、卫等国出兵攻打郑国。楚共王也举国出兵救郑。听闻楚师已到，大臣范文子请求晋厉公撤兵，但大将郤至却认为如果因惧怕不与楚师交战，将失去诸侯的支持，无法再号令诸侯。于是晋楚双方在今河南鄢陵之地交战，晋军勇猛冲击，一鼓作气，打得楚军溃不成军，败逃回国。楚共王被射瞎一只眼睛，公子茂成了俘虏，司马子反自杀，晋国再次重振霸业。

破秦败楚后，原本骄奢的晋厉公更加不可一世。晋厉公有很多宠姬，为加强君权，他想要免除朝中的旧族卿大夫，改用宠姬的兄弟。结果事情没成功，反被众大夫政变囚禁，众大夫尽杀其亲信，最后干脆弑了晋厉公，派人到东周洛邑迎回年仅14岁的公子周，并拥立其为君，是为晋悼公（公元前573—前558年在位）。

晋悼公是比肩晋文公的杰出君主，不过与大器晚成的晋文公不同，晋悼公可谓年少有为。年仅14岁的他在晋国一片内乱中登上君位，却没有成为朝中权臣的傀儡，他在即位首日，就下令诛杀前朝的贪官污吏，并通过追查晋厉公之死，驱逐朝中的野心权臣。随即晋悼公又出台了一系列赏善罚恶、选贤任能、薄赋宽刑、救灾济民、匡照孤老等顺应民意的新政，获得国人的广泛支持，使晋国上下归心，很快掌握大权。同时他对内重组八卿，提拔"赵氏孤儿"赵武为八卿之一，并一改从晋献公时代开始"不蓄公子"的国策，重用公族的力量来压制晋国日益强大的卿族势力。对外晋悼公推行"和戎狄""亲诸侯"的策略，使戎狄修好亲附，凡晋之盟，"如乐之和，无所不谐"，让晋国内外无患，很快"由乱

晋侯臣斤壶

入治"。

楚共王趁晋国内乱，朝政未定之机，联合郑国发兵攻宋。楚、郑联军接连攻克多座宋邑，很快就占领宋国东南部重邑彭城（今江苏徐州），此时中原南部和中部地区郑、陈、蔡诸国已全都被楚国控制，如果中原东部的宋国也投降楚国，那么晋国和江南吴国的联络要道将就此截断，晋、吴联盟将难以持续。

面对楚国咄咄逼人之势，晋悼公果断发兵，联合齐、鲁、卫、曹、莒、邾、滕、薛八国之师南下救宋。楚共王未料晋国在国君初立之际就能纠集如此大规模的诸侯联军，刚从鄢陵战败大伤初愈的楚军慑于联军势盛，南撤回国，彭城复归宋，晋悼公威霸诸侯。与此同时，吴国也配合晋国从后方袭扰楚国。公元前570年吴楚再起大战，楚军在衡山遭遇吴军突袭，楚军的组甲（车兵）300、被练（步兵）3 000，只剩组甲80、被练300，楚国的驾邑也被吴国占领，楚令尹子重盛怒之下因心病而亡。

趁着吴楚交战，晋国开始谋划彻底降服在晋楚之间首鼠两端的郑国。晋悼公认为如直接出兵攻郑，楚国必然倾国来救，与楚国决战，变数太大，他听取孟献子"请城虎牢以逼郑"之计，率齐、鲁、宋、卫、曹等国之师在靠近郑西北边境的战略要地虎牢筑城，并派重兵驻守，此处即为《三国演义》中三英战吕布的虎牢关。虎牢关南连嵩岳，北濒黄河，地势险要，扼郑国咽喉之地，郑国因此不战而降。楚共王不愿放弃在郑国的势力，再次北上迫使郑国归楚，晋悼公利用驻守虎牢关离郑国更近的有利条件，避开与楚国正面对抗，选择在朝晋暮楚的郑国下手。他将晋师分成三军，轮番三度会同诸侯之师南下攻打郑国，采取楚进我退、楚去我进的战略方针，要求速进速退，不与楚国决战，旨在使楚军疲于救郑。最终"晋三驾而楚不能争"。到公元前562年，晋悼公亲率12国诸侯联军攻郑，楚已再无力出师救援，郑从此20余年不敢再叛晋。晋悼公在8年之中，九合诸侯，将晋国盛世推向第二个巅峰。

六、第二次弭兵会盟

楚共王眼见先王霸业从自己手中失去，忧愤之下不久（公元前 560 年）便逝世了，其子楚康王即位。吴国趁楚国大丧之机，突袭楚国，楚国神箭手养由基通过诱敌之计，将吴军引入楚军埋伏的庸浦歼灭。吴师死伤惨重，大将公子党被俘虏。楚国于是在次年乘胜追击攻打吴国，不料这次反被吴军拦截包围，惨败而归，楚国的公子宜谷被俘。

南方长江流域的吴楚激战不断，吴国的盟友晋国却没有乘势夹击楚国，这是因为北方的中原地区也爆发了齐晋之战。齐顷公的儿子齐灵公即位后，便有不尊晋国为霸主之意，经常不参与晋国主持的盟会。公元前 567 年，齐灵公灭掉齐

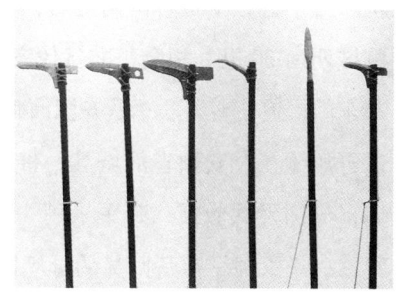

齐国青铜兵器

国东部的东夷大国——东莱国，东莱国在当时统治山东胶莱河以东的胶东半岛（又称小山东半岛，包括今青岛、烟台、威海等地区），吞并胶东半岛后，齐国土地因此扩张近一倍，其东到大海，西到黄河，南到泰山，北到无棣水（今河北盐山南），国势大增，拥有了与晋争霸的实力，周天子也派使臣赐命表彰齐灵公。

齐灵公得天子命后便不再听从晋国号令，还多次南下攻打晋国的盟国鲁国。公元前 558 年，齐灵公亲自率师联合邾国攻鲁，鲁国向晋国告急，不料少年得志的晋悼公却在同年英年早逝，年仅 29 岁，只能暂停援鲁计划。素怀异志的齐灵公趁晋君初立之机，意欲代晋称霸，便大举兴兵攻打鲁、卫、曹等晋国的盟国。新即位的晋平公为维护霸业，亲自领兵出征，与鲁、宋、卫、郑、曹、莒等组成十二路诸侯联军兴师伐齐，齐军大败溃逃，联军一路追逐逃军到齐都临淄，齐灵公逃入临淄的

内城坚守不出。晋军于是大肆抢劫杀戮，焚尽外城房屋，杀光外城军民，然后继续侵掠齐境。东到胶水，南至沂水，齐军皆据城防守，不敢出战，任由晋军横扫齐国乡野。

在晋国的强势威胁下，公元前553年，新即位的齐国君主齐庄公到澶渊（今河南濮阳西北）参加晋平公举行的会盟，尊晋为盟主，晋国再次确定霸主地位。然而仅三年的时间（公元前550年），晋国就因内斗爆发大夫栾盈之乱，齐国趁机攻取晋国的朝歌，以报复临淄之役的大仇。晋平公在平定晋国内乱后，于次年召集11国诸侯在夷仪（今山东聊城西南20里）相会，准备伐齐。楚康王乃率师伐郑以救齐，攻打郑都东门，迫使晋国联军从齐国回师救郑。与晋结盟的吴国则唆使楚之属国舒鸠（在今安徽省舒城县一带）叛楚归吴。楚派令尹子木率军攻舒鸠，吴国发兵救援，楚军采用"私卒诱之，精兵会之"的策略大败吴军，一举灭掉了叛楚归吴的舒鸠国。同年吴王诸樊为了血洗战败之耻，亲自率军前来攻打楚国的附庸巢国，诸樊自恃勇力，带头攻城，不料却中箭身亡。经此两战，吴国元气大伤，一时再无力与楚争雄，吴楚之争暂时告一个段落。

楚康王击败吴国后，有了再次北上与晋国争霸的雄心，而晋平公则因沉迷享乐，不愿与楚国大起干戈。在晋楚争霸时期，中原各国由于地处晋楚两强的夹缝之间，成为晋楚用兵的主战场和避免两国正面接触的缓冲带，可谓殆无虚日，深受其害。为防止晋楚再起大战，公元前546年，宋国大夫向戌代表中原各国倡导弭兵休和之意，邀请晋、楚、齐、秦、宋、鲁、卫、陈、郑、曹、许、蔡等14国在宋都西门之外会盟，调停晋楚之争。会议约定晋、楚两国同为霸主，平分霸权。除齐、秦外，各国都须向晋、楚朝贡，谁违反协议，各国共讨之，是为第二次弭兵会盟。第二次弭兵会盟让晋楚百年宿怨得以尘埃落定，因晋楚争霸造成中原各国不得宁日的历史就此结束。

第二节　新巴比伦王国与米底王国

> 巴比伦的宏伟壮丽与繁华气派是我们知道的任何城市都难以比拟的。
>
> ——［古希腊］希罗多德《历史》

一、亚述帝国的灭亡

黄河文明与长江文明同为构成中华文明的两大源流，而两河文明和尼罗河文明则同为中东文明的两大中心。如果说晋楚争霸代表了黄河文明与长江文明的较量，那同时期巴比伦与埃及的争霸则是两河文明与尼罗河文明的角力。在东亚黄河流域的晋国与长江流域的楚国争夺中原霸权的同时，两河流域的巴比伦与尼罗河流域的埃及也为争夺亚述帝国的遗产而展开激战。

血腥强大的亚述帝国曾经一度将巴比伦与埃及这两大文明中心都纳入自己的统治下。但庞大的亚述帝国建立在其强大的武力和军事征服的基础上，亚述民族尚武的习性和征服的野心让其创造出前所未有的大帝国。但马上打天下，不能马上治天下，通过战争掠夺来维持的帝国，以残暴无情的民族压迫政策，给被征服的民族带来莫大的灾难。犹太人在《圣经》中将亚述帝国的首都尼尼微称为"血腥的狮穴"，并诅咒："上帝必伸手攻击北方，毁灭亚述，使尼尼微荒芜，干旱如旷野。"亚述征服的土地和民族越多，帝国的根基就越不稳，境内各地起义也就越频繁，境外对付亚述的联军也越多越团结。但战争的胜利、抢掠的快感刺激着亚述人贪婪的神经，使得他们最终将亚述战车开动到油干火尽的地步。亚述帝国达到极盛之时，也是其强弩之末之日。长期的内征外战，让亚述帝国耗尽了国力，大量的亚述人在战争中阵亡，使得亚述必须大量招募斯基泰人、辛梅里安人等游牧民族来充当雇佣军，这些毫无忠心的雇佣军大开门户，让本族游牧民大量拥入亚述帝国的东北部边境肆无忌惮地四处流动，侵扰劫掠，最终到达难以控制的地步。

约公元前 627 年，精明强干的亚述王阿淑尔·巴尼拔去世，留下了一个国力衰竭、摇摇欲坠的帝国，其后继位的亚述王都平庸无能，对外无法抵制游牧民族的入侵，对内也无法稳定此起彼伏的民族起义。约公元前 626 年，巴比伦的迦勒底贵族那波帕拉沙尔率先背叛亚述，在巴比伦独立为王，建立了巴比伦第十一王朝（迦勒底王朝）。巴比伦的反叛是亚述帝国分崩离析的开端，随后犹太王国和腓尼基各城邦都纷纷脱离亚述独立。巴比伦王国将和东方伊朗境内的米底王国一起成为亚述帝国的掘墓人。

米底人是从里海和中亚一带南下伊朗高原的印欧语系民族，和波斯人一样同属伊朗-雅利安人的西支，米底人主要分布在伊朗高原西北部，波斯人则分布在伊朗高原的西南部。据希罗多德记载，亚述统治下的各民族中，米底人是最先脱离亚述统治的，迪奥塞斯（约公元前 728—前 675 年在位）是米底王国的建立者，他本是部落首领之子，因能明察秋毫、主持正义，先是被选为仲裁者解决各部落之间的争端，后来更是被米底各部落推选为国王。不过据亚述文献记载，带领米底人真正实现独

亚述王写给巴比伦王那波帕拉沙尔的泥板信

米底人用黄金与花丝制作成的牛头

立的可能是迪奥塞斯的儿子弗拉欧尔特斯（约公元前675—前653年在位），弗拉欧尔特斯在位时期征服了米底人南方的兄弟民族——波斯人，并发起了对亚述人的战争。但他最终被亚述王阿淑尔·巴尼拔击败，弗拉欧尔特斯战死。翻越高加索山脉南下的斯基泰人趁机在国王马地奥斯带领下征服了新建的米底王国。希罗多德宣称，斯基泰人在征服米底后，便取代了亚述人成为亚洲的霸主，他们以米底亚为基地一路向西南方向劫掠，横穿亚述境内，兵锋直达埃及边境。埃及法老普萨美提克一世亲自前来会见斯基泰国王马地奥斯，用恳求的话和礼物请他们不要再继续向前推进，才使埃及得以免遭这些游牧民族的蹂躏。

在斯基泰人统治米底的28年时间里，前米底国王弗拉欧尔特斯的儿子基亚克萨雷斯不惜忍辱负重，取得了斯基泰国王马地奥斯的信任，终在公元前625年，也就是巴比伦王国独立的第二年，基亚克萨雷斯通过一场鸿门宴，将包括斯基泰国王马地奥斯在内的斯基泰人诸首领全部斩杀，然后率领米底人夺回了米底王位，将群龙无首的斯基泰人赶出了亚洲，并联合巴比伦展开了灭亡亚述之战。

尼尼微的覆灭

亚述王辛沙里施昆之死

亚述王辛沙里施昆在自焚前，下令杀死所有的嫔妃、奴仆和犬马。

米底王基亚克萨雷斯将孙女嫁给巴比伦王那波帕拉沙尔的儿子尼布甲尼撒二世，建立联姻联盟，共同进攻亚述，亚述则与乌拉尔图结盟进行对抗。但亚述得罪的民族实在太多，那些曾经被亚述征服或欺压过的民族都纷纷派军队加入反亚述的大军，亚述帝国的大厦瞬间倒塌。公元前614年，亚述帝国的古都和圣城阿淑尔沦陷，两年后（公元前612

近代的亚述人

年）巴比伦和米底联军攻入亚述新都尼尼微，亚述王辛沙里施昆下令杀死所有的嫔妃、奴仆和犬马，然后在城内自焚身亡，曾经不可一世的亚述帝国连同世界第一大城尼尼微就此消失在熊熊的烈火中。

亚述人因黩武兴起，同样也因黩武灭亡，他们认为武力可以解决一切，最终自己也被武力解决。在不断的杀戮与征服中，血腥的亚述让周边所有民族痛恨，只要帝国统治稍一松动，就导致其他民族群起而攻之，所有被其征服过的国家都想朝它捅上一刀。亚述人过于迷信武力埋下了亡国的种子，最终玩火自焚，正印证了"国虽大，好战必亡"这句话。延续了近两千年的亚述国从此成为消逝的国度。但目前全世界还存在 300 多万亚述人，他们主要集中在伊拉克北部，在周边的叙利亚、伊朗西部、约旦和土耳其东南部也有分布，他们信仰不同于周边伊斯兰教的东方亚述基督教会，该教会曾经在唐朝时传入中国，被称为景教，是最早进入中国的基督教派。

二、新巴比伦王国

亚述王族乌巴立特二世在尼尼微陷落后，率领亚述的残余力量逃到今土耳其东南部的哈兰古城，成为亚述末代国王。巴比伦王国向西吞并叙利亚地区，并继承了亚述对犹太国和腓尼基的宗主权。与此同时，埃及法老尼科二世也率军东征亚洲，与巴比伦争夺亚述帝国西部的领土。

犹太王约西亚之死

约西亚是犹太王国历史上少有的明君，他因阻挡埃及法老尼科二世前往亚述而阵亡。

公元前 609 年，尼科二世在美吉多战役杀死犹太王约西亚，成功突破犹太国的阻碍长驱北上，抵达叙利亚幼发拉底河西岸，占领原亚述帝国西部卡尔基米什一带作为前沿阵地，并扶持亚述末代国王乌巴立特二世与巴比伦尽力周旋，以防止巴比伦吞并亚述后过于强大。但巴比伦王太子尼布甲尼撒二世随即于公元前 606 年，率领巴比伦军队在卡尔基米什痛歼埃及的远征军，彻底粉碎了埃及想要拯救亚述的作战企图。埃及军队血流成河，仓皇溃散，被尼布甲尼撒二世一路穷追着逃回埃及，亚述的残余势力也被巴比伦彻底消灭。

刻有尼布甲尼撒二世铭文的雕刻品

公元前 605 年，巴比伦王那波帕拉沙尔去世，王太子尼布甲尼撒二世停止战争回巴比伦继承王位。尼布甲尼撒二世（公元前 605 年至前 562 年在位），名字意思是"皇冠的保护和继承者尼布"或"保卫边疆者尼布"，他是迦勒底巴比伦王国最伟大的君主。尼布甲尼撒二世从少年时就开始随父出征，身经百战，亚述灭亡后在中东地区呈现出西方的埃及、北方的吕底亚、东方的米底和中部的巴比伦四足鼎立之势，巴比伦地处中央四战之地，三面都有强敌，好比春秋时期的中原各国备受压迫，但是尼布甲尼撒二世通过卓越的外交手段，与东方的米底及北方的吕底亚建立起良好的国际关系，以便能全力与埃及争夺亚述帝国西部的领土。

此时叙利亚和巴勒斯坦的大部分地区都已臣服巴比伦，但刚被埃及征服的犹太王国和富庶的腓尼基诸邦却还在埃及和巴比伦之间摇摆不定。埃及法老扶持忠于埃及的约雅敬作犹太王，以便控制犹太国。尼布甲尼撒二世在公元前 604 年至前 602 年带领巴比伦铁骑踏平不愿归顺的城邦，迫使犹太和腓尼基诸国都称臣纳贡。一系列的胜利让尼布甲尼撒二世得意忘形，在公元前601年入侵埃及，埃及虽然新败于巴比伦，但实力尚存，尼布甲尼撒二世因低估埃及付出了惨重的代价，巴比伦只杀到埃及边界就遭到重创，损失了大量的战车和兵员。埃及士气大振，法老尼科二世再度进军亚洲，与犹太和腓尼基各国组成反巴比伦联盟。

但很快巴比伦王尼布甲尼撒二世就卷土重来，包围了耶路撒冷，将犹太王约雅敬用铜链锁着带到巴比伦去。

记录着尼布甲尼撒二世事迹的圆柱

埃及也被巴比伦击败，以往埃及所管之地，从埃及小河直到伯拉河都被巴比伦夺去。约雅敬被掳走后，他的儿子约雅斤接续他为王才三个月，尼布甲尼撒二世就亲率大军攻占并洗劫了犹太都城耶路撒冷，将犹太王约雅斤及其后宫，还有官僚贵族和所有能工巧匠掳回巴比伦，另封约雅斤的叔叔西底家为犹太国王。

公元前590年，埃及再次挥军远征亚洲，犹太国和腓尼基诸国又习惯性倒戈纷纷与埃及结盟再次脱离巴比伦。尼布甲尼撒二世勃然大怒，发誓要让这些朝三暮四的墙头草付出代价，他于次年率领大军包围耶路撒冷，经过整整18个月的围攻后，城内发生了严重的饥荒。公元前587年，耶路撒冷最终沦陷，尼布甲尼撒二世将这座圣城劫掠一空后，下令拆毁城墙，放火烧掉王宫和圣殿，存放于圣殿中犹太人最重要的圣物"约柜"从此下落不明。残暴无情的巴比伦王尼布甲尼撒二世在犹太王西底家眼前杀光他的众子，然后剜瞎他的眼睛，用铜链锁着带回巴比伦大牢，随他一起被掳掠到巴比伦的还有城内几乎所有的犹太人，他们被称作"巴比伦之囚"。犹太人曾写道："我们曾坐在巴比伦的河畔，在

尼布甲尼撒二世处死犹太王西底家的众子

沦为巴比伦之囚的犹太人

那里，我们一想起锡安（耶路撒冷圣殿）就哭了，邪恶的敌人把我们掳掠到这里，还强迫我们歌唱，抢夺我们的，要我们作乐，我们怎能在外邦唱出上帝耶和华的圣歌呢？"（《圣经·旧约·诗篇》137：1）

在巴比伦为奴的犹太人，日夜幻想着上帝前来拯救他们。最早除王室圣殿外，犹太人只集聚在家中祈祷，到巴比伦为奴后，犹太人失去在家中祈祷的条件，由此产生了犹太人集会敬神祈祷的公共场所——犹太会堂，这种宗教会堂后来成为犹太人施行教育的中心。在此之前的犹太经典主要是靠背诵流传下来，只有少数人才能掌握，在如今亡国的情况下，这样很容易失传，于是犹太先知开始书写《圣经》等经典。由于迦勒底巴比伦的通用语言是

尼布甲尼撒二世围攻推罗

阿拉米语的近支迦勒底语，通行阿拉米字母，犹太人放弃自己原来使用的古希伯来字母，改用阿拉米字母来书写希伯来语，后演变成新希伯来字母，如今《圣经·旧约》中的一部分就是用阿拉米文书写的。

在踏平耶路撒冷后，尼布甲尼撒二世率领巴比伦的大军包围了腓尼基最大的城邦推罗，推罗其名意为悬崖，其城东面靠山，西面临海，南北两端又多峭壁，十分易守难攻，曾被亚述国王萨尔玛那萨尔一世围城5年也未曾失陷，而且推罗除陆上的主城以外，还包括一个离岸不足一公里的海岛城。誓要洗劫推罗的巴比伦王尼布甲尼撒二世在公元前586年至前574年对其进行了长达13年之久的围攻，最终才将推罗陆上的主城攻破。但推罗人早已将财富与主要人口移入海岛城内，无力再攻陷海岛城的尼布甲尼撒二世最后选择和推罗达成和议，承认其自治权，但推罗需向巴比伦称臣纳贡。

公元前 580 年，尼布甲尼撒二世在巴勒斯坦大败埃及的军队，埃及从此东进受挫，再也不能与巴比伦在西亚争雄。此时巴比伦领土包括今伊拉克、科威特、叙利亚、巴勒斯坦、以色列、黎巴嫩、约旦和土耳其东南部地区，国势盛极一时。巴比伦重新成为中东历史舞台的中心，后世将这段巴比伦文明复兴时期称为新巴比伦王朝。

三、巴比伦城与空中花园

尼布甲尼撒二世不仅是位强大的征服者，更是一位伟大的建设者，他在位期间大肆兴建水利，在幼发拉底河上筑坝建成一个可蓄水 12.2 米深的大水库，修建了著名的连接幼发拉底河与底格里斯河的利俾尔-海加拉大运河。发达的水利灌溉让巴比伦粮食产量稳居世界前列，直到百余年后，希罗多德在游历巴比伦时都惊讶地写道："在我们所知道的

巴比伦伊什塔尔门东部塔楼遗址

一切国土当中，这个地方的土地比其他地方要肥沃得多……诚然，那地方看不出可以种植无花果、橄榄、葡萄或任何其他的树木，但是谷物却是生产得这样的丰富，一般竟达种子的二百倍，而在收成最好的时候，可达三百倍。"①

巴比伦城的建设也在新巴比伦时期达到顶峰，巴比伦意即"神之门"，尼布甲尼撒二世为扩建这座通往神界的都城挥霍着全国的人力和物力，整座巴比伦城都堪称当时世

---

① ［古希腊］希罗多德：《希罗多德历史》，王以铸译，商务印书馆，2011 年，第 1 卷，第 193 节。

界的奇观。据古希腊历史学家希罗多德描述，巴比伦城建立在一个大平原上，形状是正方形的，每一边城墙有 120 斯塔迪昂长（1 斯塔迪昂等于 185 米）。那么它的周长就有 88.8 千米，但据考古学家勘探表明，巴比伦四面城墙的长度加起来最多也只有 14.4—18.5 千米，不过依然是当时世界上面积最大的城市。

巴比伦城墙分为内、外两重，其上共有塔楼 300 多座，外城墙用烧砖和沥青砌筑而成，最厚处达 7.81 米，可奔驰一辆 6 匹马拉的战车；内城墙则用土砖砌筑，厚度约有 6 米；内城里的王城还设有第三道城墙。相传巴比伦共有 100 座用铜做的城门，因此又被称为"百门之都"。但目前已发现的巴比伦城门仅有 8 座，分别以古巴比伦的神祇命名。其中崇敬女爱神伊什塔尔的北城门是保存最好的一座。大门高达 12 米，呈拱形结构，分内外两层，四方的塔楼高约 15 米，拱边和塔楼墙面以蓝色为底色，表面镶嵌组成蛟龙、雄狮、牡牛、独角兽、蛇鹰等浮雕像的多彩琉璃瓷砖层层纵横排列。575 座浮雕每座高约 90 厘米，虽经数千年的风雨剥蚀，至今仍然依稀可见。环绕巴比伦城的护城河非常宽阔，连接幼发拉底河，尼布甲尼撒二世还沿幼发拉底河修建了一条近 27 千米的超长堤坝，堤坝上设有放水的闸门，当入侵者靠近城墙时，便可放开闸门水淹敌军，

复原后的伊什塔尔门及通往伊什塔尔城门的
游行大道上的狮子浮雕

而巴比伦则可在城墙保护下免受洪水泛滥之害。

穿过巴比伦城门就是一条条广阔的大道，大道底下是涂抹沥青的烧砖，黄灰色及玫红色石板铺在沥青抹面上，这种华丽的道路被誉为现代沥青混凝土路的先驱，在道路下方则是石砌的下水道。穿城而过的幼发拉底河将巴比伦城分为两部分，河的西岸为新城，河的东岸为旧城，两岸之间通过一座五根石墩支撑着的桥梁相连。

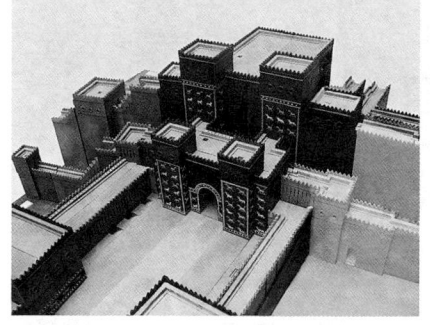

巴比伦城门与大道模型

据记载，巴比伦城共有53座大神庙、55个主神坛、1 290个其他神的神坛，在神庙遗址中发现有大量的镶金的神像制品。城内最著名的神庙就是《圣经·旧约》中记载的巴别塔。"巴别"和"巴比伦"都是"神之门"的意思，巴别塔本是供奉巴比伦主神马尔杜克的塔庙，在古巴比伦时期就已存在，新巴比伦建立后，因巴别塔年久失修，开始重建工作，尼布甲尼撒二世即位后更是征集全国各民族、各地区人民分批服役修塔，以便让"塔顶通天，传扬我们的名"，因此巴别塔又得名通天塔。

希罗多德称巴别塔建于巴比伦圣域的中央，共有8层，其最底下的一层长宽各有一斯塔迪昂（185米），人们必须从外面循着围绕各层塔身的螺旋形扶梯才能走到塔顶。

希罗多德对通天塔的长宽描述有夸大的成分，据德国考古学家罗伯特·科尔德维实际的测量和推算，完工后的通天塔基边长约96米、高也约96米，单从外表上看是由7层面积逐次减少的高台叠加组成。7层高台从上到下分别代表日、月、火、水、木、金、土七大主星，在塔的外缘有条螺旋形通道直通塔顶。但塔实际上有8层，第一层（从上数起为第八层）处

插入云霄的巴别塔

于地下，作为塔的基座，象征着"不归国"——冥府。在塔的上下各有一座马尔杜克神庙，分别称上庙和下庙。位于塔底的下庙供有马尔杜克神的巨大金像，而塔顶的上庙装饰更为华丽，由深蓝色的琉璃砖制成，其四角镀以黄金，庙内没有神像，却有着用黄金制成、供神使用的桌椅睡床。巴比伦人认为神庙是天上诸神前往凡间时的驿馆，所以要备好床椅供神休息，至于唯一能在神庙内过夜的妇女，则是服侍神的圣女。

除巴别塔外，巴比伦最奢华的建筑就是王宫园林，王宫区共有三座富丽堂皇的宫殿，被称为世界七大奇迹之一的"空中花园"就在南宫的东北角。这座花园相传是尼布甲尼撒二世为治愈来自米底爱妃的思乡病所建，由于米底地处的伊朗高原山峦叠翠，花草丛生，而巴比伦平原却是一望无际的凄凉荒漠。这让来自米底的王妃非常思念家乡青翠葱绿的山林景色，终日愁眉不展。于是尼布甲尼撒二世便下令在宫殿里建造了这座层层叠叠的花园。花园高度约25米，共有4层，为一层叠一层的阳台式建筑。每一层由涂有沥青砖块搭建的拱顶石柱支撑。层层高台上种满奇花异草，还有潺潺流水、瀑布、喷泉、长廊、亭阁和幽静的林间小道。花园最高处有一座金碧辉煌的金色城楼，在此可饱览

巴比伦空中花园

全城的景色，而城内的人远看花园好似悬挂在空中，因此它得名空中花园。花园的供水引自幼发拉底河，不断转动的螺旋泵、压水机等机械供水装置，把低处的河水抽送到花园最高层的储水塔中，再通过人工河流逐层流下灌溉花园，如此循环不断保持园林花草的欣荣繁盛。空中花园解决了高处灌溉和高层建筑渗水的问题，是两河文明建筑技术上的两大创举。

巴比伦城在尼布甲尼撒二世的建设下，很快发展成为全世界最繁荣奢华的都市，其人口约有 20 万—25 万，可能是世界上第一个人口突破20 万的城市。巴比伦城内云集的犹太、埃及、亚述、腓尼基、阿拉米、米底、希腊、阿拉伯等各地的商人、工匠和旅客，使巴比伦成为国际文化的交流中心。巴比伦城囤积的财富，超过附近几十个国家的总和，乃至最后巴比伦几乎成为奢华与罪恶的代名词。除了庞大的王室和神庙经济外，巴比伦城中还有两大商业巨头埃吉贝家族和穆拉树家族，他们不仅拥有众多产业和奴隶，垄断税收、贸易，还开办有最早以借贷营利的私人金融机构，两大家族一直到巴比伦文明灭亡后还很兴旺，是世界上最早的两大家族财团。在巴比伦城内还有神庙祭司开办的典当借贷机构为商人提供借贷服务，这也是世界上最早的典当银行。至于巴比伦人

巴比伦城遗址

拍卖巴比伦的新娘

"拍卖新娘"[①] 的活动则是见诸文字记载的最早的拍卖行为。

　　巴比伦不仅是当时欧亚大陆西部的经济中心，也是当时的天文学中心，两河流域的人们从苏美尔文明起就通过占星来预卜命运，从而

---

① 据希罗多德记载，巴比伦人每年都会召集适婚女子举行一场拍卖活动，将女子以美丽、健康程度排序拍卖，让出价最高的男子中标，成为新郎。先出售美丽姑娘所得的款项将用来置办后出售的丑姑娘的嫁妆。如此有钱人得到了美丽健康的妻子，而没钱人得到了丰厚的嫁妆。

记录哈雷彗星的巴比伦泥板

发展出发达的天文学。他们推测出天空是球形，绘制出球形的星空图，提出"天球"的概念，并懂得区别行星和恒星，将行星称为"狂野的山羊"，恒星称为"温顺的山羊"。成文于约公元前1000年至前686年的巴比伦天象文献《犁星》把天空划分成三大天道，分别命名为"水神恩奇天道""天神安天道"和"神王恩利尔天道"。每个天道各主管许多星座，其中最著名的就是与一年12个月相对应的黄道12星座。这种把天空划为分区、以12个月为时间标志、以12个星座为空间（天区）标志的观察方法被后来的古希腊人继承和发展，成为现代占星学流行的12星座。

巴比伦天文学家还能用数学方法计算天体之间的距离和天文现象的周期效应，准确计算出行星周期的平均值。早在约公元前7世纪他们就发现每隔6 585.32天，地球、太阳和月球的相对位置又会与原先基本相同，日月食循环的"沙罗周期"定律。他们还确定回归年的长度是365天5时41分4.16秒，比现代科学测定的数据只少了7分17秒。巴比伦的星相学不仅是西方星相学的源头，和东方的中国星象学的看法也有许多相似之处，如西汉太史司马迁所写的《史记·天官书》称"火犯守角则有战，房、心，王者恶之也"，对应的巴比伦占星文本为"若火星靠近冥王星，城市将陷入战争；若火星逆行后又靠近冥王星，王将被赶出国土"。不过与主掌天文星象的太史同时具备天官、史官职能不同，巴比伦的占星师并不兼任记录国家历史的职责，而是更注重用天体的相对位置和相对运动来解释或预言个人的命运和行为，因此在民间也相当普及。至于中国古代的天文星象学则被视为帝王之术，严格限制乃至禁止民间私习，李约瑟就曾总结道："中国天文学有一个基本特点，这就是它具有官方性质，并且同朝廷和官府有密切的关系。"

四、米底王国和琐罗亚斯德教

米底王基亚克萨雷斯联合巴比伦攻灭庞大的亚述帝国后，分得了亚述帝国东部的半壁江山。米底和巴比伦继续保持良好的同盟联姻关系，然后全力对付亚述后期最重要的盟友乌拉尔图。乌拉尔图这个早年亚述最大的劲敌，到亚述危难之时，竟然成了亚述忠心的盟友，屡败于亚述的乌拉尔图过于相信亚述的实力，想联合亚述瓜分日益强大的米底，没想到昔日无敌的亚述竟然一下子变得如此不堪一击，乌拉尔图站错了队伍，成为亚述帝国的陪葬。公元前 585 年，早已日落西山的乌拉尔图在米底人和斯基泰人的夹击下彻底从历史上消失，米底就此吞并整个高加索山脉南麓和小亚细亚东部的凡湖地区。随后米底又征服了波斯等伊朗高原各部落，向东扩张到阿富汗的阿拉霍西亚，其领土包括今伊朗、阿塞拜疆、亚美尼亚、格鲁吉亚、阿富汗西部、伊拉克北部、土耳其东部地区，几乎囊括大半个西亚，其境内统治着众多民族，总人口多达约 550 万，是亚述帝国崩溃之后世界面积最大、人口最多的国家。

为统治如此大面积、多民族的国家，米底人发明了一种循序渐进的管理与统治方法，即由米底人直接统治生活在他们周边的民族，再由生活在米底人周边的民族统治外层与他们接壤的民族，如此类推，由内及外，一个民族依次统治另一个民族，最外层的民族处于米底王国的最底层，而米底人则是各个民族的主人。

米底的首都哈马丹（埃克巴坦那）其名在波斯语中意为"聚汇之地"，其地处东西方交通要道的中心，是古代"丝绸之路"的必经之路。哈马丹城和巴比伦城一样是个多民族的城市，城内各民族用围墙隔

伊朗洛雷斯坦的青铜器

全球史下看中国

轴心时代的到来

开分区而居，这些围墙加上米底的内外和宫城共有7道不同颜色的城墙，形成雄伟坚固的防御圈，故哈马丹城又被称为"七墙之城"。哈马丹自米底兴起后，在伊朗历史上繁荣了2 700多年之久，成为后来丝绸之路的重邑。到今天，这里依然是伊朗哈马丹省的省会。哈马丹省南面的洛雷斯坦省是当时米底的南部边界，在这里考古发现的洛雷斯坦青铜器，年代从约公元前2000年至前500年，包括各种青铜制作工艺品和生活用品，其中装饰动物纹样的车饰马具、风格特异的神话人物和动物，代表了西亚青铜工艺的高峰。

虽然米底文明没有巴比伦文明那样源远流长，但在宗教文明史上的重要性却超过了巴比伦。伊斯兰教盛行之前，在西亚与中亚地区最有影响的宗教琐罗亚斯德教，便是诞生于米底王国。琐罗亚斯德教的创立者琐罗亚斯德在古波斯语中又叫查拉图斯特拉，意为"像骆驼那样的男

拉斐尔《雅典学院》中的琐罗亚斯德

子"，他就是西方哲学家尼采最重要的著作《查拉图斯特拉如是说》的主人公，尼采借他之口来讲述自己的哲学观。

琐罗亚斯德出身于米底王国的一个贵族骑士家庭，他早年师从米底祭司学习，20岁时出家隐遁修行，30岁时受到神启，创立了琐罗亚斯德教。该教曾传入中国被称为祆教、白头教或波斯教，其传教士被称为穆护。造成唐朝安史之乱的安禄山和史思明据说就是祆教徒，金庸小说《倚天屠龙记》中的明教就是吸收祆教教义发展而来的摩尼教，日本的汽车品牌名"马自达"（Mazda）的词源就是该教的最高神阿胡拉·马兹达（Ahura Mazda）[①]。

琐罗亚斯德教教义的核心是善恶二元论，根据该教圣典《阿维斯陀》的创世论，世界万物的演变都是光明之善神阿胡拉·马兹达与黑暗之恶魔阿里曼两尊善恶对立的本源神不断争斗的产物。善神阿胡拉·马兹达身处光明的天界，创造光明、理性和幸福，是善的原则化身；恶魔阿里曼则藏于黑暗的深渊之中，创造黑暗、愚昧和灾难，是恶的原则化身。阿胡拉·马兹达先用咒语将阿里曼困缚了3 000年，并趁此时创造了火和随从的天使，宇宙、灵魂、物质，还有完美的造物——人和牛等一切善物。解除咒缚的恶神阿里曼

拜火教创立者琐罗亚斯德

---

① 阿胡拉（Ahura）意为主，马兹达（Mazda）意为智慧，阿胡拉·马兹达意为智慧之主。

为了报复，创造了随从的魔鬼，带来死亡、疾病、炎夏、寒冬，为每个善物都创造了对等的恶物放之于世，捣乱人间。善神同恶神之间进行长久不息的对抗，他们势均力敌，此起彼伏，所以人便有了自由选择行善作恶的意念与权力。但所有人死后都会经过"裁判之桥"，只有遵守琐罗亚斯德教教义的善者才能进入阿胡拉·马兹达所处的天堂，不听教义的恶者只能去阿里曼的地狱中受苦。等到世界末日来临时，将会有救世主降临，正义将战胜邪恶，阿胡拉·马兹达将赢得对阿里曼的最后胜利，到时候阿胡拉·马兹达将最后审判所有的生者和死者，恶人将在地狱中遭受永恒的烈焰焚烧，善人将会升入天国永享欢乐。琐罗亚斯德教的救世主和末日审判的观念后来被基督教所吸收，成为基督教的基本教义之一。

琐罗亚斯德教不崇拜圣像，阿胡拉·马兹达没有形象，而是以火为图腾。琐罗亚斯德教认为，火是阿胡拉·马兹达最先创造出来的圣物，是象征无限的光明和至善的"正义之眼"，所以该教以敬拜"圣火"为主要仪式，因此又名拜火教。拜火教创立之初没有神庙，只有火坛，到后来出现神庙后，大殿都设有供奉点燃圣火的圣火坛。拜火教的圣火分

拜火教的圣火

好几个等级，普通信徒家中供奉的最低级火焰可以熄灭；神庙中的不灭圣火要从16种不同职业的虔诚信徒家中供奉的火焰中提取火种，由祭司麻葛主持"圣火"仪式；最高级的胜利之火则要从全国范围内千余个家庭获取火种，再加上闪电击发的天火。现存伊朗亚兹德火神庙里的一盆被称为"波斯文明之光"的圣火，据说从公元470年燃烧至今从未熄灭过。拜火教的主要习俗礼仪包括：

其一，所有教徒到10岁时举行入教礼，授予象征善思、善言和善行"三善原则"的三匝腰带，以后必须终身戴此腰带，每天在晨、晌、

晡、昏、宵五个时辰要把腰带捧在手中，向阿胡拉·马兹达跪祷礼拜。

其二，每年过七大节日，其中最重要的是诺鲁孜节，"诺鲁孜"一词来自古伊朗语，意为"春雨日"，一般延续 3 天至 15 天不等。跳火节是诺鲁孜节的前奏，带着明显的拜火教色彩，一般都会在诺鲁孜节前的最后一个周三晚上举行，故称"红色星期三"，在这天晚上人们要从火上跳跃过去，期许着

拜火教守护天使法拉瓦哈（上）与亚述主神阿淑尔神（下）

法拉瓦哈（意为守护天使）是拜火教最著名的标识，也是伊朗国家的象征，其形象（上方）明显受到亚述主神阿淑尔（下方）的影响，他们都身处一个双翼日盘之中。

火焰能带走问题与疾病，给予人们温暖和力量。

其三，提倡近亲结婚。拜火教认为近亲结婚是最佳的婚姻形式，与母亲、姐妹、女儿三者之中无论任何一个结婚，都是至善的婚姻。

其四，死后实行天葬。拜火教认为水、火、土都是神圣的东西，不能被水葬、土葬、火葬行为所污染，所以教徒死后不造墓穴，也没有随葬品，所有尸体都放入建于高处的圣域——寂静之塔，任由秃鹰啄食尸肉，象征灵魂被秃鹰带到天空的光明之地。

琐罗亚斯德宣传拜火教教义，受到传统多神教祭司的迫害，直到他 42 岁后，拜火教教义才在伊朗东部的王族支持下迅速传播开来。琐罗亚斯德在 77 岁时死于宗教斗争，此时拜火教已发展成为当时波斯最流行的宗教。

第三节　地中海诸文明

有平等就不会有战争。

——[古希腊]梭伦

一、米利都学派与爱奥尼亚诸邦

米底在吞并乌拉尔图王国后，其领土扩张到小亚细亚东部与吕底亚王国接壤，吕底亚因发明铸币，商贸便利，经济繁荣，可谓富强一时。吕底亚王阿利亚特二世为和米底争夺小亚细亚的霸权在哈吕斯河一线展开长达 6 年的激战，小亚细亚的居民饱受其苦。公元前 585 年突然出现一个希腊人泰勒斯，宣称双方的交战违反神意，如果不停止战争，那么诸神将让太阳消失。吕底亚和米底都不相信，继续交战，结果在泰勒斯所说的那天（公元前 585 年 5 月 28 日）发生了日食，白昼突然变成黑夜，两国惊恐万分，以为天神震怒，立马罢兵修好，以哈吕斯河为界划定领土，缔结永不侵犯协议，并互通婚姻结成亲家友邦，从此再无战事。

成功预测日食的泰勒斯来自小亚细亚西海岸爱奥尼亚 [①] 城邦中的米利都，爱奥尼亚诸城邦是由希腊爱奥尼亚人渡海兴建的殖民城邦，主要包括米利都、以弗所、伊兹密尔、萨摩斯、莱斯博斯等组成的 12 城邦联盟，因地处东、西方会合的要道，便于贸易和学习东方先进的文明成果，其经济发展和文明程度在早期甚至超过希腊本土，西方文学之父荷马就出生于小亚细亚的爱奥尼亚城邦。可以说虽然古希腊是欧洲文明的发祥地，古希腊本土也在欧洲，但如果舍弃了亚洲地区的爱奥尼亚城邦，那么古希腊文明也就成了无源之水。

---

① 爱奥尼亚一译"伊奥尼亚"，是古希腊时代对今天土耳其西海岸中部地区和爱琴海东部诸岛的称呼，爱奥尼亚诸城邦主要为希腊部族中的爱奥尼亚人在小亚细亚西海岸建立的殖民地。

米利都剧场遗址

泰勒斯所处的米利都是当时爱奥尼亚城邦中最大的城市，以毛纺织业、染色工艺和家具制造闻名，因其强大的海上力量和发达的工商业而拥有希腊各城邦中最多的海外殖民地，单是黑海沿岸就有 90 处移民点，黑海几乎成了米利都的内海。米利都通过殖民贸易积累了大量的财富，并成为希腊早期文化中心和第一个哲学中心，出现了以泰勒斯为首的杰出的自然哲学家。

泰勒斯出身于名门望族，一生醉心于科学和哲学研究。他早年曾游学于埃及和巴比伦学习几何学和天文学知识，他在埃及时法老想测量大金字塔的高度，这难倒了全埃及的祭司，智慧的泰勒斯通过在人的身高和影子等长的时候测量金字塔投射的影子而成功测量出塔高，赢得埃及法老的赏识，使得他在埃及学习畅通无阻。

学成归国后，泰勒斯并没有立刻受到家乡人民的欢迎。他曾因边走路边观察星空，结果掉入陷坑。别人嘲笑他："谁叫你只关注天上，却看不见脚下的东西。"很多人认为泰勒斯的知识根本不切实际，因为这没能给他带来财富。面对他人的嘲讽，泰勒斯利用自己的天文学知识预测到来年橄榄会丰收，预订了周边所有的橄榄榨油器。结果来年橄榄果然大丰收，他通过高价出租榨油器，一举暴富，向世人证明只要他愿意，随时都可以成为一名富翁，但他志向却不在于此。后来泰勒斯更因预言日食停止了吕底亚和米底的战争而声名大振，许多求学者蜂拥而至，泰勒斯在米利都创办学校，开创了西方历史上最早的学术流派——米利都学派。

传承于埃及、巴比伦数学和天文学的米利都学派主要探索研究大自然和数学奥秘，泰勒斯是西方第一位发现摩擦起电现象，并提出磁铁吸引力的学者。他将一年分为 365 天，发现了冬至、夏至和春分、秋分的联系，并推算出太阳从冬至到夏至的运行轨迹。在数学上，泰勒斯是几何上最早引入命题证明思想的数学家，在此之前，埃及和巴比伦的数学知识都是建立在直觉与经验的基础上的，虽有实用性，但无论证，未能形成一套完整的数学理论体系。泰勒斯认为，对于数学知识不能仅靠实用，还要通过严密的逻辑从理论上证明这些命题，他证明了"直径平分圆周""三角形之两边相等，则其所对角亦相等""两直线相交，其对顶角相等"等第一批几何定理，将以往几何知识从"是什么"提升到了"为什么"的认识层次，开几何命题证明演绎体系的先河，被后人尊为"论证数学之父"。

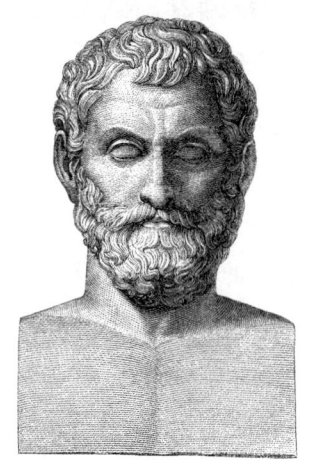

西方哲学之父泰勒斯

在哲学上，泰勒斯是西方哲学的创始人，被誉为"西方哲学之父"，他认为世界万物都可以用理性认识，并提出世界的本原问题，探究世界万物是从什么东西演变而成，最后又回归到什么东西上去。泰勒斯认为水是宇宙的最基本物质，万物皆从水中产生，最后又复归于水。他这种简单观念的重大意义在于用哲学的"本原"观念代替宗教的神创论，从自然界本身的物质元素而不是神话来解释世界的形成，使哲学与宗教相分离。泰勒斯开创的哲学流派被称为自然哲学流派，不过他并非一个纯粹的唯物主义哲学家，因为他曾通过琥珀摩擦起电和磁石来证明万物有灵，并认为世界万物不仅有生命，而且"充满神力"。泰勒斯因其在科学和哲学上的贡献被誉为"古希腊七贤之首"。

泰勒斯的朋友和学生阿那克西曼德（约公元前610—前546年）是米利都学派第二位代表人物，他绘制了西方的第一张世界区域分布图，并把球体概念首次引入天文领域。他也是希腊最早的散文作家，其创作的《论自然》是最早用希腊文写成的散文和哲学著作。

阿那克西曼德反对老师泰勒斯"水"是世界基本元素的观念，因为他认为水能生成冷与湿的事物，但不能产生与它对立的热与干的火。他想象可能有一种比水更稀薄、更具有适应性的东西作为世界

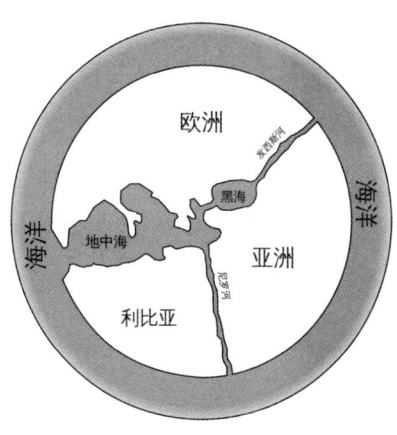

阿那克西曼德绘制的世界区域分布图
古希腊人将世界大陆划分为亚细亚（亚洲）、欧罗巴（欧洲）、利比亚（非洲）三部分，与现今的亚欧非分界线不同的是，尼罗河被当作亚洲大陆与利比亚大陆的分界线。至于当时欧洲与亚洲的界河是发昔斯河，也就是今格鲁吉亚西部的里奥尼河，它发源于高加索山脉，最终在波季注入黑海，这里也是希腊人所能航行抵达的最东处。

的"本原"，"它是不定的或无限制的实在，而且包围着一切世界"。这样的东西他称之为"阿派朗"（意为"无限定"）。"阿派朗"在运动中分裂出冷和热、干和湿等对立面，从而产生世间万物。土、水、气、火是最初产生的四种物质，按次序分为四层，土是宇宙的中心，位于最底层，水覆盖在土上面，水的上面是气，气将宇宙最外围的火围在圆管里。人们眼中看见的日月星辰，就是这些管子的洞眼，使我们能从洞眼中望见外面的火。至于动物则是从海泥中产生的，最初生活在海里，而

人是由海中的鱼演化而来，这算是最早的演化论观点。

　　"阿派朗"是一个过于抽象的哲学概念，因此阿那克西曼德的学生阿那克西美尼（约公元前 585—前 525 年）提出"万物产生于气"的理论。阿那克西美尼认为"气"是不朽不灭、无限无形的，一切事物都有开端，而无限的"气"没有开端。"气"在稀散时成为火，在凝聚时先变成风，风再凝聚就变成云，云再凝聚时便下雨变成水，水凝聚变成土、石头等，世界万物都由"气"在稀散和凝聚两种对立的运动中产生，又复归于它。

　　米利都的自然哲学家最初的一些自然知识虽传承自埃及、巴比伦等文明，但这些古文明的自然知识主要是为了实用和宗教的需要，停留在对个别、具体的事物的研究阶段。希腊人在"知其然"的同时提出"知其所以然"，不仅要知道事物能产生什么用途，还要明白事物的本性是什么、为什么能产生这样的用途。他们一反过去用宗教神话解释世间现象的观点，依靠观察和抽象思维的推理来阐明事理，正是这点，让希腊人超过了他们的老师和先驱者——古埃及、巴比伦等更古老的文明，产生了哲学和理论科学。近代科学就脱胎于古希腊的自然哲学，在近代之前没有自然科学和自然哲学之分，随着牛顿的《自然哲学的数学原理》等近代科学著作发表，将对自然世界的研究数学化，产生了一种由数学语言研究自然世界的新的知识系统，自然科学才从哲学中独立出来。相比之下，古埃及和两河流域等虽然自然知识出现较早，但这些地方祭司阶层势力非常强大，科学、文化、意识形态层面都为祭司所垄断控制，服从神庙势力的需要。而希腊早早实现政教分离，神庙从属于所在的城邦，祭司大多从普通的公民中选任，没有一个凌驾于公民之上、拥有众多产业的祭司阶层，这让希腊人能摆脱神权的禁锢，进行独立思考。同样由于希腊人与异邦人宗教信仰的冲突，当希腊人从埃及、巴比伦那里学习到众多的自然知识时，没有接受埃及、巴比伦祭司给出的神学解释，而是用自己的知识见解来解释世界，这也是理论科学和哲学能在希腊开花结果的重要原因。

除米利都的哲学流派外，其他的小亚细亚爱奥尼亚城邦也都创造出璀璨的文化，被尊为寓言之父的伊索（公元前 620—前 560 年）原就是爱奥尼亚城邦中萨摩斯岛的奴隶，他创作的寓言对后世影响深刻，乃至后人将许多流传下来的古希腊寓言及古罗马寓言都统归于他名下，编成《伊索寓言》一书。爱奥尼亚城邦中的莱斯博斯岛则是希腊琴歌艺术的发源地，岛上的诗人泰尔潘德罗斯发明了古希腊最著名的乐器——七弦琴，拨弹着七弦琴吟咏的诗歌被称为琴歌。泰尔潘德罗斯之后的莱斯博斯岛琴歌诗人——萨福（约公元前 630—前 570 年）是西方最早的著名女作家，古希腊称诗人中男有荷马，女有萨福。希腊神话中共有九位掌管文艺的缪斯女神，萨福被称为"第十位缪斯"。当时莱斯博斯岛上的货币，都以萨福头像为图案，很多女子慕名来到莱斯博斯岛向萨福学习诗艺，她由此创办了已知世界上最早的女子学校。

古希腊陶器中的萨福

二、雅典梭伦改革

在米利都、科林斯这些希腊城邦兴盛之时，雅典这座古希腊文明最具标志性且最为古老的城邦仍处在"摸着石头过河"的改革时期。和古风时期所有希腊城邦一样，雅典起初实行的是贵族共和制，战神山最高会议是雅典的最高权力机构，9 名执政官由战神山最高会议选出，任期为 10 年，自公元前 683 年起，改为一年一任，执政官和战神山最高会议成员全都由贵族出任。普通百姓虽然也有公民大会，凡能自备武装出征的男人都能参加，但权力不大。

实行贵族共和制的雅典和所有希腊城邦一样存在贵族和平民的矛盾，公元前631年，雅典的贵族基伦企图利用两者之间的矛盾发动政变推翻贵族共和制，建立在当时希腊盛行的僭主专制。暴动的结果是基伦兵败出逃，雅典贵族为缓解与平民的矛盾，由司法执政官德拉古在公元前621年制定了雅典第一部成文法典——《德拉古法典》。

《德拉古法典》在一定程度上限制了贵族专横跋扈的现象，但是该法极为严酷，所有罪行不问大小一律处以死刑，就连偷水果、懒惰等过失也不例外。人们都称这部法律不是用墨水写的，而是用鲜血写的，后世西方便常用"德拉古式"一词来形容严刑峻法。

德拉古的严酷律法没能缓解平民与贵族的矛盾，不久雅典又被实行僭主制的麦加拉打得大败，失去了贸易所必需的出海门户——萨拉米斯岛。面对如此国耻，雅典政府竟立法规定："谁敢主张城邦不可放弃主权，恢复作战争夺萨拉米斯岛，一律处死。"雅典平民对贵族统治彻底失望，眼见就要爆发第二次僭主暴动。这时在雅典中心广场突然出现了一个"疯子"梭伦，他伪装疯癫避开"禁提萨拉米斯"的禁令，终日

古典时代的梭伦雕像

在城市广场的人群中吟诵他写的诗篇《萨拉米斯》，鼓舞雅典人去夺回被占领的萨拉米斯岛，最终激起了雅典人的斗志，梭伦被任命为指挥官，一举夺回了萨拉米斯岛。由此，梭伦登上了雅典的政治舞台。

梭伦被誉为古希腊七贤之一，他出身于没落贵族，早年曾出海经商，游历各地。梭伦从政时，雅典正处于富豪与贫民债务斗争的危机中，而当时雅典的有识之士中只有梭伦没有牵连其中，他既没有参与富豪的勒索，也没有涉

及贫民的赖债，富人因为梭伦有财产而认可他，穷人因为他很诚实而信任他，所以最终众人决定由梭伦出面调停双方的歧见，他在公元前594年当选为首席执政官，进行了一系列有利于缓解城邦矛盾的改革。

梭伦上台之后，首先针对雅典内部地主和农民矛盾激烈，广大农民因地主重租剥削沦为债务奴的现象，颁布"解负令"，废除农民所欠的债务，拔掉竖在被抵押土地上的债权碑，将抵掉的土地归还原主，并规定以后不准以土地抵押，同时取缔债务奴隶制度，释放所有因欠债被纳为奴的公民，被卖到外邦者也由城邦拨款赎回。他还废除了德拉古的严刑苛法，制定了相对人道的法律。这一系列措施大大稳定了平民对当时政体日益不满的情绪。

同时为满足富人的利益，并针对平民一直想要参政的诉求，梭伦让公民大会替代贵族的"战神山议事会"成为国家的最高权力机构。所有年满 20 岁的雅典男性公民，无论穷富，皆可参加公民大会，并有发言权和表决权。一切法律和重大国务都要经过公民大会讨论才能通过，所有重要的国家官职都要在这里选举产生。但各公民的权利并不平等，在雅典，官员不是一项职业，而是一种权利，所有官员都没有俸禄，执法警察由奴隶担任，这意味贫民根本不能靠当官谋生。梭伦按年收入的多少将全体公民分为四个等级，分别享受相应的权利和承担对应的军事义务。

第一等为 500 斗级，年收入在 500 斗 ① 及以上的公民，他们可以担任一切官职，战时他们充当指挥官，出资建造战舰，提供物资钱粮。

第二等为骑士级，年收入在 300—500 斗，作战时能自备战马和武器装备充当骑兵的公民，他们能担任除最高执政官 ② 与司库（即财政官）以外的各级政府官职。

---

① 由于当时货币还未广泛通用，财产是以麦斗为单位衡量计算。
② 骑士阶层不能担任最高执政官见于普鲁塔克《希腊罗马英豪列传》中对阿里斯提德的记载。

第三等为双牛级，年收入在200—300斗，拥有两头耕牛，能自备武器充当重装步兵的公民，他们可出任公民大会的常务机构四百人议事会的议员和担任普通官职。

第四等为雇工级，年收入在200斗以下的贫民，他们战时充当轻装步兵或舰队水手，除有权出席公民大会外，只能担任最高司法和监察机关——陪审法庭的陪审员，参与案件的审理，这也是陪审制度的源头。

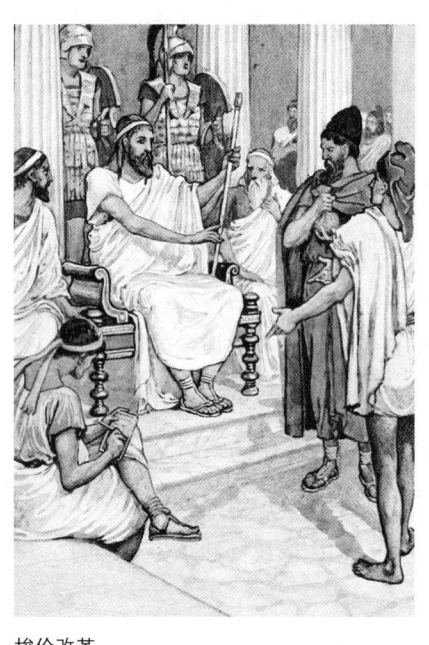

梭伦改革

梭伦的改革将城邦的政治权力转移到公民大会和陪审法庭，打破了贵族世袭制，以财富而不是出身来划分等级，让平民百姓也可通过发家致富跻身最高权力阶层，成为执政官，这样就淘汰了家道衰弱的没落贵族，得到新兴贵族和平民的支持，雅典的贵族共和制变成了财阀共和制。

要维持财阀政治的稳定性就要促进经济的发展，让更多人有发家致富的机会，梭伦为此制定了一系列政策：改革币制，统一度量衡制度，确定私有财产继承自由；鼓励贸易出口，但禁止除橄榄油以外的农产品外销，这样就让粮食生产只满足本邦人民的需要，由于需求人口有限和外贸来的粮食增多，粮食价格降低，大量农民因没有利润，转而种植经济作物或从事工商业，进而促进了工商业发展；为提升雅典的手工业实力，规定凡有一技之长的外邦工匠仅可携带家属"技术移民"雅典，给予公民权；为防止手艺失传，规定父亲要把自己的专长

梭伦要求雅典官员不得变更他的法律

技艺传给儿子，否则儿子可以拒绝赡养父亲；建立公营妓院，以女奴隶为妓，吸引外邦人，这一点，他和中国的管仲想法一样。

梭伦的改革为雅典政治民主制的发展开辟了道路。公元前572年梭伦执政官任满后，有人建议他继续留任当终身独裁者，但他说独裁者"是一个美好的职位，但却没有道路可以下来"。他让雅典官员宣誓，保证10年内不变更他的法律，然后便离开雅典开始周游列国的生活，他先后到过埃及、塞浦路斯、吕底亚等地，晚年回到雅典闭门隐居，不问政事，专心创作诗文。他在诗中写道："作恶的人每每致富，而好人往往受穷；但是，我们不愿把我们的道德和他们的财富交换，因为道德是永远存在的，而财富每天都在更换主人。"这说明梭伦虽然以财富来划分公民等级，但坚信道德胜于财富。他在诗歌方面的成就为他赢得了"雅典第一位诗人"的美誉。

三、古埃及舍易斯王朝

在巴比伦、米底、希腊各地区蓬勃发展的同时，埃及这片古老的土地在舍易斯王朝的统治下也和巴比伦一样又一次焕发出无限的生机。在

古埃及舍易斯王朝的青铜雕塑

这一时期，由"僧侣体"文字演变而来的更为简化的"世俗体文字"成为行政、法律和商业文字。铁器也取代青铜，在埃及得到了广泛的运用，埃及社会生产力水平因此得到大幅度提高，经济快速发展，都城舍易斯更是堪比巴比伦的大都市，史称"舍易斯复兴"。这是继公元前1077年埃及第二十王朝灭亡后最好的一段时期，历史学界将埃及第二十六王朝，即舍易斯王朝的建立作为埃及第三中间期结束和后王朝时代的开始。而从另一方面看，领导埃及结束第三中间期、走向复兴的依然是异族的利比亚人，这也说明古埃及民族自身已衰退到难以自拔的境地。

希腊雇佣军是舍易斯王朝建立的军事基石，当年一群披挂着青铜盔甲的希腊人来到埃及海岸四处劫掠。当时的埃及人大多没有盔甲，或者仅披亚麻甲，这些身披青铜盔甲的希腊人被埃及人视为刀枪不入的"青铜人"。舍易斯王普萨美提克一世认为这些"青铜人"大有用处，便用重金收买了他们，并在他们的支持下，完成了统一埃及、赶走亚述人的霸业。随后，这些希腊人又作为舍易斯王朝的禁卫军，负责对抗当地的埃及人。

正是从舍易斯王朝开始，埃及与希腊建立起极为密切的联系。当时的埃及通过联合希腊人对付巴比伦人的入侵，由于巴比伦控制了埃及的传统贸易伙伴腓尼基和巴勒斯坦诸邦，从陆上和海上成功封锁了埃及，要想打破巴比伦的经济封锁，获得埃及急需的木材等资源，唯一的出路就是和希腊世界联盟，摆脱国际上的孤立地位。埃及因此对希腊人采取十分友好的政策，给希腊商人以优惠贸易特权，允许希腊人前往埃及求学，埃及的海立欧普立斯城的日神大寺、加那克大寺等是当时闻名于世的学术圣地，让希腊的求学者趋之若鹜，希腊先贤中的吕库古、泰勒斯、梭伦，还有后来的毕达哥拉斯、德谟克利特、柏拉图等都曾游学埃及，可以说如果没有这些希腊先贤在埃及的求学经历，希腊文明根本不可能在短时期内实现如此迅速的飞跃。

埃及法老尼科二世在位时期（公元前609—前593年）主导开凿了现代苏伊士运河的前身——连接尼罗河和红海的运河，以便使来自红海的商船可通过尼罗河进入地中海。不过这一意义巨大的工程因水位变化和劳民伤财被祭司以神谕阻止，只开凿了一段，未能竣工。由于未能打通红海到地中海的通道，尼科二世实施了另一件震惊历史的大事：他大胆猜测非洲除与亚洲接壤的部分外，其余四周都被大海所环绕，并组织腓尼基水手开辟出一条从红海绕过非洲进入地中海的新航线，这是人类首次有据可查的环绕非洲的航行。

尼科二世时期的埃及妇女雕像

据记载，这些腓尼基航海家从红海往南出发，驶向过去一无所知、茫茫无边的南印度洋，从此杳无音信。三年后，他们突然从西方的地中海返回埃及，并宣称完成环绕非洲的航行，腓尼基人回来后讲述他们航行时的种种离奇经历，如在绕过非洲最南角返航时"中午的太阳是从北面照射过来，在船的右方"，这在当时看来，是不可思议的，因为在北半球航行时，中午前后的太阳是从南边照过来的。希罗多德对此写道："也许有人相信，但我不信。"一直到近两千年后，葡萄牙亨利王子的船队驶过西非几内亚湾发现"中午的太阳正是从北面照射过来！在船的右方"，因为南半球观测太阳的位置和北半球是相反的。只要越过南回归线以后，就会看到太阳横过北方的天空，位于西航船队的右方。这是腓尼基人完成环绕非洲航行的重要证据。这一纪录直到大航海时期才被葡萄牙航海家达·伽马打破。然而虽然腓尼基人很可能完成了环绕非洲的航行，但由于当时这条航线操作难度远超过陆运，因此并没有使用这条新航线进行运输贸易活动。不过腓尼基人的这次航海壮举证明了从大西洋绕过非洲抵达印度洋的可能性，为后来大航海时代开辟新航线提供了先例。

尼科二世之子普萨美提克二世（公元前594—前588年在位）延续亲近希腊的政策，联合希腊城邦抗衡新巴比伦王国。由于向东扩张受到巴比伦的抑制，他改为向南扩张，率军远征南方的努比亚库什王国，一直打到尼罗河第三瀑布，在公元前591年更是攻陷并洗劫了库什王国的都城纳帕塔。努比亚人被迫将首都从纳帕塔南迁到远离埃及位于尼罗河第五和第六瀑布之间的麦罗埃，库什王国从此进入麦罗埃王朝时期。随着埃及与努比亚的渐行渐远，埃及文明对努比亚的影响急剧下降。麦罗埃居民利用当地丰富的森林和铁矿资源，将麦罗埃发展成当时地中海以南最大的冶铁中心，被后人誉为"古非洲的伯明翰"。除冶铁外，麦罗埃的采金业和制陶业同样发达，并开始种植非洲棉，成为尼罗河流域棉花培植的起始地。库什王国依靠地处尼罗河、红海、印度洋和乍得湖之间

苏丹麦罗埃的小金字塔

交通要道的优势，通过红海航运摆脱了埃及中介，直接与巴比伦贸易通商。库什王室还学习埃及王室修建金字塔作为陵墓，在都城麦罗埃附近留下 220 座金字塔陵墓，整个金字塔群数量比埃及金字塔还要多。与埃及高大壮观的金字塔相比，麦罗埃金字塔显得较为矮小，且与祠堂相连，被称为"小金字塔"。这些金字塔群也是苏丹共和国首项世界文化遗产。

在普萨美提克二世的儿子阿普里伊统治时期（公元前 589—前 570 年在位），埃及和希腊殖民城邦昔兰尼爆发战争，昔兰尼是公元前 630 年希腊锡拉岛的殖民者在北非利比亚东部沿海建立的殖民城邦，是利比亚五个希腊城邦中最大和最重要的一个，以出口壮阳药和羊毛纺织品出名，也是希腊人与埃及人的重要贸易站。当时希腊人不断移民到利比亚，以昔兰尼为中心，逐渐扩张到整个利比亚北部和东部地区，今利比亚东部就因此被命名为昔兰尼加。希腊人在利比亚的殖民活动，引起当地利比亚人的反抗。埃及第二十六王朝的王室本是利比亚人之后，利比亚人向同族的埃及法老阿普里伊求助，阿普里伊派兵支援利比亚人攻打昔兰尼，结果遭遇惨败，用希罗多德的话来说，他们"被彻底击败了，几乎没有人活着回到埃及"。埃及人本就怨恨利比亚法老的统治，不愿因利比亚人和希腊人结仇，他们认为利比亚法老是故意派出大量的埃及军人去送死的，以便更加安稳地统治其他的埃及人，因此发动起义。埃及法老派将军雅赫摩斯前往镇压起义，但他却临时兵变站在起义者一边，被军队和民众拥戴为新法老，并在埃及军队的支持下推翻了阿普里伊的统治。

一心想要征服埃及的巴比伦国王尼布甲尼撒二世得知埃及内乱后，随即于公元前 568 年远征埃及，掠得大量财富。新任的法老雅赫摩斯通过缓和埃及军队与希腊雇佣军之间的矛盾，击退了新巴比伦王国的入侵，并在约公元前 560 年征服了地中海的第三大岛塞浦路斯。雅赫摩斯法老给予希腊人最优惠的条件，扩大希腊移民区，让希腊人建设神庙、

经营市场，甚至允许希腊人在埃及境内建立起自治的殖民地。这些希腊自治城市中最著名的就是瑙克拉提斯城（希腊语意为"海军的胜利"），该城位于尼罗河三角洲的西部，与埃及首都舍易斯近在咫尺，因享有地利之便垄断希腊和埃及的贸易而繁荣一时。

瑙克拉提斯城出土的公元前 6 世纪
希腊绘画风格的狮身人面画像

虽然给了希腊人种种特权，但是雅赫摩斯的统治依然受到埃及人的欢迎，希罗多德记载雅赫摩斯以他的智巧，而不是暴力，赢得了人民的拥戴。他统治时期被看成埃及历史上"空前繁荣的时代"，不过这对于已历经数千年的古埃及文明来说，只是夕阳下山前的回光返照罢了。

四、希腊大殖民时代的结束与迦太基的兴起

在埃及境内瑙克拉提斯城等希腊殖民城邦建立之时，希腊殖民运动也已接近尾声，此时东地中海沿海的小亚细亚、东北非、巴尔干半岛、西西里岛、黑海沿岸等地都已被繁荣的希腊商业据点和殖民地所环绕。希腊人已经完全替代腓尼基人在东地中海的霸权，并开始向意大利、西西里岛以西的西地中海扩张。

屡遭亚述和巴比伦围攻的腓尼基已彻底失去和希腊人争夺海上霸权的实力，只能看着本属于自己的势力范围被希腊人一点一点地蚕食，振兴腓尼基殖民地，抵抗希腊人入侵的重任就落在腓尼基人最大的海外城邦迦太基身上。

迦太基城位于今北非海岸突尼斯共和国的首都突尼斯市，是由腓尼基最强大的城邦推罗城的公主狄多在约公元前 814 年殖民所建。传说当时她带领下属在突尼斯湾登陆，向当地土著首领马西塔尼求借一张牛皮

之地栖身，土著首领不假思索地答应了
她，于是她便把一张牛皮切割成一根根
细得不能再细的线条，然后用这些细牛
皮线条在紧靠海边的山丘上围起一块大
面积的土地，在上面建起了一座卫城。
故而迦太基的卫城又叫柏萨，意为"一
张牛皮"。很快，迦太基城就因其优越
的地理位置发展成为西地中海的航海贸
易中心。

迦太基的建立者推罗公主狄多

　　约公元前650年，迦太基正式脱离腓尼基推罗城邦独立，成立由商
业贵族寡头掌权的国家，由300人组成的元老院是最高权力机构，虽设
有公民大会，但权力受元老院限制，在元老院之外还设有百人会议，负
责监察和做出审判。

　　与大部分希腊和腓尼基的狭小城邦不同，迦太基控制了非洲内陆大
片土地，其腹地巴格拉达斯河谷十分肥沃，所以其农业也很发达。迦太
基对外出口谷物、葡萄酒、橄榄油、纺织品、玻璃器皿和珠宝等奢侈品
等，但更多是靠殖民贩运、中转贸易发家。迦太基在还未独立之前就开
始大规模海外扩张，早在约公元前654年，迦太基就成功殖民了地中海
最大岛屿西西里岛西部及地中海第二大岛撒丁岛。

　　到约公元前6世纪，迦太基占领了原腓尼基人在今西班牙南部沿海
的殖民地加的斯。加的斯是原腓尼基人驶出地中海前往大西洋贸易的重
要据点，占领此处，使迦太基人成功打通了前往大西洋的航线。在腓尼
基人成功环绕非洲之后，迦太基航海家汉诺在前人航海探险的基础上，
率领一支舰队和数千名殖民者驶出直布罗陀海峡进入大西洋，进行了又
一次伟大的航海探险活动，探险的目的是寻找在大西洋沿岸是否有可
殖民的土地。汉诺的舰队沿着非洲西海岸向南行驶，先是在西北非摩洛

突尼斯迦太基国家博物馆内的迦太基玻璃器皿　　突尼斯迦太基国家博物馆内的迦太基文物

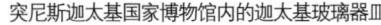

哥西海岸重新发现失联已久的 7 个腓尼基移民点，然后他继续向南，将一些迦太基人留在西非沿岸的塞内加尔和几内亚殖民定居，这次探险航行最远深入赤道地区的几内亚湾。他将这次航行经历记录在一块写字板上，悬挂在迦太基人崇拜的主神巴力的神庙中，写字板的希腊文译本流传至今，是最早出于航海家亲笔的探险记录。从记录可知，汉诺在航行到几内亚湾沿岸喀麦隆时看到了非洲西部沿海最高峰——西非最大的火山喀麦隆火山的爆发。他还在加蓬森林中发现大猩猩和黑猩猩，并认为他们是浑身长毛的野人，从这点上看他算是达尔文的先驱。汉诺的航海记录成为近两千年后大航海时期葡萄牙人沿非洲大西洋海岸开辟新航线时的重要参考资料。

在腓尼基衰落后，迦太基便成了他们殖民地的保护者，西地中海原有的腓尼基殖民地全都投靠到迦太基旗下以获取庇佑。在当时，希腊人垄断东地中海和黑海的贸易，迦太基则垄断西地中海和东北大西洋沿岸的贸易，迦太基货币也成为西地中海的硬通货币。希腊人要想称霸地中海，就必须击败迦太基人。同样，希腊人在西地中海的扩张活动也引起了迦太基人的惊恐。

当时迦太基已经将本国领土从今突尼斯向东扩张到利比亚西北部地区的的黎波里塔尼亚，而希腊人也在利比亚东部的昔兰尼建立了殖民地。在迦太基人的的黎波里塔尼亚与希腊人的昔兰尼之间是一片荒无人烟的沙漠和盐水沼泽，迦太基人与希腊人不愿为这片无法居住的土地大起干戈，但双方也都不甘心将这片无人之地划给对方。传说最后双方同意各派出两对优秀长跑选手同时从迦太基和昔兰尼出发，他们相会之处就定为两国的边界。结果迦太基派出的菲累纳兄弟跑完了全程的四分之三，而希腊选手仅跑了四分之一，双方正好在锡尔特湾最南面的弯曲部、锡尔提加沙漠的边缘相遇，这样的比赛结果看上去不像是一场巧合，而像是迦太基人事先划定好的最佳分界线。不甘心失去大片土地的希腊人指责菲累纳兄弟在途中骑马舞弊，菲累纳兄弟则表示如果希腊人承认比赛的结果，他们甘愿被活埋于此。希腊人同意了，两兄弟用自己的生命换取了迦太基的这处边界，人们在他们的墓地上建了一座祭台。

利比亚的昔兰尼遗址

后来墨索里尼又在此祭台的基础上修建了一座名为"菲累纳兄弟拱门"的大理石拱门。直到今天，这里依然是昔兰尼与的黎波里塔尼亚的分界线。

菲累纳兄弟分界线成功挡住了希腊人继续向西北非地区扩张的脚步，但却阻挡不了希腊人前往西地中海的欧洲沿岸进行殖民活动。小亚细亚的爱奥尼亚希腊城邦中，福西亚是向西地中海欧洲沿岸扩张的急先锋。希罗多德就曾提到，在希腊人当中，福西亚人是最早从事远洋航行的人，他们也是最早知道亚得里亚海、伊比利亚半岛的人。早在约公元前600年，福西亚的殖民者就在今法国南部沿海建立了法国最古老的城市玛撒里亚，即现今法国最大的港口及第二大城市马赛。约公元前575年，他们又在今西班牙的地中海沿岸建立了恩波里翁（意为"希腊人的市场"）、安普里奥斯以及罗德等殖民贸易据点，并以西班牙境内最长的河流埃布罗河（Iber，西班牙名为Ebro）为名，将今西班牙、葡萄牙所在的半岛取名为伊比利亚（Iberia）半岛。约公元前560年，福西亚的希腊人又成功殖民了法国第一大岛、地中海第四大岛——科西嘉岛，在岛上建立了一个名为阿拉里亚的城邦。

随着希腊的福西亚人在西地中海地区展开殖民活动，迦太基人与欲染指地中海西部的希腊人的交锋已不可避免，双方在西西里、科西嘉、撒丁岛、今法国南部和西班牙东部等地区展开多次激烈的海上争霸战。当时地中海西部存在希腊人、迦太基人以及意大利的伊特鲁里亚人三股彼此竞争的势力，迦太基联合意大利伊特鲁里亚人于约公元前535年在撒丁尼亚海战中彻底击败了希腊在西地中海扩张的主力福西亚人，终结了希腊人向西地中海的扩张活动。希腊人被迫退出科西嘉岛和西班牙南部沿海地区，在地中海西部只剩下今法国沿岸的马赛等少数城邦。从公元前8世纪开始到公元前6世纪，长达两百多年的轰轰烈烈的希腊大殖民运动就此宣告结束。

五、罗马塔克文王朝

意大利的伊特鲁里亚通过联合迦太基击败希腊后，瓜分了科西嘉岛等希腊海外殖民地，其繁荣程度达到历史鼎盛时期。伊特鲁里亚文明以意大利中北部的 12 城邦联盟为中心，不断向四面扩张，意大利半岛北至波河平原、南到坎佩亚的广阔区域到处都是伊特鲁里亚人的殖民城邦，就连当时的罗马也处于伊特鲁里亚王朝的统治之下。

罗马的王政时代共有 7 个王，前 4 个王来自罗马人的公社，后 3 个王则是伊特鲁里亚人塔克文王朝的君主。塔克文王朝因创建者老塔克文得名，他本是希腊人之子，早年随其父迁居伊特鲁里亚 12 城邦中的塔克文尼亚城，并与城内的女先知结婚。但由于他不是本土出生的居民，因此无法获得政治职位，便听从妻子的建议，移居罗马。

塔克文王朝的创建者老塔克文

罗马人主要由拉丁人、萨宾人和伊特鲁里亚人三大族群融合而成，其中拉丁人是最早的罗马人，罗马的官方用语就是拉丁语。萨宾人原本是罗马人的邻居，因罗马人设计强抢了萨宾人的少女做妻子，将生米煮成熟饭，萨宾人只能选择与罗马人联姻，并接受罗马人的邀请迁入罗马城。伊特鲁里亚人则是罗马城的外来工商业移民与罗马人的文明导师。在老塔克文移居罗马城时，罗马城的商业已被擅长贸易的伊特鲁里亚人所控制，罗马城里遍布伊特鲁里亚商人，有着伊特鲁里亚与希腊双重文化背景的老塔克文受到罗马国王安库斯的礼遇，被任命为罗马王子的监护人。结果在老国王死后，老塔克文便凭借王子监护人的身份，依靠城内伊特鲁里亚财阀势力的支持，夺取了罗马王位。

为维护自身的异族统治，老塔克文开放罗马让大量的伊特鲁里亚人

老塔克文向年长者咨询

涌入，老塔克文在位时期（公元前616—前578年）招募伊特鲁里亚人的建筑师在罗马城大兴土木。他在城内高山上修建了一座伊特鲁里亚风格的朱庇特神庙，为自己建造了一座伊特鲁里亚式的王宫，为罗马筑起土石堆砌的城墙，修筑下水道排干罗马山丘间低地沼泽的积水，然后铺设砾石路面，作为集市贸易和公共活动的城市中心广场，并在广场周边建起竞技场。从考古发掘上看，正是在老塔克文统治时期，罗马面貌发生了巨大的变化，出现大型公共建筑，从原本土著拉丁文化发展而来的村镇公社转变成一座标准伊特鲁里亚文化城市。

老塔克文的篡位行为与伊特鲁里亚化政策让罗马的旧贵族元老非常不满，他最终在统治的第37年被元老院的旧贵族派出的刺客暗杀身亡，他的女婿塞尔维乌斯临危受命，继承王位。

塞尔维乌斯本是奴隶出身，因受到老塔克文夫妇的赏识，成为老塔克文的驸马，老塔克文被刺死后，塞尔维乌斯在岳母的帮助下登上王位。为巩固塔克文王朝的统治，他通过拉拢外来移民来打击罗马旧贵族的势力。罗马的高级公职人员都要经城邦氏族大会选举产生，氏族大会由30个库里亚组成，库里亚又由氏族组成，这些氏族则由最早组建罗马的古老的家族组成，显而易见，只有这些古老家族的成员，才能在氏族大会上投票，或入选元老院。这些古老家族及其后代被称为贵族。而不是古老家族成员出身的罗马人被称为平民，他们是后来迁入罗马的外

全球史下看中国

轴心时代的到来

来移民，他们在合法渠道没有升迁的途径，却可以经商致富。而当平民的人数激增，且一部分富裕起来后，他们便渴望获取与贵族平等的地位。

老塔克文夫妇与塞尔维乌斯本非罗马贵族出身，为维护自身统治，他们认为有必要将平民引入国家政权，老塔克文统治时期便开始将一定数量的富有平民引入罗马的氏族中。塞尔维乌斯的改革则彻底改变了罗马原有的政治体制。他废除原来按血缘关系组成的三个氏族部落单位，改以地域关系将罗马划分为 4 个城区、16 个乡区行政单位，从而使氏族公社的血缘、亲缘关系转变为行政区划管理上的地缘关系。他在新的行政管理单位内设置管理机构，凡在管理机构注册登记的自由民都可获得公民权，这项改革取消了过去按氏族内外划分公民身份的界限，使许多迁居罗马的外来移民和被释放的奴隶都获得了公民权。然后他对所有公民不分贵族、平民，按照其财产多寡分为 5 个等级和等外（无产者等），各等级依其能力大小提供不同数量的军团，再依各等级军团数量多寡在百人团大会（森都里亚大会）中拥有不同的投票权。如第一等级公民阶层要自备全副武装的 80 个重步兵百人团和 18 个骑兵百人团，每个百人团都有一票表决权，共 98 票，超过了总共 193 票的半数。而 5 个等级之外的民众（包括乐手、木工与无产者）只要提供 5 个轻装百人团的预备役，但也只有 5 票。

这类似于梭伦在雅典建立的财阀政治，只不过雅典每个公民都可以投票，而罗马是以百人团为单位的集体投票制，同时罗马 6 个等级投票是从第一等级开始，再按顺序由第二、第三等级来投票，如果前面等级的票数已过半，后面的等级就没有投票的机会。塞尔维乌斯改革用新创立的百人团大会替代原有的氏族大会，由氏族首领组成的贵族元老院也因此失去往日的权威。他的改革打破了罗马氏族制的藩篱，按照地域划分公民，吸收了大批外来移民成为罗马的新公民，这标志着罗马从血缘性的氏族联邦转向地域性的国家。而拥入罗马的伊特鲁里亚人又多是有资产的商人，通过罗马的金权政治成为罗马的上等公民，在罗马形成以伊特鲁里亚人为主的强大统治集团和社会势力。

古罗马壁画中的狄安娜女神

这些外来的伊特鲁里亚商人将罗马从一个半农村的城镇变成一座工商业发达、经济繁荣的城市，塞尔维乌斯通过商界的资助扩建罗马城墙，将罗马的 7 个小丘全都囊括在内，同时在城内建起崇拜月亮和狩猎女神狄安娜（原型为古希腊的月亮和狩猎女神阿尔忒弥斯）的巨大神殿，狄安娜是罗马所在的拉丁平原上的拉丁人共同信奉的神灵。女神殿建成后，吸引了罗马周边的拉丁部族的居民到罗马城内参拜，塞尔维乌斯同拉丁人签订了同盟条约，罗马就此成为各拉丁部族的领袖。

第四节　文明的吸收、融合与变革

　　我只想鼓吹我们再吝啬一点，"送去"之外，还得"拿来"，是为"拿来主义"。

——鲁迅《拿来主义》

　　任何文明的发展都不是孤立的，而是在与其他文明的交流冲突中展开，文明要实现长久发展就需要融合、吸收其他文明的优秀成果。晋楚争霸正是黄河文明与长江文明冲突、融合与发展的典型例子。

与之前的历届中原霸主相比，楚国的霸主之位来得最为艰难，虽然楚国在当时占地面积最大，拥有人口最多，但由于楚国被中原各国视为蛮夷，因此一直难以被认同。乃至在楚国称霸中原后，鲁成公朝拜晋君，晋君不以礼相待，鲁成公想叛晋投楚，但他的大臣季文子却说："不可，晋虽无道，未可叛也。史佚之志有之曰：'非我族类，其心必异。'楚虽大，非吾族也，其肯字我乎？"（《左传·成公四年》）在中原诸侯眼里，楚国是"蛮夷之国"，晋国是"华夏正统"，楚国会盟诸侯，大多是靠武力挟持。而晋国仅凭法统号召，即可令诸侯倒戈叛楚。

楚国在外交上的孤立，正是源于华夷文化上的冲突，楚国自称蛮夷，无视中原外交礼仪，甚至想问鼎中原，取代周朝，那么自然遭到以华夏自居的中原列国的抵制，因为楚国北伐意味着蛮夷入侵华夏，如果楚国得势，华夏文明将遭遇前所未有的动荡与灾难。而楚人也在北上争霸的过程中意识到了这点，从而开始了与华夏文明的融合。楚国与中原诸国的对抗之路，也是楚国从蛮夷走向华夏之路。在此期间，楚人不断学习华夏文明，承袭中原礼制，建立楚国的朝章典制。而中原各国也开始接受来自南方的楚国文化，弭兵会盟不仅是晋楚和解的标志，也象征着荆楚文化与华夏文化的融合，从此楚国与晋国同为霸主，共同维护中原列国的秩序。楚国不再被视为侵略华夏文明的蛮夷之国，而楚人也乐以华夏自居，跻身华夏之列。《左传》中盛赞楚国"抚有蛮夷，以属华夏"，楚国已成为华夏文明的捍卫者与开拓者，黄河文明与长江文明完美融为一体。

相比之下，中东的两河文明与尼罗河文明虽然在亚述帝国时期实现短暂的统一，但很快这两大文明便再次分道扬镳，因为两河流域的亚述帝国完全是依靠武力征服了尼罗河流域的古埃及王国，所体现的是一种文明对另一种文明的军事压制，而非两种文明的融合发展。在本章中中东文明截然断裂了，巴比伦文明与埃及文明之间的对抗远大于交流，反倒是希腊文明与埃及文明之间互动频繁。因为地中海沿岸的埃及文明不仅属于中东，同时也是地中海文明的重要组成部分，从希腊文明与埃及文明之间的关系可看到这一时期地中海诸文明的交流与变革。

毫无疑问，古希腊文明的形成与发展离不开从古埃及文明那里吸收的养分。以希腊神话为例，古希腊历史学家希罗多德就坦言："可以说，几乎所有神的名字都是从埃及传入希腊的。我的研究证明，它们完全是起源于异邦人那里的，而我个人的意见则是，较大的一部分则是起源于埃及的。"如前所述，吕库古、泰勒斯、梭伦、毕达哥拉斯、德谟克利特、柏拉图等希腊圣贤也都曾游学埃及，希腊人所奉行的正如鲁迅所说的"拿来主义"，而这种"拿来主义"的精神也被后来的罗马人所继承。当时的埃及人对希腊人是充满了历史悠久的优越感的，柏拉图在其对话录《蒂迈欧篇》中提到，梭伦在埃及游学的时候，曾与埃及祭司谈论古代的事情，埃及祭司嘲笑他说：

> 啊，梭伦呀梭伦，你们希腊人永远长不大，你们都是儿童，你们中间一位老人都没有……梭伦啊，你刚才叙说的你们希腊人的谱系，顶多只能算作童话故事。

相比古老的埃及文明，希腊文明就像还未长大的儿童，但当时的埃及人可能还没有意识到，新兴的希腊文明此时正好比初升的朝阳，正在蒸蒸日上，而古老的埃及文明却宛如没落的夕阳，不过是回光返照而已。那位埃及祭司在嘲笑希腊人幼稚无知的同时，也说道："你们在心灵上全都是年轻的，在你们中间既没有从古老传统中沿袭下来的旧观念，又没有任何由于年代久远而变得陈旧的知识。"也正因为希腊人没有埃及人沿袭下来的陈旧观点，所以他们在吸收埃及文明成果的同时，能进行独立思考与辨别，进而实现思想的突破，而正是这种新思想、新思维使希腊人超过了他们的老师古埃及人，成为以后地中海文明的引领者。与此同时，古代中国、古代印度等文明也将出现伟大的思想家，他们提出的思想也将对人类文明的发展产生革命性影响。

历史大事件对照表

中华	巴比伦	古埃及	米底	古希腊	古印度
公元前621年，晋襄公薨，由大夫赵盾掌权。公元前613—前591年，楚庄王在位。公元前607年，赵穿弑晋灵公，赵盾再次掌权。公元前606年，楚庄王陈兵周境，问鼎中原。公元前597年，楚国在邲之战击败晋国，称霸中原。公元前594年，鲁国实行初税亩制。公元前589年，晋齐鞍之战，齐国败绩。公元前585—前561年，吴王寿梦在位。奠定吴国的强盛基础。公元前578年，晋国在麻隆之战大败秦国。公元前575年，晋楚鄢陵之战，楚国惨败。公元前573—前558年，晋悼公复业。公元前557年，晋平公立。公元前553年，齐国新君齐庄公到渊渊参加晋国会盟，尊晋为盟主。公元前550年，崔杼弑齐，晋出兵伐齐，大败齐国。公元前546年，晋楚弭兵之会，晋楚百年争霸结束。	公元前626年，新巴比伦王国建立。公元前612年，新巴比伦联合米底王攻陷亚述遗都尼尼微，亚述帝国覆灭。公元前609年，埃及出兵帮助亚述残余势力对抗新巴比伦。公元前606年，巴比伦王太子尼布甲尼撒击败埃及的远征军，歼灭亚述残余势力。公元前605—前562年，巴比伦王尼布甲尼撒二世在位，修建巴别塔和空中花园，进行大规模军事扩张，巴比伦盛极一时。公元前587—前562年，巴比伦攻陷耶路撒冷，犹太王国灭亡，犹太人被迁往巴比伦为奴。公元前562—前560年，新巴比伦王国的第三任君主以未米罗达在位。	公元前609年，埃及法老尼科二世即位，其后他联合米底王攻陷亚述遗都令今伊拉克罗亚河，与红海间的运亚述帝国覆灭。公元前609年，埃及出兵中都尼罗，组约犹尼基人环航非洲。公元前601年，尼科二世古巴比伦击退巴比伦人入侵。公元前591年，埃及攻陷并洗劫了库什王国的都城纳纳帕塔。公元前570年，埃及将军雅赫摩斯推翻法老阿普里伊统治，自立为法老。公元前568年，巴比伦征埃及，远征大量财富，但最终被击退。	公元前628—前551年，拜火教创立者琐罗亚斯德·罗亚斯德在世。公元前625—前585年，米底王基亚萨雷斯在位，灭亚述，乌拉尔图。公元前591—前585年，米底和吕底亚6年之战。	约公元前630—前570年，西方历史载最早女作家萨福在世。创办世界上最早的女子学校。约公元前624—前547年，西方哲学之父泰勒斯在世。创立米利都学派研究自然哲学。公元前621年，雅典颁布《德拉古法典》第一部成文法典。约公元前620—前560年，希腊寓言家伊索在世。约公元前610—前546年，古希腊哲学家阿那克西曼德在世。撰写了西方第一部哲学著作《论自然》。约公元前600年，希腊人在今天的法国沿海建立国最古老的城市玛赛里亚（今马赛）。公元前594年，梭伦当选雅典执政官，推行民主改革。	约公元前6—前4世纪，印度列国时代。

第五章

宗教与哲学，帝国与共和

（约公元前 550—前 480 年）

德国哲学家雅斯贝尔斯在《历史的起源与目标》一书中将人类历史发展分为四个阶段：一是史前时代，二是古代文明时代，三是轴心时代，四是科技时代。而在这四个文明发展的阶段之中，轴心时代具有非凡的意义。雅斯贝尔斯认为，轴心时代是引领人类进入世界历史背景的酵素，是精确衡量各个民族对于人类政体的历史意义的尺度。当时的中国、希腊和印度同时实现了思想上的觉醒，从而"奠定了人类精神存在的基础"。世界的三大哲学体系（中国哲学、西方哲学、印度哲学）正是在轴心时代形成。而这一时期正是轴心时期思想觉醒的起始阶段，同时这也是全球政治军事史上的重要时期，不仅出现了世界上第一个地跨亚欧非的大帝国，也是希腊、罗马推行民主共和政体的关键时代，还是古代印度国家史的开端。

第一节　三大哲学体系

一个人选择什么样的哲学，取决于他是一个什么样的人。因为哲学体系，不是可以任意挑选的死的家具。哲学体系是拥有它的人的灵所生的。

——［德］费希特

一、印度列国时代与六师外道

正如没有比极微小的物体，也没有比虚空大的物体；在灵魂的品质中，没有比非暴力更微妙的品质，也没有比尊重生命更伟大的品质。

——《耆那教经典》

与中国、埃及、巴比伦、希腊等诸多文明相比，一直到公元前 7 世纪，关于古印度的历史还大多只是神话和传说的记载，没有翔实的国家史料。进入公元前 6 世纪至前 4 世纪，印度历史开始新的篇章，原本朦胧的国家史开始有了轮廓，虽然这一时期留下的主要还是宗教文献，但这些宗教文献不仅传播宗教思想，还记载了印度当时列国的历史和社会生活等多方面情况。和之前吠陀时代的资料主要是婆罗门教的吠陀文献不同，这一时期的主要文献是佛教经典，所以印度公元前 6 世纪至前 4 世纪的历史时期又被称为"早期佛教时代"。

在"早期佛教时代"，印度和中国一样也处于群雄割据、诸国纷争的局面。在当时的印度半岛上出现了鸯伽、摩揭陀、迦尸、憍萨罗、跋耆、末罗、跋蹉、支提、般阇罗、俱卢、摩差、苏罗婆、阿槃底、阿湿波、犍陀罗和甘菩遮十六大国并立称雄，十六雄国基本是君主制王国，唯有跋耆和末罗是贵族共和国。除十六雄国以外，还有释迦共和国、科利耶共和国、莫利耶共和国等小国林立。所以，"早期佛教时代"又被称为"十六雄国时代"或"列国时代"。

在列国时代，印度的铁器已得到推广普及，社会生产力取得飞速发展，金属铸币开始成为交换媒介，出现了许多商业繁荣的城市。据载，当时印度有八大城市，分别是摩揭陀的王舍城、跋耆的吠舍离城、憍萨罗的舍卫城和阿逾陀城、迦尸的波罗祇斯城、鸯伽的瞻波城、跋蹉的憍赏弥城、犍陀罗的呾叉始罗城。

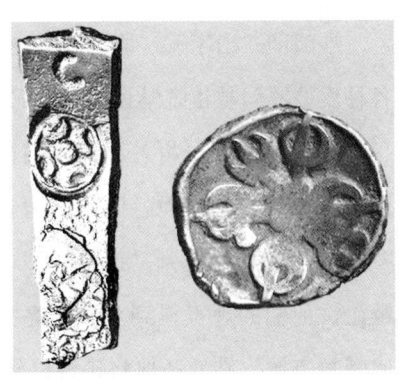

古印度列国时代的银币

随着列国的战争和城市经济的发展，印度社会等级发生了明显的变化，原本第二种姓的刹帝利因为战争的频繁和王权的强化，在实权方面已超过了最高种姓的婆罗门，而第三种姓的平民吠舍也有不少通过经商发家致富，反倒有很多婆罗门因生活贫困需乞求他们施舍。原本四种姓的职业限制也被打破，有些婆罗门沦为自耕农和流浪者，刹帝利也有从事农工商业的，还有许多富裕的吠舍财主当上了地方高官，甚至连最低种姓的首陀罗也有人翻身致富。原有的种姓高低已不能反映一个人的实际社会地位与职业。在列国时代，虽然婆罗门教的种姓制度依旧等级森严，但也并非完全不可逾越，一个人可以通过婆罗门的宗教仪式改变社会地位与职业。从文献记载可知，不属于刹帝利种姓的，如果当了王，便可以通过婆罗门祭司举行宗教仪式，取得刹帝利的合法身份；如果本是婆罗门种姓，还可以用婆罗门、刹帝利的双重身份取得统治地位。但是，生来不是婆罗门的人是永远无法成为祭司的，世袭的婆罗门阶层由此垄断了当时的宗教思想。然而随着剧烈的社会变化，婆罗门教的统治地位也开始动摇，产生了一场反对婆罗门教的思想解放运动——沙门思潮。

沙门即"出家人、修道者"之意，在佛教中专指僧侣，在印度则指各种反婆罗门教正统学说的不同派别者。印度教徒自古以"恒法"称呼正统印度教思想，将各沙门派别视为异端邪说。印度教由世袭的婆罗门垄断思想文化，而各沙门则为非婆罗门教的自由思想家，他们对婆罗门的学说进行批判，提出各种不同的理解主张，并四处传教，云游辩论。他们的观点得到众多非婆罗门出身阶层的支持，形成许多哲学或宗教流派。佛教圣典将佛教以外的各家学说合称为"六十二见"，其中影响较大的共有六个流派，被佛教徒贬称为"六师外道"，所谓"外道"即"邪门外道"，六师即指这六个"邪门外道"的尊师，包括以下六人：

富兰那·迦叶。他出身于下等的首陀罗，在婆罗门教教义中首陀罗属于一生族，不能轮回再生也不能修行，因此富兰那·迦叶干脆彻底否定婆罗门教教义，否定因果报应和主宰神的存在。他认为世界万事万物"无因无缘"，在表相跟行为之外，没有任何东西存在，人只是一个物体，杀害生命只是一种行为，生前不管任何行为，无论罪恶布施与否，都没有功德和罪业，不会得到"罪报"和"福报"，某些事看起来好像是善恶有报，其实那都是偶然现象，所以不需要实行道德的善法就可获得解脱。佛教称他的流派为空见外道。

迦罗鸠驮·迦旃延。他同样否定道德与修行的意义，提出生命与万物都是由地、水、风、火、苦、乐、命七元素组成，即"七事身"，其中命（灵魂）是永恒的存在。这七种元素是"非所作""非所创"，既不转变也不互侵，各自独立存在，而且"无因无缘"，没有因果报应。众生受苦受乐皆由定命论，不可改变，生与死只是外表形态因元素的散聚而产生的短暂现象。佛教称其为无因论之感觉论者。同时，又因他提倡一切众生之罪福悉为自在天（湿婆神）所作，自在天喜，则众生安乐，自在天嗔，则众生苦恼，认为"大自在天，能生诸法"，故而佛教又称他的流派为大自在天外道。

阿耆多·翅舍钦婆罗。他也主张元素论，认为万物由地、水、火、风四元素组成，虚空为四元素存在、活动的场所。人是由此四大元素合成的肉体和由肉体派生的灵魂而生，命终则四大分散，一切皆无，肉体死了，灵魂湮灭，更没有什么前世和来世。只有可知觉的东西是存在的，不可知觉的东西是不存在的，世间万物"皆无因生，自然而有，不存在万物的主宰神"，所以善恶布施、祭祀苦行都没有意义。只有今世的幸福、感官的享乐才是最真实的存在，做人要顺应现世，及时行乐。佛教称他的流派为顺世外道，即对后世影响较大的"顺世论"流派。

删阇夜·毗罗胝子。他主张不可知论，对一切问题不作定论，认

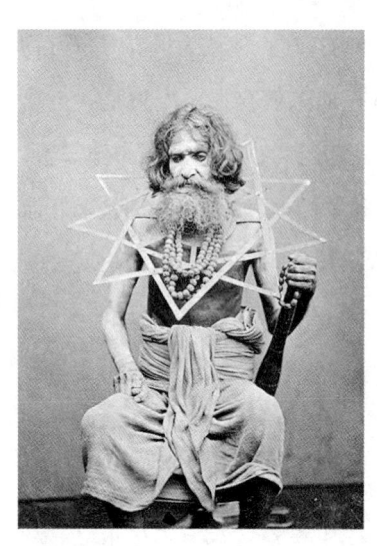

印度的苦行僧

为善恶轮回业报之说"此事非异非不异","可说是有，可说是无，也可以说非亦有亦无"。他否认通过思辨能得到最后真实的答案，主张对一切悬置判断，以此获得心灵的宁静与人生的幸福。佛教称他为"捕鳗论者"，因为鳗鱼的身体很滑，难以抓住他，而这个人的理论如同鳗鱼一般，无论问他什么问题，他都只给你一个模棱两可的答案，无法知道他的真正意思。删阁夜·毗罗胝子认为："道不须求，经生死劫数，苦尽自然而得。"佛教因此称他的流派为苦行外道。据说他是佛陀两位上首弟子舍利弗与目犍连的前任老师，原来弟子众多，但佛教出现后却大多皈依佛教，他因此气愤吐血而死。

末迦梨·拘舍罗。他承认有轮回再生，但反对后世报应之说，主张宿命论，认为宇宙和万物都是由灵魂、地、水、火、风、虚空、得、失、苦、乐、生、死等12个原素构成的。地、水、火、风是物质原素，苦、乐、生、死是精神原素，虚空是其他原素存在的场所，各种原素按照机械的自然的方式结合在一起，并受命定的支配。在命定的锁链中人的意志是无能为力的。世界上每一事件和所有人的意志都受"命运"所支配，已是"无因无缘，命中注定"，在苦与乐中"流转轮回"。一切修行都徒劳，人只要乐天知命，顺其自然，遵守与其阶层相适合的生活方式即可得到解脱。佛教称他的流派为邪命外道。

尼乾陀·若提子。他属刹帝利种姓，生活年代在约公元前599—前527年，本名筏驮摩那。末迦梨·拘舍罗曾经和他一同苦修六年，然

而二人终因知见不合而分离。末迦
梨·拘舍罗选择放弃苦修，提出"宿
命论"，独创一派；而尼乾陀·若提
子则坚持苦行，最终成为六师外道中
最重要的一位。他是佛祖在世时六师
最有力者，创建了六大外道中影响最
大的裸形外道。裸形外道因他主张不
依附于任何物质，故而丢弃了身上唯
一的衣服，赤身裸体而行而得名。

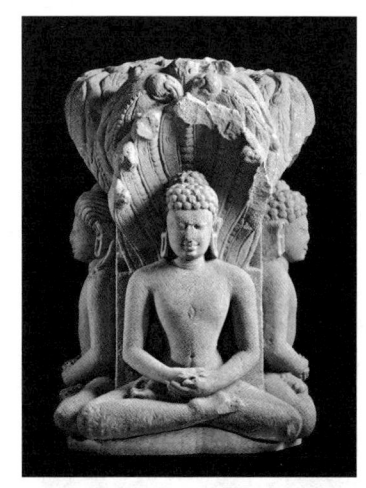

古印度的耆那四圣像

　　裸形外道的正式名称是耆那教 [1]，
"耆那"意为"胜利者""完成修行之
人"，耆那教在后期虽也引进神灵，但更主要的是尊崇二十四祖。在若
提子之前，耆那教已传有二十三位祖师，他是第二十四位祖师，也是最
后一位祖师，耆那教尊称他为玛哈维拉（意谓大雄），并将他的生日作
为大雄节。正是他建立了耆那教的基本教义，其学说记录在耆那教最高
教典《十二支》里。

　　耆那教反对婆罗门教的祭祀万能之说，他们认为在祭祀中宰杀动物
本身就是一种罪孽。同时他们继承发展了婆罗门教的因果业报之说，认
为众生现在所受之苦，皆因过去所造旧业，如果坚修苦行，灭除旧业，
不造新业，则业尽而苦尽，苦尽而得解脱。世界不由神造，而是由灵魂
和物质二大本原组成，物质是由最小的单位"极微"复合组成（这类似
于后来古希腊的原子论），而灵魂则可脱离物质存在。人的灵魂根据摆
脱业报的束缚程度可分为不同等级：低级阶段的灵魂被称为"受束缚的

---

① 　耆那教后分裂为天衣派和白衣派两大派：白衣派否认裸体的必要性，主张僧侣穿白袍，可拥有一
定的生活必需品。天衣派则主张教徒不应蓄私财，因此连衣服也不能有，只能以天为衣，不过他
们只要求僧侣基本上裸体便可，只有伟大的圣人才能全裸。

灵魂"，这种灵魂还束缚在肉体（物质）上，摆脱不了生命之苦；高级阶段为"解脱的灵魂"，这种灵魂已和肉身（物质）绝缘，结束生死循环，荣登极乐、无尽欢愉。只有通过清修苦行禁食，遵守正智、正信、正行三法，履行不暴力、不妄语、不偷窃、不邪淫及不蓄私五戒誓，才是让束缚的灵魂解脱之路，耆那教的二十四祖就是达到此人生最高追求的完美觉悟者。

释迦牟尼六年苦行像

耆那教部分教义影响了后起的佛教，佛陀也同样反对祭祀杀生与神灵崇拜，而且在其觉悟前也曾经历六年苦行。但因耆那教严格禁欲苦修，所以永远只能是小众精英的宗教，在佛教兴起后逐渐衰微，但在印度史上一直都有一定影响。直到现在印度每年都有许多耆那教教徒因苦行中的禁食把自己活活饿死。

外道六师各有十六个最重要的弟子，他们继承先师的理论最终发展出九十六种外道，印度思想界出现了百家争鸣的空前活跃局面。"六师"虽各有主张，但都反对婆罗门教的教义理论，冲击了根深蒂固的种姓制度，最终推动印度思想界盛开出一朵超凡脱俗的莲花——世界三大宗教之一的佛教。

二、佛陀时代

> 此有故彼有，此生故彼生；此无故彼无，此灭故彼灭。

> ——《杂阿含经》

佛教创始人乔达摩·悉达多（约公元前565—前486年）是古印度

迦毗罗卫国 ^① 的释迦族人，后人尊称其为"释迦牟尼"，意为"释迦族的圣贤"。他出身于印度教的第二种姓刹帝利，是迦毗罗卫国净饭王的太子，从小接受婆罗门的传统教育，并遵循婆罗门教义出家修行，寻求人生解脱之道。在经历六年苦行之后，他来到今印度比哈尔邦的菩提伽耶（又称菩提道场），在一棵菩提树下静坐沉思七天七夜，觉悟成佛，从此被尊称为"佛陀"。佛也就是"觉悟者"的意思。

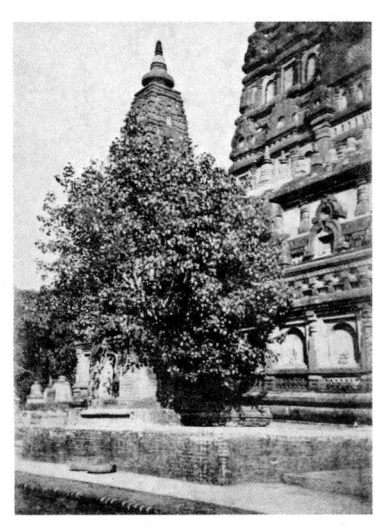

菩提伽耶的菩提树

释迦牟尼在菩提伽耶的菩提树下觉悟成佛后，首先赶往迦尸（今印度的瓦拉纳西）城郊的鹿野苑，找到其父净饭王派来随他一起出家的五个侍从，讲解他所顿悟的佛法。这五人成为佛陀最早的弟子和世界上首批佛教僧侣，号称"五比丘"。鹿野苑也被尊为佛祖"初转法轮"之地。至此，佛、法、僧三宝聚齐，佛教在印度的鹿野苑正式创立。

佛陀从此开始漫游印度各地布道，历时45年，讲经300余回，化度弟子数千人，并打破婆罗门教的惯例，收女弟子为徒。自此佛教形成由比丘（和尚）、比丘尼（尼姑）、优婆赛（善男）、优婆意（信女）四

---

① 古印度迦毗罗卫国在今尼泊尔、印度交界的平原地带，佛祖出生地蓝毗尼处于尼泊尔西南和印度交界处，在今日属尼泊尔境内，但在印度列国时代，迦毗罗卫国属古印度列国之一，至于尼泊尔则不属于当时的古印度列国。在18世纪之前，"尼泊尔"仅指今尼泊尔首都所在的加德满都谷地地区。尼泊尔最早的王朝始于喜玛拉雅山脉的土著克拉底人，他们属藏缅语系黄色人种，而非印欧语系的印度雅利安人。克拉底人在加德满都谷地建立尼泊尔本土最早的王朝——克拉底王朝。平原地带的迦毗罗卫国与山谷间的尼泊尔克拉底王朝相距约360千米之远，且被山地阻隔，是两个各自独立的国家。直到约公元4世纪，印度吠舍离国（今属北印度比哈尔邦）的离车族（又译为李查维族）迁移到尼泊尔加德满都谷地并成为统治者，建立了尼泊尔第二个王朝，也是第一个有明文记载的王朝——离车王朝（李查维王朝），尼泊尔加德满都谷地才开始逐渐印度化。但需指明的是，尼泊尔（加德满都地区）在历史上从未归属过古代印度的任何王朝。

鹿野苑的五比丘礼敬象征佛陀的法轮

全球史下看中国

轴心时代的到来

核心组成的宗教社团，佛陀最后在末罗国都城拘尸那迦（在今印度联合邦）的娑罗双树下圆寂。拘尸那迦（佛祖圆寂处）因此与蓝毗尼（佛祖出身处）、菩提伽耶（佛祖觉悟处）、鹿野苑（佛祖初讲法处）被后世尊为佛教四大圣地。

早期佛教的主要教义包括三世因果说、五道轮回说、五蕴说、四谛说、十二因缘说、魔障说、创世种姓说等。

三世因果、五道轮回说。

佛陀继承发展婆罗门教有关"因果业报、三道轮回"的思想，构建了一种全新的"三世因果、五道轮回"观。传统婆罗门教的三道轮回中只有祖道（婆罗门、刹帝利、吠舍三种姓）有轮回，兽道（首陀罗、旃陀罗、禽兽）不能轮回，天道则已摆脱轮回。而在原始佛教中，除去没有生命的草木，世间众生根据善恶业报都有着天人道、人间道、牲畜道、饿鬼道、地狱道五道轮回，后世的佛教又增加了一道阿修罗道①，变成六道轮回，其中天、人、阿修罗属三善道，畜生、饿鬼、地狱属三恶道。天人道为佛教六道中三善道之首，也就是婆罗门教三道轮回中的

---

① 在婆罗门教神话中，阿修罗和天神本来都是天界的神灵，同为梵天的子孙，双方为获得不死甘露，共同搅拌乳海。结果等到不死甘露被搅出后，天神们独吞了甘露，阿修罗恼羞成怒，与天神爆发战争，但比是因为没有甘露的帮助最终失败，从此被赶出天界，成为与天神对立的恶魔。但在佛教中，阿修罗虽然与天神对立，却不是恶魔，而是佛教八部众护法神之一。在大乘佛教六道轮回中的阿修罗道也是善道之一，但因其常常带有嗔恨之心，执着争斗之志，终非真正的善类，因此排在三善道之末。小乘佛教则直接把阿修罗归为恶道。

释迦牟尼顿悟成佛

天道，但与早期婆罗门教已超越时间与轮回的天道不同①，佛教认为天人道只是暂时的，而并非永恒幸福的国度。天人虽然有更长的寿命，但同样避免不了死亡与轮回，解脱生死、超越轮回的唯一法门就是修持佛法。

十二因缘说。

又称"十二缘起说"，佛陀指出"诸法从缘生缘灭"，认为世间一切事物或现象的生起变化都因一定的条件相互依存、相互作用，没有任何孤立存在、永恒不变的现象。人生共分为无明、行、识、名色、六入、触、受、爱、取、有、生、老死十二个彼此互为条件或因果联系的环节，三世相续而无间断，使人流转于生死轮回大海，不能得以出离。而十二因缘的起首无明（无知）是引起人生轮回痛苦的根本原因，只有通过彻悟消除无明（无知），领悟四谛法门才能获得解脱。

四谛说。

---

① 在婆罗门教早期教义中天道常常又与梵境等同，它是指人死后灵魂进入梵中，梵我合而为一，不再轮回于生死之际。后可能是受佛教贬低天道的影响，后来的婆罗门教义中天道与梵境已明显区分开，进入天道仅能成神，而只有实现梵我合一，才能进入梵境，实现解脱，解脱者的地位高于神。

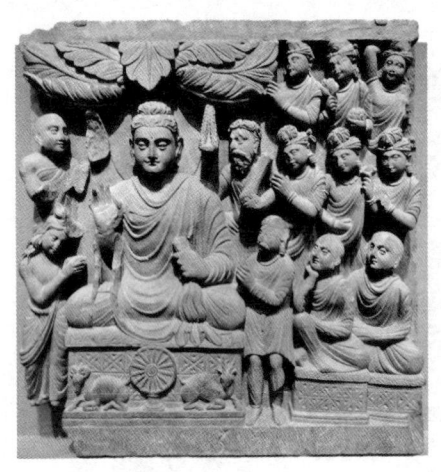
佛陀讲述"四谛法门"

所谓四谛即苦谛、集谛、灭谛和道谛，谛意为真理，四谛也就是关于苦、集、灭、道的四大"真理"。

"苦谛"是讲人生中的苦果，包括生、老、病、死、怨憎会、爱别离、求不得、五取蕴①八大苦。

"集谛"是讲人生种种苦果的原因，人有欲望就有行动，今世苦是来自前世行为的结果，今世行为也会在来世得到回报，所以苦的根源在于人的欲望。

"灭谛"是讲断绝欲望，消灭苦因，摆脱苦果，最后达到涅槃的终极目的，所谓涅槃，也就是"寂灭"或"不生不灭"之意。

"道谛"是讲实现无苦涅槃境界的方法和道路，包括正见、正思维、正语、正业（佛陀教导的正确行为，如不作杀生、偷盗、邪淫等恶行）、正命、正精进、正念、正定"八正道"。佛教认为众生轮回都受业报影响，业有新、旧之分，过往的旧业决定当前的状态，当前所造的新业又将决定未来的状况，而只要坚持"八正道"就能将一切新旧业悉归断灭，生死轮回便失去了维持下去的原因，从而达到涅槃境界。

魔障说。

在佛教中，与佛对立的是魔，魔是梵语"Mara"的音译简称，汉语本没有"魔"字。在原始佛教传说中，魔本是居住在天人界的天神，他们的首领魔罗（魔王波旬）出于嫉妒，曾经企图阻止释迦牟尼证悟成

---

① 佛教把纷繁复杂的大千世界看成由五蕴组合而成，五蕴分别是色蕴（物质现象）、受蕴（感受）、想蕴（想象）、行蕴（意志）、识蕴（认识）五种，五蕴加上欲望便产生贪欲之苦。

佛。在释迦牟尼开始传教之后，魔罗与众魔军常常追随佛及其弟子，不断扰乱他们修炼，甚至出现在释迦牟尼入般涅槃的过程中，因此在修持佛法过程中就要降服修行中的魔障。佛教认为，任何能够阻挠修行的障碍，包括内心中的不安、愤怒、贪心等烦恼，都是魔障，都能被称为魔。

众魔围攻释迦牟尼

魔罗不曾出现于婆罗门神话中，而是为顺应佛教的教义而创造出的神话人物。原始佛教强调人性有善、恶两面，两者可以相互转化，人修行的过程就是弃恶扬善的过程，释迦牟尼就是善的化身，魔罗则象征恶的力量，而最终善将战胜恶，魔罗将被释迦牟尼所打败。释迦牟尼与魔罗的对决不仅延续了婆罗门神话中"天神与阿修罗对战"的传统，也十分类似于拜火教中光明之神阿胡拉·马兹达与黑暗之魔阿里曼的二元对立，后来佛教传播时在西域又吸收了大量的拜火教思想，形成佛魔二元论。

创世种姓说。

佛陀认为众生所在的世界受众生业力（人们行为所引发的结果的集合）的支配，按成（成立）、住（持续）、坏（破坏）、空（寂灭）四期循环周转。成、住、坏、空都是众生的劫难，被称为四劫，其中还要经受火、水、风三灾，刀兵、饥馑、疾疫三劫等。提出自己的世界观后，佛陀又提到对四种姓的看法，认为四种姓同出一源，在"成劫"之初，众生平等，后来出现欲望就有了人际斗争，有人出面调解众人矛盾，就有了刹帝利，有人厌世出家，就成了婆罗门。这样佛教就从社会发展的角度分析了社会种姓的起源，以反对种姓神定的现象。佛陀认为社会上的种姓不平等，都可以在佛教中得到解脱，在佛法面前众生一律平等，没有种姓差别。若有人问"姓谁种谁"，当答彼言"我是沙门释种"。佛教的教义符合广大底层人民的愿望，吸引了大量低种姓的劳动阶层，甚至连许多高种姓的婆罗门和刹帝利也皈依了佛教。

虽然佛陀大力宣扬众生平等，但那是在遁入佛门之后。在佛门之外，佛陀依然承认四种姓的存在，但是却抑制婆罗门种姓，认为唯有刹帝利才是"天人中最胜"。这不仅是佛陀的看法，也是当时社会的常见现象。随着印度列国时代的兼并战争，出现了许多面积庞大的帝国，从而彻底改变了印度社会阶级力量的对比，许多执掌军政大权的刹帝利种姓在现实中地位已然在婆罗门之上，佛陀提出刹帝利至上的说法得到当时各国统治者的大力支持。

在佛陀时代，古印度的十六雄国争霸逐渐演变为憍萨罗和摩揭陀两强争霸。摩揭陀国的统治者瓶沙王（又称频毗沙罗，约公元前544—前493年在位）是佛教最初的护持者。当时摩揭陀国在瓶沙王的统治下开始了称雄东印度的霸业，瓶沙王在位期间以强大的军队为后盾，对内以严刑苛法强化王权，对外通过联姻与西北方的憍萨罗国和北方的跋耆国结盟通好，然后集中全力吞并在恒河下游的东邻、十六雄国中最东部的鸯伽国（今孟加拉国一带），从而得到了恒河三角洲的重要口岸，并将摩揭陀国的疆土扩展到千里之外。据说在他统治下共有8万个村镇，居诸雄国之首。瓶沙王将他庞大帝国的都城建于易守难攻、五山环抱的王舍城（今印度拉杰吉尔），王舍城有内外两重城墙围绕，外城厚约5米、高约20米，总长40—50千米，用巨大的石块垒成，修筑在环城诸山的山脊上，沿段设有瞭望塔和关堡，犹如小段的长城，是印度现存最古老的石造城墙。

摩揭陀瓶沙王的皈依

佛教和耆那教文献保留有许多关于瓶沙王的资料，两教都声称他是自己的支持者。瓶沙王实行开明的宗教政策，他最初扶持耆那教，佛陀到来后，他又成了佛陀的好友与保护者。佛陀在摩揭陀都城王舍附近的灵鹫山上讲经说法，这座山也就是《西游记》中唐僧取经所要到达的灵山，佛教因此在摩揭陀国生根并发展壮大。后来，瓶沙王的儿子阿阇世为夺取权力发动政变，将他的父王囚禁在一座塔里活活饿死，并开始实施对佛陀的迫害，佛陀因此离开摩揭陀国，前往十六雄国中的憍萨罗国。

当时的憍萨罗是印度中北部的霸权国家，其疆域包括现在的印度国北方邦和尼泊尔的部分地区，不仅吞并了十六雄国中最古老的迦尸国，佛陀父王统治的迦毗罗卫国（迦毗罗卫国是个小国，不在十六雄国之列）也是憍萨罗国的附属国。憍萨罗的国王波斯匿与佛陀同年同月同日生，十分崇信佛陀，憍萨罗国因此大兴佛法。该国的须达长者曾用黄金铺地买下王室园林，建成精舍，献予佛陀作讲法堂，故佛陀以后长期居于憍萨罗国的都城舍卫城。

佛陀在舍卫城祇园精舍说法的时候，弑父篡位的摩揭陀国王阿阇世

憍萨罗波斯匿王前往礼佛

亲率四大兵种（步、车、骑、象）向憍萨罗国发起进攻。最初阿阇世进展顺利，憍萨罗国节节败退，但被胜利冲昏头脑的阿阇世犯了孤军深入的兵家大忌，在憍萨罗国都舍卫城下惨遭兵败，沦为波斯匿王的阶下囚。不过波斯匿王听取了佛陀的建议，释放了摩揭陀王阿阇世，与其缔结和平协议。

憍萨罗国的波斯匿王与摩揭陀国的瓶沙王同为佛教初创时最重要的两位支持者，而波斯匿王的结局也和瓶沙王一样，被自己儿子联合反对佛陀的大臣推翻篡位。不同的是，瓶沙王的儿子阿阇世在弑父篡位、迫害佛陀后，心病难安，全身生疮腐烂，于是忏悔改过，皈依佛陀，立志成为佛门护法。而波斯匿王的儿子毗琉离不仅从未皈依佛陀，而且在其继位不久就出兵攻灭了佛陀的祖国——迦毗罗卫国，将释迦族杀得"积尸如莽，流血成池"。佛陀在悲痛之下，离开憍萨罗国，重返摩揭陀国，直到其在世的最后一年，才离开摩揭陀北上，一路传授佛法，最后到达了末罗国的都城拘尸那迦。

公元前486年，佛陀在末罗国都城拘尸那迦的娑罗双树下圆寂。由于佛陀生前所说只是口头传诵，没有留下任何经典，在摩揭陀王阿阇世的协助下，由佛陀的上首弟子摩诃迦叶主持，召集五百名阿罗汉 ① 在摩揭陀都城王舍城举行第一次佛法结集，诵集佛陀生前所说的教法，史称五百结集或五百集法。会上由佛陀十大弟子中最博闻强记的阿难陀诵经，最严持戒律的优婆离诵律，然后撰集

佛陀圆寂

各寺庙中的卧佛像是根据佛陀圆寂时的情景塑造的，表示佛陀圆寂的状态。

成经、律二藏，付托诸长老口授弟子，流传后世。由阿难陀背诵出的首部佛教圣典是《阿含经》，现在佛经中开篇语通常是"如是我闻"（我是这样听到的），这里的"我闻"就是负责背诵佛陀语录的阿难陀所听到的。在这次结集中最重要的两位弟子——主持者摩诃迦叶、诵经者阿难陀，就是大雄宝殿佛祖旁边常见的两尊侍者，其中摩诃迦叶是年老的苦行头陀像，阿难陀则是年轻俊美的比丘像。

释迦牟尼的遗体火化后，结成许多五光十色的结晶体，被称为舍利子。当时有8个国王分取舍利，他们为供奉佛祖舍利修筑的"窣堵坡"（意为坟冢）后来发展成为佛教的宝塔建筑。

三、毕达哥拉斯学派

"1"是数的第一原则，万物之母，也是智慧；"2"是对立和否定的原则，是意见；"3"是万物的形体和形式；"4"是正义，是宇宙创

---

① 这五百名阿罗汉也是五百罗汉说法的由来，阿罗汉是佛陀得法弟子修行最高的果位。另据佛经记载，释迦牟尼为使佛法在他涅槃后能流传后世，使众生有听闻佛法的机缘，嘱咐十六名弟子不入涅槃，常住世间，以弘扬佛法，他们被称为十六罗汉。这十六名罗汉传入中国后，又加上降龙罗汉和伏虎罗汉，成为十八罗汉。

造者的象征；"5"是奇数和偶数，雄性与雌性的结合，也是婚姻；"6"是神的生命，是灵魂；"7"是机会；"8"是和谐，也是爱情和友谊；"9"是理性和强大；"10"包容了一切数目，是完满和美好。

——［古希腊］毕达哥拉斯

印度的宗教哲学不仅在远东地区，甚至对全世界都产生了重大影响，英国著名的科学史家丹皮尔在其著作《科学史及其与哲学和宗教的关系》中提出："希腊哲学最有可能是从印度传来的……印度思想通过小亚细亚半岛的各学术流派进入希腊后融变成希腊哲学，但后人反而把印度给遗忘了。"古希腊哲学未必源于印度，但两者之间的确有着极大的联系和相似度，而被认为最有可能将印度宗教哲学传播到希腊的哲学家，就是与佛陀同时期的古希腊思想家毕达哥拉斯（约公元前580—前500年）。

毕达哥拉斯出身于米利都附近萨摩斯岛的富裕家庭，早年曾求学于米利都学派，后又游学埃及、巴比伦、腓尼基等东方各国，他还可能是最早抵达印度的希腊名人，并在这里学习到印度的宗教哲学。

在周游已知大部分的世界后，毕达哥拉斯在49岁时返回家乡萨摩斯讲学。此时萨摩斯正处在僭主波吕克拉泰斯的统治时期（约公元前532—前522年），这位独裁者大力支持商业和文艺，使萨摩斯成为希腊新兴的经济和文化中心。他组建了一支拥有多达100艘五十桨战船的强大舰队，控制了爱琴海上的诸多岛屿，成为希腊的海上霸主。他主持完成了萨

萨摩斯的引水隧道遗址

摩斯的三大工程：面积最大的天后赫拉神庙、保护萨摩斯海港的巨型防波堤，还有萨摩斯城的引水隧道。尤其是最后一项引水隧道，穿过高山的山基，首次运用从山的两端同时开挖，在中间会合的方法，这对测算计量的精准度有极高的要求。有学者认为毕达哥拉斯可能为这项工程提供了建议，但实际上毕达哥拉斯和这位独裁者的关系并不融洽，萨摩斯人也对毕达哥拉斯有成见，认为他标新立异、鼓吹邪说。毕达哥拉斯在家乡办学不成功，又得罪了僭主波吕克拉泰斯，只好带着自己唯一的门徒逃离萨摩斯，移居亚平宁半岛的克罗同。

在克罗同，毕达哥拉斯遇到了自己的春天，他的演讲在当地取得空前的成功，吸引了众多人士，包括他后来的妻子西雅娜。他广收门徒，打破成规，允许女人也来求学，建立了一个带有浓厚宗教色彩的政治、学术社团。社团成员男女平等，用神圣的誓言团结成纪律严密的组织，只有接受长期的训练和考核才能加入，参加者必须交出一切家产归公，并且宣誓永不泄露学派的秘密和学说。由毕达哥拉斯开创的社团学派被称为"毕达哥拉斯学派"，主要教学内容为哲学、宗教、数学、天文、音乐等。

毕达哥拉斯向女学生讲学

在哲学上，毕达哥拉斯放弃了先前米利都学派认为世界由单一物质元素组成的观念，改将抽象的"数"作为世界的本原。"万物皆数"是毕达哥拉斯学派的基本哲学信条，毕达哥拉斯学派认为数是万物的尺度，数字的基本属性表现在对立与和谐的相互作用之中，和谐确保了对立双方的平衡，整个宇宙是由和谐与数字组成的。数先于物独立存在，数"1"是第一本原，"1"产生了其他数，数产生点，点产生线，线产生面，面产生体，从体产生水、火、土、气四种元素，四种元素结合成万物。数支配着世界，包含着万物的根本原则，所有事物都具有量的属性，都可以用数来计算，认清万物的数学定律，就掌握了世界结构及其规律。自然万物、社会秩序都要符合数学的比例关系。

在宗教上，毕达哥拉斯宣传灵魂不朽，生生世世在人和动植物之间轮回转世，只有通过净化灵魂才可以摆脱轮回，步入神境。净化灵魂的方法包括遵守各种清规戒律、素食苦行、节制忘我等。这些宗教思想很有可能是毕达哥拉斯在游历印度时所学到的，它和印度教派的主要区别是毕达哥拉斯学派认为数学可使灵魂净化升华，与神灵融为一体，万物都包含数，神灵通过数来统治宇宙。

毕达哥拉斯倡导素食主义

对数的重视让毕达哥拉斯学派成为当时世界最大的数学研究团体。虽然埃及、巴比伦也通过测绘等活动积累了大量的数学知识，但没有超越感性的使用阶段。毕达哥拉斯学派试图用数学来解释世界上的一切事物，并认为一切真理都可以用数字、比例、几何关系去反映和证明，从而将数学从实际应用发展到演绎体系阶段。在前人经验的基础上，毕达哥拉斯学派

毕达哥拉斯像

抽象出一系列数学概念，例如点、线、面，平行、大于、小于、等于等，将自然数区分为奇数、偶数、素数、完全数、平方数、三角数和五角数等，进而将数学理论从具体的事物中抽象出来。数学的抽象化以及自然界依数学方式设计的数学精神，对数学乃至科学的发展起了至关重要的作用。

毕达哥拉斯发现、证明了众多数学定理，其中最出名的就是毕达哥拉斯定理（直角三角形斜边平方等于两直角边平方之和，$a^2 + b^2 = c^2$）。在毕达哥拉斯之前，埃及、巴比伦、中国等地就曾涉及这一定理，如《周髀算经》就记载西周初年的商高提出"勾三股四弦五"，这是毕达哥拉斯定

记载有勾股定理的巴比伦泥板

理的一组数字特例，因此毕达哥拉斯定理在中国又被称为勾股定理。但商高虽提到"勾三股四弦五"这个数字特例，却没有给出证明。而毕达哥拉斯在世界历史上最早用演绎法证明这一定理，使之成为现今直角三角形三边长的一般公式。毕达哥拉斯在证明这一定理后，他的弟子希

毕达哥拉斯学派礼赞日出

帕索斯又发现并证明了直角三角形的三边比不能用整数来表达，也就是直角三角形的直角边与其斜边不可通约，由此发现了"无限不循环小数"（即无理数）。这就推翻了毕达哥拉斯学派的信条——"宇宙间的一切现象都可用整数及分数（有理数）表示"，从而引发了第一次数学危机。这令该学派感到恐慌，毕达哥拉斯否认无理数的存在，并以希帕索斯触犯学派规矩，向外人泄密无理数的存在为名，将其投进大海淹死。

毕达哥拉斯将算术、几何、天文、音乐并列为"数学四艺"，他在天文学和音乐上同样获得重大成就。在天文学上，毕达哥拉斯从数目中存在着某种有比例的"和谐"关系推导出宇宙天体也按某种和谐的数的关系进行运动，并最早提出月亮的圆缺变化是由于月、地、日之间相互位置的变动。月面明暗交界处为圆弧形，表明月亮为球形，并由此推想出其他天体，还有大地也都是球形，并不停地做圆周运动，他推理："当人走到北方时，就会看见新的星星出现在北方地平线上，原来有些星星则消失在南方。如果大地是平的，那么在地球表面的任一点同样都能看到所有的星星。"这是最早的、系统的地圆说。后来，毕达哥拉斯学派中的希色达和埃克方杜斯又提出地球自转的理论。

在音乐方面，毕达哥拉斯用数学研究乐律，通过对声和音阶的研究，他指出了各个音程之间的算术关系，并根据数学规律制定出以五度循环产生的音律体系及衍生的记谱法，这也是西方最早的乐谱。毕达哥拉斯的音乐甚至成为战场上的死亡旋律。当时毕达哥拉斯在克罗同办学时正好遇上锡巴里斯和克罗同之间的战争，锡巴里斯当时富甲希腊世界，其人民生活以奢侈、安逸放荡而闻名，连卧室的床上都撒满玫瑰花瓣，英文中"奢靡享受之徒"（Sybarite）的原意就是指"锡巴里斯的居民"。为满足自己的虚荣心，锡巴里斯骑兵队特意把战马训练得可以跟着音乐节拍起舞，好在节日阅兵时表演。结果在锡巴里斯与克罗同的战争中，毕达哥拉斯让乐手合奏起锡巴里斯节日时候的乐曲，锡巴里斯的战马变得不听主人的使唤，条件反射地跳舞去了。克罗同人趁机攻入锡巴里斯城，将其夷为平地，毕达哥拉斯学派也因此名震希腊各地。

四、埃利亚学派和以弗所学派

> 上升的路和下降的路是同一条路。
>
> ——［古希腊］赫拉克利特

与毕达哥拉斯同期，将爱奥尼亚哲学传播到南意大利的哲学家还有色诺芬尼（约公元前565—约前473年），他本是爱奥尼亚科罗封城邦的游吟诗人，后来移居南意大利的埃利亚，成为埃利亚学派的创始人。色诺芬尼继承米利都自然哲学的传统，认为世界的本原是土，"一切都从土中生，一切最后又都归于土"。土和水相成为世间万物。他通过对土和水的观察，根据在内陆高山上发现的海生动物贝壳，提出最早的海陆变迁说。

在宗教上，色诺芬尼反对传统的宗教

色诺芬尼

祭神仪式和偶像崇拜，认为人都是仿照自己的样子塑造神，如埃塞俄比亚的黑人说他们的神是黑皮肤，色雷斯人说他们的神是红发蓝眼。如果牛马也能画画和雕刻塑像的话，那它们的神一定会是牛马的形象，所以是人创造了神的形象。但色诺芬尼却肯定神的存在，他认为神是唯一的、抽象的、普遍的、不变的、主宰一切的，他因此也被视为宗教哲学方面首个一神教信徒。

巴门尼德

色诺芬尼的弟子，出生于埃利亚的巴门尼德发展其师"神是不动的唯一"的理论，同时吸收毕达哥拉斯学派提出的人类无法认识真实世界的观点，用抽象的概念"存在"来代替神，创立了著名的"存在论"。他认为世界上运动变化着的万物是不真实的，唯一真实的东西是"唯一不动的存在"，只有抽象唯一的"存在"才是永恒不变的世界本原，最具对世界的概括性和统一性。运动变化只是事物表面的现象，而事物背后的真实"存在"是不会改变、不生不灭的，以至于"思想与存在是同一的"。他的名言是："存在者存在，它不可能不存在；不存在者不存在，它不可能存在。"巴门尼德所提出的"存在论"创造了一种形而上学的论证形式，深刻影响了后世的唯心主义哲学。"根据柏拉图的记载，苏格拉底在年轻的时候（约公元前450年）曾和巴门尼德会过一次面，当时巴门尼德已经是一个老人了，并且从他那里学到好些东西。无论这次会见是否历史事实，我们至少可以推断柏拉图自己受过巴门尼德学说的影响，这是从其他方面显然可以看出来的。"①

---

① 罗素：《西方哲学史》，何兆武、李约瑟译，商务印书馆，1963年，第5章。

芝诺向学生展示了通往真相与虚假的大门

　　巴门尼德的弟子芝诺为证明其师"运动的不可能性"理论，用逻辑推理提出了"二分法""长跑健将永远追不上乌龟""飞矢不动""一倍的时间等于一半的时间"四个否定运动的悖论。这四条世界上最早的悖论从根本上挑战了毕达哥拉斯学派所贯彻的度量和计算方式，与无理数的发现同为引发第一次数学危机的重要原因。

　　与埃利亚学派认为"世界上运动变化着的万物是不真实的"不同，爱奥尼亚的以弗所学派强调"万物运动变化的绝对性和永恒性"。赫拉克利特（约公元前540—前470年）是以弗所学派的创始人，他出身于以弗所的王室，本来能继承王位，但是他却将王位让给了他的兄弟，自己隐居起来研究哲学。他继承米利都自然哲学的传统，著有《论自然》一书。赫拉克利特认为万物的本原是物质性的元素"火"，宇宙生成的过程是"火生于土之死，气生于火之死，水生于气之死，土生于水之死"，也可以反过来"土死生水，水死生气，气死生火"。"一切转为火，火又转为一切，有如黄金换成货物，货物又换成黄金。"宇宙不是神创造的，而是一团永恒的活火，按自身规律燃烧熄灭。赫拉克利特认为在所有元素中火最精致，并且是最接近于没有形体的东西。更重要的是，火既是运动的，又能使别的事物运动，而运动是宇宙的根本规律。

　　赫拉克利特强调万物运动变化的绝对性和永恒性，"万物皆流，无物常住"的变动观是赫拉克利特哲学的重要内容，他的名言是："人不

赫拉克利特像

全球史下看中国

轴心时代的到来

能两次踏进同一条河流。"因为第二次踏进那条河时，遇到的已经是新的水，而不是原来的水，世上没有永恒不变的东西，而运动变化的原因就是事物内部矛盾的对立和统一。赫拉克利特认为，原始的统一不断活动变化，它的创造是毁灭，毁灭是创造，但永远不会消失，只会从一种事物变成另外一种事物，从一种存在变成另一种存在。比如，汽变成水，汽就消失在新的存在形式水中。每一种事物都是对立性质的统一，世界被矛盾对立双方的斗争所支配。对立的双方斗争是普遍的、绝对的，但同时又相互依存、转化，如："生与死、梦与醒、少与老、日与夜，只是同样事物的不同变化而已。"同时，对立不只是两两相互的关联，而是万物之间都存在的关联，包含了个体关系以及大到群体集合间的关系。赫拉克利特的"火是万物本原"及"矛盾双方的对立性和斗争性"与拜火教的"圣火崇拜"及"善恶二元论"有相似之处，以弗所所地处的小亚细亚与伊朗高原邻近，因此赫拉克利特的哲学思想也有可能受到拜火教思想的启发。

在赫拉克利特之前的毕达哥拉斯已关注到事物的对立统一关系，毕达哥拉斯认为数作为万物的基始，包含着奇和偶两种元素的对立统一，毕达哥拉斯学派提出："有限和无限、奇和偶、一和多、右和左、阳和阴、静和动、直和曲、明和暗、善和恶、正方和长方，这 10 种对立面为万物形成的原型。"但是，毕达哥拉斯学派所提出的各种对立面相互间的关系是僵死的、不能转化的。同时，他们只强调对立双方的和谐，不讲斗争。而赫拉克利特则揭示了矛盾双方对立统一、互相斗争、依存转化的辩证关系，因此被后人誉为辩证法的奠基人。

赫拉克利特认为万物都处在辩证运动中，但这种变动是按照一定的尺度和规律进行的，而这种尺度和规律就是"逻各斯"。"逻各斯"学说是赫拉克利特辩证法思想的第二个方面，这一关于哲学规律性的概念在以后西方的斯多亚学派、基督教神学中得到广泛运用。赫拉克利特认为"逻各斯"是世间万物的理性和规则，它充塞于天地之间，弥漫无形，可说，但又不可说清。如放在中国哲学的角度，这好比《老子》开篇所讲到的"道可道，非常道"。而"逻各斯"这一代表西方传统哲学最高范畴的概念也正类似于老子所提出的"道"。在古希腊的赫拉克利特以"逻各斯"为理论基础，探讨事物矛盾的运动、发展、变化的辩证规律时，同时代远在中国的老子也以"道"为根本法则，揭示世间万物互相联系、互相依存、相互转化的辩证关系。老子所提出的"道"也代表了中国传统哲学的最高范畴，正如我国著名学者胡适先生所说："老子是中国哲学的鼻祖，是中国哲学史上第一位真正的哲学家。"正是从老子论道开始，中国哲学迈入历史上思想最活跃的"诸子百家"时代。

五、老子论道

> 圣人处无为之事，行不言之教。
>
> ——《老子》

道家思想的创始人老子（约公元前571—前471年）是诸子百家中最早的代表人物。一般多认为老子即老聃，本名李耳，曾是周王室掌管图书的史官。传世著作《老子》，又称为《道德经》，现考证约成书在战国时期，是由多代人集体创作而并非出自一时一人

老子

之手，而李耳可能是最早的草创者。相传老子的老师是商容，商容在临终之前以自己"舌、齿的存亡"暗示老子坚硬的牙齿容易掉落，而柔软的舌头却一直存在。① 故"弱之胜强，柔之胜刚"的思想是《老子》一书的主旨之一。

老子主张"形而上"的道是世界万物的本原，"道生一，一生二，二生三，三生万物"，而"道可道，非常道"，道是无法真正认识的，可以被说出来的道，不是永恒的道。对于认识道的方法，老子提出："不出户，知天下；不窥牖，见天道。其出弥远，其知弥少。"否认行对知的意义，认为出门越远，反而知道越少，只有远离外界，才能洞悉天道。

老子以"道"为核心推导世间万物的辩证关系，他认为世间万物都相反相成，"有无相生，难易相成，长短相形，高下相倾"，没有对就没有错，没有美就没有丑。相互对立的矛盾同时相互依存、互相转化，看似不好的东西反而能带来好处，好的东西将引出坏的结果。"曲则全，枉则直，洼则盈，敝则新，少则得，多则惑"；"兵强则灭，木强则折"；"祸兮福所倚，福兮祸所伏"。任何事物都会向自己的反面转化，所以做任何事都要从其反面入手，"反者道之动，弱者道之用""合抱之木，生于毫末；九层之台，起于累土；千里之行，始于足下""天下难事，必作于易；天下大事，必作于细"。通过无为就能实现无不为。

同样在为人处世上，老子提倡"人之道，为而不争"，"上善若水。水善利万物而不争，处众人之所恶"，要"知其雄，守其雌；知其白，守其黑；知其荣，守其辱"，并引申出"将欲废之，必固兴之；将欲夺之，必固与之"的权谋之术。

---

① 《淮南子·缪称训》称："老子学商容，见舌而知守柔矣。"

对于治国，老子反对礼治和法治，也反对选贤任能。他认为礼法、尚贤都是动乱之源："夫礼者，忠信之薄而乱之首"；"法令滋彰，盗贼多有"；"不尚贤，使民不争"。最好的治国方法是无为而治："我无为而民自化，我好静而民自正。我无事而民自富，我无欲而民自朴。"不仅如此，老子认为老百姓太聪明了就不好治理了，所以有必要实行愚民政策，他称："不以智治国，国之福""民之难治，以其智多"；"古之善为道者，非以明民，将以愚之""常使民无知无欲，使夫知者不敢为也"。

在"无为而治"的指导思想下，老子认为与世隔绝的"小国寡民"才是最理想的社会形态，他说："小国寡民。使有什伯之器而不用，使民重死而不远徙""邻国相望，鸡犬之声相闻，民至老死，不相往来"。

孔子（公元前551—前479年）的年龄要小于老子，老子成名较早，又是周王室掌管图书的守藏史，孔子一生以复兴周朝古典文化为己任，自然免不了要多次拜访老子。孔子最初见老子是为"问周礼"，但后来两者之间出现了一次关于"仁义礼治与自然无为的辩论"[①]，老子认为孔子标榜仁义，不依自然的规律行事，扰乱了人的本性。往后孔子便

孔子问道于老子

① 《庄子·天道》：老聃曰："请问：何谓仁义？"孔子曰："中心物恺，兼爱无私。此仁义之情也。"老聃曰："意，几乎后言！夫兼爱，不亦迂乎！……乎揭仁义，若击鼓而求亡子焉！意，夫子乱人之性也！"

改问"道"于老子，且有所得①，他曾对自己的学生子贡称："老子的思想就像龙一样深不可测啊。"

六、圣人孔子

齐景公问政于孔子，孔子对曰："君君，臣臣，父父，子子。"

——《论语·颜渊》

孔子像

孔子虽曾求教于老子，但二者的思想却截然不同，这在二人那次仁义礼治与自然无为的辩论中得到集中体现。礼治是孔子政治伦理思想的核心。出生于周公封地鲁国的孔子真正师从的是数百年前的周公，在春秋这个"礼崩乐坏"的时代，孔子一心想通过复兴"周礼"来重现周公时代的太平盛世。

"周礼"主要指西周时期旧有的社会关系与礼仪规范。孔子认为春秋天下大乱，就是因为"天子、诸侯、大夫、士、庶民"的礼仪等级遭到破坏。没有礼仪的约束，臣弑君、子弑父、兄弟相残的现象屡屡发生。为挽救社会危机，他提出"正名"的主张，通过纠正名分颠倒、"君不君，臣不臣，父不父，子不子"的现象，重塑"君君、臣臣、父父、子子"的社会等级制度，使上下等级"名正言顺"，强化"君臣之道""贵贱之礼"，这样社会才有秩序，天下才能太平。孔子还认为用刑罚治理民众，人们专注于法律，而忘记礼义廉耻，只会口服心不服，只有通过"以礼治国"，让人民因违礼而感到羞

---

① 《庄子·天运》：孔子不出三月，复见（老子）曰："丘得之矣。乌鹊孺，鱼傅沫，细要者化，有弟而兄啼。久矣，夫丘不与化为人！不与化为人，安能化人！"老子曰："可，丘得之矣！"

耻，才能让他们甘心服从统治。

　　所谓"孔曰成仁"，"仁"作为孔子推崇的最高道德境界，孔子对其含义的解释是"克己复礼为仁"。如何"克己复礼"，答曰："非礼勿视，非礼勿听，非礼勿言，非礼勿动。"（《论语·颜渊》）无论在朝在家，人的"言""行"都应以"周礼"为准则。仁服从于礼，而"孝悌是仁之本与"。根据西周的封建宗法礼仪，君父不分、家国不分、族权即政权、父权即君权、长兄即储君，在家族内部对父兄尽孝悌，就是对国家尽忠，所以孝悌是维护封建宗法制度的根本。同样在宗法的伦理关系下，亲大于法，所以"父为子隐，子为父隐"（《论语·子路第十八》）"臣为君隐，君为臣隐"在孔子看来都是基本的礼仪。此外，君子还要做到"畏天命，畏大人，畏圣人之言"（《论语·季氏》）。虽然孔子的思想主要是为维护礼仪等级制度，但也提倡统治阶层要"为政以德""因民之利而利之""奢则不逊，俭则固""节用而爱人"。

　　孔子为实现政治理想，曾率弟子游说诸侯。到齐国时，齐景公本想重用他，国相晏婴进言："夫儒者滑稽而不可轨法；倨傲自顺，不可以为下；崇丧遂哀，破产厚葬，不可以为俗；游说乞贷，不可以为国。自大贤之息，周室既衰，礼乐缺有间。今孔子盛容饰，繁登降之礼，趋详之节，累世不能殚其学，当年不能究其礼。君欲用之以移齐俗，非所以先细

孔子杏坛讲学

民也。"（《史记·孔子世家》）结果孔子不得用。孔子"席不暇暖"周游列国 14 年，也没能实现他的政治主张，自嘲如"丧家之犬"。虽然仕途不得志，但孔子依然通过从事教育与整理周朝古籍的工作来传播他的思想，并最终在这两个方面取得举世瞩目的成就。

在教育上，孔子打破学在官府的教育体制，是中国最早开办私学的代表人物，其门下有弟子 3 000 人，贤者 72 人，于东周时期首屈一指。孔子强调为师者要"因材施教""诲人不倦""循循善诱"，为学者要"实事求是""知之为知之，不知为不知"。主张学思相结合，"学而不思则罔，思而不学则殆"。在学习态度上提倡"学而不厌""敏而好学，不耻下问""三人行，必有我师焉"。

孔子最得意的门生颜回

孔子提出"有教无类"，认为无论高下贵贱每个人都有接受教育的权利，但他也认为学习能力有"上知"与"下愚"高下之分，并将难教的学生称为"朽木不可雕也"。孔子教学的内容以诗书礼乐为主，轻视生产技术。弟子樊须请学农业，他骂道："小人哉，樊须也！"孔子认为君子应当学习治理国家、弘扬礼义的"大道"，而小人只知道追求营生的"小利"。孔子最得意的弟子是像颜回那样虽家徒四壁，仍坚守礼义的君子，樊须求学营生之"利"，在孔子看来正是小人之举。

在整理古籍上，孔子被视为《诗》《书》《礼》《易》《乐》《春秋》六经的主要编订者，这六部古籍早在孔子之前就已存在，孔子将其整理后作为教学最重要的内容。六经中的《乐经》已失传，剩下的五经与儒家的四书一起成为后世儒学最重要的经典。

《诗》（《诗经》）是我国最早的诗歌总集，孔子称"不学诗，无以言"。《诗经》的内容包括《风》(各国的民间歌谣)、《雅》(贵族正乐)、《颂》(王侯宗庙祭祀的颂辞)三部分,据《史记·孔子世家》记载,古者《诗》有3 000余篇,孔子取可施于礼义者凡300篇,将"古者三千余篇"删至今本的305篇。

《书》(《书经》)又称《尚书》,是中国最早的古典文集和历史文献汇编,以记言为主,分为《虞书》《夏书》《商书》和《周书》等。其中《周书》多为成于西周时期的真实史料文献,《虞书》《夏书》及《商书》是后人据传闻而写成,主要篇目一直到孔子之后的战国才出现。

《礼》(《礼经》)主要记载周朝时期的礼仪制度。中国被称为礼仪之邦,《礼经》规范的内容涉及社会生活、文化风俗的方方面面,对贵贱不同人群实行不同等级的礼仪,其烦琐细致程度可能全世界任何一个国家都不能望其项背。孔子要求严格守礼仪办事,对越级违反礼仪的行为,孔子称"是可忍,孰不可忍"。他的弟子子路作战时被人割断了"冠"的带子,子路坚持"君子死不免冠"的礼仪,停止战斗去扶住冠帽,结果因此被敌人剁为肉酱。儒家并不视子路迂腐,而是赞扬其至死不改的礼仪风度。

《易》(《易经》)即《周易》,主要分为六十四卦辞、三百八十四爻辞、解说的《易传》三部分。相传六十四卦辞是周文王从伏羲八卦中演绎而来,三百八十四爻辞由周公撰写,解说的《易传》据说本于孔子,具体成于孔子后学之手。西周承袭商代的占卜术,遇事问卜,所不同的是商朝主要用甲骨,西周主要用蓍草,《易经》就是这样一部教导占筮之书。

《易经》中用阳爻(——)和阴爻(— —)表示阴阳,阴阳分别重叠三次就形成乾、坤、震、巽、坎、离、艮、兑八卦,分别代表天、地、雷、风、水、火、山、泽等八种自然物,由八卦相迭演变而成六十四卦,每卦六爻,共三百八十四爻。古人认为由蓍草占卜摆出的卦象暗

太极

太极是《周易》的基本概念，《周易·系辞》说："易有太极，是生两仪（阴阳），两仪生四象，四象生八卦。"

含着"天命"，"天命不可违"，所以学易是为了"知天命，尽人事"。《易传》作为解说《易经》的文集，主要包括论证阴阳之道，以及形而上的"道"与形而下的"器"的关系，《易传》以"一阴一阳之谓道"立论，认为宇宙万物因宇宙中阴阳、刚柔推摩作用处在永恒的变易之中，六十四卦即反映了这种规律。正是《易传》将《周易》的占筮之学进一步发展出形而上的哲学思想。

　　《春秋》是由孔子编著的我国现存第一部编年体史书。从前中国无夏冬之谓，一年分为春、秋二季，故以春秋称一年，各国史书多都称为《春秋》，唯独孔子所编写的鲁国史《春秋》流传下来。孔子创作《春秋》本着"为尊者讳，为亲者讳，为贤者讳"的原则，尽量歌颂"尊者、亲者、贤者"的丰功伟绩，不去提及他们的过失和不足，如果不得不提，就采取讳而不言的态度，即不直接表明自己的看法，而是寓褒贬于曲折的文笔中，这种体例被后世儒生尊为"微言大义"的"春秋笔法"。正因为《春秋》的记载言简义深，很不完备，如无注释，难以理解，所以鲁国的史官左丘明为解释孔子的《春秋》，创作了我国现存第一部叙事详细的编年体史书《左氏春秋传》(简称《左传》)，通过记述具体史实来说明《春秋》的纲目。相传左丘明还是我国最早的一部国别体史书《国语》的作者，但现多认为该书是后来战国时期的学者依据各国的史料汇集而成的。

　　孔子去世后，他早年所收的弟子也都年迈，所以孔子晚年的嫡传弟子曾参（公元前505—前435年，世称曾子）成为儒学最重要的传承者。曾参及其弟子将孔子的生平言论整理为《论语》一书，成为了解孔

左丘明像　　　　　　　　儒家"宗圣"曾参像

子思想的最重要资料。

　　除编纂《论语》外，儒家四书中《大学》旧说也是由曾参所著的，《大学》开篇就讲"大学之道，在明明德（弘扬高尚的德行），在亲民（推及于人），在止于至善"的三大纲领，并指明要做到这三大纲领就要通过"格物（探究事物的道理）、致知（达到正确的理解）、诚意（意念精诚）、正心（使人心向正）、修身、齐家、治国、平天下"八个步骤。强调格物致知是正心修身的前提，而只有正心修身才能实现治国平天下这一人生最高目标。《大学》因讲述"初学入德之门"的宗旨，被后世奉为四书之首，也就是四书中的基础入门读物。

　　孔子开创的儒家学派规模庞大，学派众多，在先秦被称为显学，但在列国纷争的春秋战国时代，空谈仁义礼治有宋襄公前车之鉴，显得不合时宜。直到大一统的王朝建立后，统治者为维护尊卑等级和长久统治，独尊儒术。儒家思想从此统治中国思想界两千多年，成为中国古代影响最大、延续时间最久的学术思想。

第二节　吴越争霸

胜兵先胜而后求战，败兵先战而后求胜。

——［春秋］孙武《孙子兵法》

一、郑晋铸鼎

在礼坏乐崩的春秋末年，孔子试图通过恢复西周的礼乐教化来重建天下的秩序，但礼坏乐崩是其不适应社会发展的结果，一个新的社会需要建立一个新的制度，而不是恢复已经淘汰的旧制度，正如商鞅所言："治世不一道，便国不必法古。汤、武之王也，不循古而兴；殷、夏之灭也，不易礼而亡。"（《商君书·更法》）商汤、周武等圣贤，他们都是靠建立一个新的制度实现天下大治的，而不是靠复辟旧制度取得成功。所以孔子最终没能恢复礼乐制度，而社会礼乐崩溃的局面还愈演愈烈，各诸侯国都需要富国强兵才能在兼并战争中生存下来，于是礼乐时代成为过去，变法图强的时代到来了。

在华夏诸国中，最先实行改革，用法律替代礼乐的国家是处于天下之中的郑国。郑国夹于晋楚两强之间，周边列国林立，深受中原争霸战之苦，由春秋初期的一流国家变成见风摇摆的不入流小国。公元前543年至前522年，子产任郑国执政，他学习鲁国的"初税亩"政策"作封洫"，重新划定全国田地疆界，确立私田合法化，然后"作丘赋"征收税赋，向新承认的合法私田征收军赋，以增强国防实力，使小小的郑国也能武装起700乘以上的战车。

公元前536年，子产又实行司法改革，将新制定的刑法铸在象征诸侯权位的鼎器上，向全民公布，史称"铸刑书"。这是中国历史上正式公布的第一部成文法，第一次将法律明文昭示天下，打破了贵族官员专断刑律、任意处置庶民的情形，结束了"刑不可知，则威不可测"的秘法时代，标志着"刑不上大夫，礼不下庶人"已成为历史，是中国法治史上一个巨大的进步。子产"铸刑书"在当时列国中引起轩然大波，反对之声不绝于耳，晋国的三朝元老叔向写信给子产说："昔先王议事以制，不为刑辟，惧民之有争心也……民知有辟，则不忌于上；并有争

子产像

心，以徵于书，而徼幸以成之：弗可为矣！"（《左传·昭公六年》）叔向等反对者认为，如果庶民知道法律的内容，就可以通过法律监督官员行政判案时是否合法，这样人民都弃礼而从法，不再尊敬高官显贵，官员贵族的权威不复存在，其统治也将再难持续。叔向最终的结论是："终子之世，郑其败乎！"郑国必定要败乱在子产手中了。但事实发展却正好相反，郑国经过子产的法制改革后，不仅没败乱灭亡，还实现了"门不夜关，道不拾遗，田器不归"（《史记·循吏列传》）。

　　晋国的叔向不仅没能见到郑国败乱，而且在他死后不久，晋国也效法郑国进行法制改革。公元前513年，晋国士大夫赵鞅、中行寅向晋国民众征收生铁480斤，熔铸成鼎，将晋国的刑法[①]铭铸于铁鼎上。这也是晋国正式公布的第一部成文法典，史称"铸刑鼎"。维护礼乐制度的孔子对晋铸刑鼎予以猛烈抨击，他称："晋其亡乎？失其度矣！……民是以能尊其贵，贵是以能守其业。贵贱不愆，所谓度也。……今弃是度也而为刑鼎，民在鼎矣，何以尊贵？贵何业之守？贵贱无序，何以为

---

① 公元前550年，晋大夫范宣子在以往晋国法典的基础上，制定了一部刑书，即"范宣子刑书"，它是晋国法制史上第一部从国家总法中分离出来的刑事法规。这部刑书问世后，最初被藏于秘府，为贵族所垄断。

国?"(《左传·昭公二十九年》) 孔子认为法律不应该公之于众，老百姓如知法律，以法行事，就不会俯首听命于贵族，尊卑有序的"礼治社会"也将难以再复。贵族的特权地位不再，社会秩序将大乱，必然导致晋国灭亡。

不管孔子如何抨击反对，作为华夏盟主的晋国将成文法律昭示天下，这标志着中国从"礼乐崩坏"时代正式迈向法治时代，而重达480斤大铁鼎的铸造，也反映出中国铸铁技术已发展到十分成熟的阶段。从目前考古发现看，中国在春秋时期出土的铁制品与西方铁制品一样，多为原始的"块炼铁"，即在较低温度的固体状态下用木炭还原法炼成的熟铁。熟铁又叫锻铁，其质地较软，通过锻造后能制成形状简单的器物，却难以锻打出大铁鼎这种复杂的器皿。早在商周时期青铜范铸技术就领先世界的中国人将铸铜技术延续到铁器上，成功发明了铸铁技术。铸铁又叫生铁，与靠固态还原法炼成的熟铁不同，生铁由完全熔化成液态的铁水凝固而成，这就需要较高的温度。在春秋后期中国人已掌握了皮囊鼓风技术，以提高炉温，能成功将铁矿石熔炼成铁水，把铁水浇铸进各种器皿范具中，冷却以后直接成型，就能制成各种精细复杂的器具。铸铁技术是中国冶金技术的突出代表，直到明代中叶中国铸铁技术

块炼铁（左）与生铁锭（右）

一直居于世界先进水平。

二、楚国内乱

郑、晋两国公布成文法的外部环境是，弭兵会盟结束后，与会国都相约停止战争，中原各国战事大为减少，出现了一个相对和平的环境，乃至小小的郑国也敢"冒天下之大不韪"率先实行法制改革，而不用担心因此遭到别国的征讨。弭兵休战使北方的中原战场沉寂下来，此后数十年华夏大地的主战场转移到南方的长江流域。

公元前545年，在晋楚达成弭兵会盟和平协议的翌年，在位15年的楚康王去世，其子熊员少不更事，由其叔父公子围担任令尹主持政事，楚国再现主弱臣强的局面。公元前541年，狼子野心的公子围趁楚王抱病卧床之机，联合内应勒死楚王，自立为君，是为楚灵王。

楚灵王继续与晋国保持良好关系，公元前537年晋平公的女儿嫁给楚灵王，晋楚结成姻亲，这对百年冤家就此变成亲家。与晋联姻的重要目的之一就是让其不干涉楚国的灭吴大计。就在同年，楚灵王联合蔡、陈、许、顿、胡、沈、徐、越、淮夷等国围剿吴国，企图一举歼灭这心腹大患。吴国虽孤军奋战，却毫不畏惧，屡抗楚锋。楚军自恃兵多势大，疏于防备，结果在鹊岸之战被吴军击败。次年（公元前536年），楚国的属国徐国叛楚，楚灵王派兵讨伐徐国，不料又在房钟败于前来救援徐国的吴军。楚国损兵折将，吴国威震江淮。

伐吴计划泡汤后，楚灵王为排解心中烦闷，变得穷奢极欲。他"举国营之"，在湖北云梦泽建起一座占地方圆40里、空前豪华的宏伟宫苑——章华宫，宫中建有"台高十丈，基广十五丈"的"天下第一台"——章华台。楚灵王日夜大宴于台上，管弦之声，昼夜不绝，因台高大（约20多米），宫女登上台顶途中要休息三次，所以又叫"三休台"。宫女如此柔弱，原因在于楚灵王喜欢纤细的腰身，广选细腰美女充实于宫中。宫女为求媚得宠，个个节食减肥，以求细腰，故章华宫亦称"细腰宫"。不仅是宫女，连楚国朝中的大臣也恐腰肥体胖而失势，每天都只吃一顿，用腰带束紧腰身。不少人为求细腰还饿死了。这就是"楚王好细腰，宫中多饿死"的典故。

公元前 534 年，楚灵王借平定陈国内乱为名一举灭掉了忠于楚国的陈国。公元前 531 年，灵王又召蔡侯来楚赴宴，将其灌醉杀死，灭了蔡国，杀掉蔡国世子祭神，改立自己最小的弟弟弃疾为蔡国公和陈国公。公元前 530 年，楚灵王再次派大军攻打叛楚投吴的徐国，自己则驻扎在前线乾谿等待伐徐的消息。趁楚灵王东征外出，楚国百姓苦于徭役，他的兄弟公子比、公子晳和公子弃疾于次年（公元前 529 年）春发动政变，杀掉楚灵王的儿子。年长的公子比被拥立为王，也就是楚初王，公子晳为令尹，公子弃疾为司马。司马弃疾派人告诉东征的楚军："楚国已换新王，先回去投靠新王的，原有的官爵、封邑、财产不变，迟归者，一律流放。"楚灵王平日暴虐，早令全军将士寒心，如今听到王位更易、后院起火，众人立马作鸟兽散，纷纷跑回国内誓忠，众叛亲离的楚灵王最终自缢而亡。

得知楚灵王死讯后，司马弃疾故意隐匿消息，同时在楚都郢内造谣楚灵王正率领东征大军回国平叛，司马弃疾也假称投靠灵王，将要联合城内百姓里应外合杀死叛乱的楚初王和令尹子晳，并警告他们自作了结，以免受折磨。一无所知的楚初王和令尹子晳被吓得惊恐失措，未查明真相就双双自杀而亡。

用计逼杀三位兄长后，司马弃疾成功登上楚国的王位，是为楚平王。因其王位来路不正，为防止遭到国内百姓的反对与天下诸侯的围攻，楚平王对内"息民五年"，救济贫乏，安抚国民；对外允许陈、蔡复国，归还侵占的郑国土地，并允许被楚灵王强行迁于楚本土的许、胡、沈、道、房、申等国之民返回故地，以此争取民心，结好四邻。

晋国趁楚国内势未定，再次大会诸侯，并出兵攻灭了周、楚之间"甚睦于楚"的陆浑戎。楚平王对此也不过问，反而为避免与晋发生冲突，将边民内迁，高筑边城，时人评论："楚不在诸侯矣，其仅自完也，以持其世而已。"（《左传·昭公十九年》）就此，楚国在中原各国的威势尽失。

楚平王为保存国力"息民五年"，使楚国势渐复，本可再兴霸业，哪知他反而变得贪图享乐、荒淫挥霍，贪污腐败也成了朝廷风气。时平王任命伍奢为太子太傅，费无极为太子少傅。太子建尊重伍奢而嫌恶费无极，费无极对此怀恨在心。公元前527年，楚平王为结好秦国，派费无极到秦国为太子建聘娶秦国公主孟嬴为夫人，费无极发现孟嬴貌美无双，便力劝楚平王留作自用，好色的楚平王乃将儿媳截留后宫，自娶为夫人。费无极因此成为楚平王宠臣，但却得罪了太子。为防止太子继位后对己不利，他不断诋毁太子建，并诬告太子建与太子太傅伍奢密谋以齐、晋为外援发动叛乱。楚平王自娶秦女孟嬴后，对其万分宠爱，孟嬴又为楚平王生下儿子轸，楚平王也有废太子之意。如今听说太子里通外国，便不顾骨肉亲情，尚未查清事实，就欲诛杀太子建和伍奢全家。伍奢的两个儿子伍尚和伍子胥此时在外，费无极让伍奢写信让他们回来，就可以赦免他的死罪。伍尚和伍子胥明白回去的结果是父子俱死，但伍尚不愿承担害死父亲的不孝罪名，便选择回国与父同死。伍

伍子胥逃亡奔吴，途中落难藏匿淮水间

子胥不愿就此死于昏君奸臣之手，便出逃到了楚国的死敌吴国，以待复仇。

三、吴王阖闾

此时吴王夷末刚刚去世，依照吴国兄终弟及的继承方式，吴王寿梦死后，是其四个儿子中的前三个诸樊、余祭、夷末相继即位。如今夷末去世，本该由四弟季札即位，但季札却屡辞不受，逃位离去，于是吴王夷末的儿子僚成为吴王，是为吴王僚。但他的大伯父吴王诸樊的儿子公子光却心有不甘，公子光认为自己的父亲最先继位，如今既然季札避让，就应该重新按照辈分顺序由自己继位，于是他暗中招贤纳士，图谋夺位。他见楚国逃亡之臣伍子胥文武双全、足智多谋，就以上宾之礼接待他，使伍子胥得为己用。

公元前514年，吴王僚趁楚平王驾崩，国内人心未稳，派两位弟弟烛庸、掩余兴兵袭楚，结果被楚军截断归路，一时不能返回，吴国国内空虚。公子光于是派人宴请吴王僚。在宴会上，公子光借故离宴，让伍子胥推荐的勇士专诸藏匕首于鱼腹中，在伪装上鱼时将吴王僚一剑毙命。此剑因此得名鱼肠剑，专诸也因此成为东周四大刺客之一而千古留名，只可惜成名的代价是被吴王僚的护卫所杀。公子光则带领早就埋伏好的军士，夺取吴国王位，史称吴王阖闾（公元前514—前496年在位）。

吴王僚的儿子庆忌出逃到卫国，招纳死士，联合朝中旧党和邻国盟友准备回国夺取王位。庆忌勇武无敌，能手搏猛兽，有一群崇拜跟随他的勇力之士，深为吴王阖闾所忌。伍子胥又向吴王推荐另一位勇士要离来刺杀庆忌。要离不过是个羸瘦体细、高仅五尺的侏儒。他施展苦肉计，让吴王砍掉他的右臂入狱，并杀死他的妻子，焚尸于闹市。然后，他逃狱投奔庆忌。庆忌得知要离所受吴王之害，便以他为心腹，不加留

意，结果被要离用计刺杀。要离也成为与
专诸齐名的东周四大刺客之一。

　　阖闾篡位后，由于吴都城内反对他的
旧势力根深势大，于是他命伍子胥另筑新
都阖闾大城①，并在太湖地区开凿古江南河
以运送粮秣。伍子胥又向吴王举荐兵家之
师孙武为将军。孙武，后人尊称其为孙子、
兵圣，他是东方兵学的鼻祖，创作有流传

孙武像

至今世界上年代最早的兵法著作《孙子兵法》，从哲学角度揭示了战争
的规律。书中所提出的"知彼知己，百战不殆""故上兵伐谋，其次伐
交，其次伐兵，其下攻城""投之亡地然后存，陷之死地然后生""避其
锐气，击其惰归"等战争哲学，不仅对军事作战，甚至对现实生活的方
方面面都有很高的参考价值。该书被誉为中国"武经七书"之首、东西
方两大兵书之一。在出仕为将前，孙武就写成了这部"兵学圣典"，他
将所著兵法献给吴王，吴王十分赞叹，拜孙武为将军，训练吴国的士
卒。孙武练兵"令行禁止，赏罚分明"，在他的训练下，吴军的军事素
质有了明显的提高。

　　强兵配利器。吴王为加强军备，十分重视兵器的更新。在船上打斗
经常需要短兵相接。由于青铜材质比较脆，打斗过程中容易折断，所以
青铜剑主要用于刺杀。青铜斧虽然比较厚重，适合劈砍，但攻击范围
又较小。吴王阖闾让匠师打造出刀刃为曲线形的吴国特色兵器——吴
钩②，这种曲刀呈曲翘状，具有适合劈砍的构造，弥补了青铜剑劈砍不
足、青铜斧攻击范围小的缺点，是船上近战的理想兵器。

---

① 据《吴越春秋》等史料记载，阖闾大城就是苏州古城，但考古学界有一种观点认为在今常州和无
　锡交界处的阖闾城遗址才是当年的"阖闾大城"。在阖闾去世后，吴王夫差才迁都苏州。
② 古时又称为"金钩"，《吴越春秋·阖闾内传》："阖闾即宝莫耶，复命于国中作金钩。"

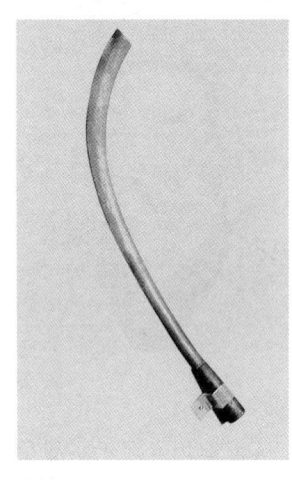

吴钩

全球史下看中国

轴心时代的到来

实现强兵利器后，吴国开始走上实现霸业之路。先前吴王僚派遣攻打楚国的两个弟弟烛庸、掩余二公子，因听闻阖闾杀了吴王僚自立为王，便投降了楚国，楚昭王把他们安置在舒地。公元前512年，吴王阖闾派伍子胥率军讨伐，攻灭了纵容二公子逃奔楚国的徐国和钟吾两国，并乘胜夺取楚国的舒地，诛杀了降楚的二公子，彻底消灭了吴王僚在外的残余势力。随后，吴王阖闾听取伍子胥建议，学习当年晋悼公"兵分三军，轮番骚楚"之策，将吴军分为三支，轮番袭击楚境，采取楚进我退、楚去我进的战略方针，使楚军将士疲于奔命。如此几次之后，楚国对吴国的骚扰反应迟钝，疏于防备，伍子胥却于公元前511年再次大军压境，夺取了楚国的六邑和潜邑。

公元前508年，吴王策动楚国的附属桐国（今安徽桐城北）叛楚归吴，又唆使楚国另一附庸舒鸠（今安徽舒城东南）诱使楚国攻吴。骄横的楚人不知是计，在同年秋由楚国令尹囊瓦率大军攻吴，结果正中了临阵待敌、埋伏已久的吴军圈套。伍子胥在豫章（今江西南昌）击败毫无防备的楚军，尽俘其战船，接着又乘胜攻占巢地，活捉楚大夫公子繁。此战后，原楚国豫章以东疆土及属国皆归吴所有。

此时楚昭王年少，楚国的政权掌握在令尹囊瓦手中。囊瓦专权跋扈，以权谋私，他向附属楚王的唐成公和蔡昭侯索要宝马、玉佩，唐成公和蔡昭侯不给，囊瓦就诬陷唐、蔡两国将密谋联合吴国攻打楚国，将两位国君扣在楚国长达3年之久，直到他们向囊瓦交出二宝后才被释放。

蔡昭侯回国后誓报此仇，他派其子到晋国为质，望其讨楚。公元前

506年春，应蔡昭侯之请，晋国在召陵（今河南省郾城县东）发起晋、齐、鲁、宋、蔡、卫、陈、郑、许、曹、莒、邾、顿、胡、滕、薛、杞、小邾18国诸侯会盟，共谋伐楚。同年4月，晋国又命蔡国出兵攻灭忠于楚国的沈国，使楚北侧屏障尽失。为惩罚蔡国，楚国于同年秋发兵攻蔡，蔡国向晋国求助，结果晋国却借机向蔡国索贿。蔡昭侯失望透顶，原来南楚北晋为一丘之貉。无奈下蔡昭侯转而求助东南方的吴国，吴国君臣认为楚众叛亲离，此乃灭楚良机之际，便以救蔡为名，由吴王阖闾亲自率倾国之师3万，联合蔡、唐两国为向导，采取孙武"兵贵神速，出其不意"之计，不走吴军擅长的水路，而是舍舟陆行，从大别山秘道迅速穿过楚汉东之关隘，直趋汉水，逼近楚都。

楚昭王闻吴师已至腹地，急派令尹囊瓦、左司马沈尹戌等，倾全国兵力，赶至汉水西岸，与汉水东岸的吴军对峙。楚左司马沈尹戌鉴于楚国兵多势大，吴军深入楚境，不熟地利，提出由他率领一支部队迂回到吴军的侧背，断其归路，然后前后夹击吴军。囊瓦批准了左司马沈尹戌的作战方案，但等沈尹戌分兵绕道后，他又担心被沈尹戌抢了战功，所以不等沈尹戌军到达，就擅自率军渡过汉水攻击吴军。

吴军针对楚军急于求胜的心理，假装后撤疲敌，诱敌至小别山至大别山的险隘交战，楚军三战皆败，退至柏举与吴军相峙。吴王阖闾的弟弟夫概认为楚师斗志尽失，楚帅囊瓦不得军心，此时主动出击，可一举击溃敌军，便不顾阖闾的禁令，率领其部下5000人袭闯楚营，楚军果然一触即乱。阖闾得知夫概突袭得手，便下令全军出击，楚军溃逃到清发水。夫概又劝吴王先停止追杀，溃散的楚军见吴军追至而未进攻，为了逃命，争舟渡河，不战而乱。夫概待其半渡击之，楚军死伤惨重，半数被俘，楚帅囊瓦弃军逃往郑国。

楚军主帅出逃，一下群龙无首，更成乌合之众，连军粮也被吴军抢了。此后吴军以锐不可当之势，一路直扑郢都（今湖北荆州），接连五败楚军，赶来救援的左司马沈尹戌也兵败殉国。消息传到楚都，楚昭王吓得只带亲信出逃，得知楚王出逃，楚军立刻土崩瓦解，全线溃散，吴军次日就攻进了郢都，这是春秋以来大国都城首次沦陷，吴国威震华夏。

吴军攻占郢都后，焚毁楚之宗庙，大肆烧杀，奸淫掳掠。吴将分据楚诸大夫之室，淫其妻妾，尽取财物。一时君臣宣淫，男女无别，郢都几成禽兽之所。伍子胥更是掘开楚平王之墓，开棺鞭尸三百以泄其家仇血恨。《穀梁传·定公四年》载："何以谓之吴也？狄之也。何谓狄之也？君居其君之寝，而妻其君之妻；大夫居其大夫之寝，而妻其大夫之妻。盖有欲妻楚王之母者，不正乘败人之绩而深为利，居人之国，故反其狄道也。"

由于楚昭王的母亲孟嬴是秦哀公之妹，秦楚世为盟友，多次联姻，能救楚的唯有秦国。楚大夫申包胥跋涉入秦求救。秦哀公起初不想得罪吴国，申包胥跪于秦庭之外，七天七夜哭声不绝，滴食未进。秦哀公为之动容道："楚虽无道，有臣若是，可无存乎？"乃亲赋《无衣》：

申包胥哭秦庭

"岂曰无衣？与子同袍。王于兴师，修我戈矛，与子同仇！"派大将子蒲、子虎率战车 500 乘南下救楚。此时吴军在楚都欢淫多日，早就失去了以往强悍的战斗力，而吴军在楚国胡作非为，激起楚国上下同仇敌忾。溃散的楚师在昭王庶长兄子西的组织下重新聚集与吴军死战，一雪前耻。亡国的楚人也支援秦师和楚师袭扰吴师。吴师被秦楚里外夹击，穷于应付，连遭兵败，助吴攻楚的唐国也被楚秦合兵所灭。

全球史下看中国

轴心时代的到来

与此同时，吴国后方的越国也趁机进攻吴国，越国领土主要在浙江会稽（今浙江绍兴）一带，属"断发文身"的蛮民之国。公元前538年，越人首领允常继位后，开疆拓土，始称越王。但是先发达的吴国却根本不把后起的越国放在眼里。公元前510年，吴王阖闾仅因越国不从其反楚，就大举进犯越国。吴王伐越是吴越鏖战的开始，据史载"自此之前，虽扭事小争，未尝用大兵"。越人对此怀恨在心，从此成为吴国最严重的后顾之患。越王允常见吴师主力滞楚未归，国内空虚，乃率军进袭吴都，大败吴军。

阖闾的弟弟夫概见秦、越同时击败吴军，吴王又留楚不归，便趁机回到吴国自立为吴王。吴王阖闾闻知夫概回国自立，知大势已去，只好将郢都洗劫一空后，撤军东归攻打夫概，夫概最终兵败投楚。吴军撤离后，楚昭王得返郢都，经过历时10月余的大战，楚国元气大伤，郢都面目全非、惨不忍睹，而吴国主力未损，尚不失亡楚之心。就在次年4月，吴王命太子终累[①]再次率领大军伐楚，攻取了楚国的番邑，俘虏了潘子臣、小惟子和七个大夫，楚人谈吴色变，闻吴丧胆。因楚都残破，同时为避开吴国锋芒，楚人被迫将郢都临时迁到西北的鄀地（今湖北宜城）。吴国取代楚国成为长江流域最强大的国家。

四、吴越之战

越国伐吴导致吴国错失了占领楚国的机会，因此吴王回国后便设法解决越国这个后顾之忧。小小的越国之所以能与强大的吴国争锋，凭仗的是其领先天下的铸剑技术。和吴国一样，越国地处江南水乡，水网交织，丛林密布，在这里车战所用的戈矛远不如短剑实用。吴、越两国对

---

① 《史记》中误记为夫差，《左传》中则明确记载为吴太子终累，终累是夫差的兄长。

剑的重视，让其铸剑技术远远超过中原各国，被称作"宝剑之乡"。其中越人之剑更在吴人之上，其所铸青铜剑闻名天下，被列国奉为至宝。《庄子·刻意篇》便称："夫有于越之剑者，押而藏之，不敢用也，宝之至也。"

春秋战国时期的越国青铜剑

全球史下看中国 轴心时代的到来

越剑之兴，起于中国最早的铸剑名师欧冶子，据《越绝书》记载，越王允常使欧冶子铸湛卢、巨阙、胜邪、鱼肠、纯钧五把宝剑，五剑中的"湛卢""鱼肠""胜邪"三剑被献给吴王，其中的"鱼肠剑"也就是专诸刺吴王僚所用之剑。欧冶子的女儿莫邪后嫁给吴人干将为妻，夫妻俩共铸闻名后世的干将莫邪雌雄双剑。据考古发现，越国宝剑的剑身上被镀上了一层含铬的金属而千年不锈，至今锋利无比，这种铬化处理防锈的技艺后来失传，直到近代才被德国重新发明。

公元前 496 年，吴王阖闾闻越王允常死，乃兴师伐越。新继位的越王勾践率兵在今浙江嘉兴西樵李抗击吴军，勾践组织死士冲锋吴阵，结果吴军岿然不动。勾践便派死囚徒排成三行，各持剑于颈上，步至吴军阵前，挨个自刎而死。吴军惊骇不已，一时疏于防备，越军趁势冲锋，吴军阵形大乱。吴王阖闾的脚趾被斩落，败退回国，伤重而亡，临终时嘱咐其子夫差勿忘越国之仇。

传闻阖闾死后葬于今苏州虎丘山，夫差征调全国民工，穿土凿池，积壤为丘，历时三年为阖闾营造墓地，将阖闾所喜欢的"扁诸""鱼肠"等宝剑 3 000 把作陪葬品秘藏于墓宫之中，并杀死了所有的工匠殉葬，以防泄露墓中的秘密。后秦始皇和孙权都曾派人来此凿石求剑，但一无所获，所凿处成为深池，故称之为剑池，也就是今苏州吴中第一名胜的虎丘山剑池。

越国虽然一时打败吴国，
但以综合国力论，越国根本就
不是吴国的对手。夫差继位
后，励精图治，训练军队，一
心复仇。勾践闻知后，决定趁
吴王新丧，先下手为强，遂不
听范蠡的劝阻，于公元前494
年出兵攻吴，结果在夫椒山
（今江苏太湖洞庭山）被吴军

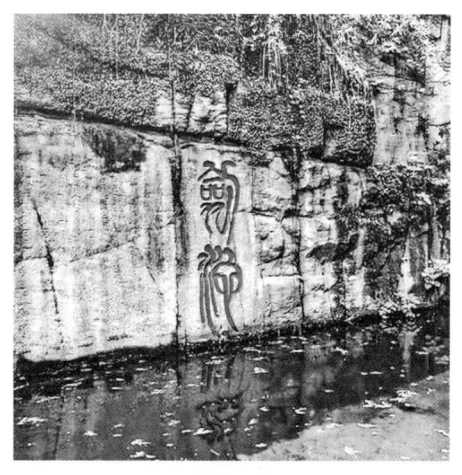

虎丘剑池

杀得大败，溃逃回国，吴军一路追击，占领越都会稽城。

勾践退守到城南的会稽山上，吴军兵围山下，勾践派人向吴王夫差
求和，但伍子胥表示一定要灭掉越国以绝后患。勾践听从文种的建议，
以美女宝器贿赂吴国太宰伯嚭，请其劝吴王准许越国臣属吴国。伯嚭深
知夫差性情，成功说服夫差保留越国，不
过越王勾践需入吴为质[①]。勾践把朝中大事
托付给文种，自己和夫人到吴国给夫差为
奴为婢，一连两年，任劳任怨。夫差对勾
践逐渐放松警惕，便特赦勾践归越。

勾践释归后，每日卧薪尝胆以不忘耻
辱。他吃饭不设两样以上的菜肴，穿衣不
用两种以上的颜色；与民同下田耕作；夫
人亲自养蚕织衣；平时吊唁死者，照顾孤
寡贫病之家；减免税收，"十年不收于国，

越王勾践像

---

① 对于勾践是否入吴为质，史书记载不一。《国语·吴语》仅提到勾践让儿子和女儿入吴作为人质，
而《国语·越语》则提到勾践本人入吴为质。因此目前仍存争议。

民俱有三年之食"(《国语·越语·勾践灭吴》)。这些激励越人上下同心，以雪前耻。在实行休养民生政策的同时，勾践强力推行鼓励人口生育政策，立法规定："令壮者无娶老妇，令老者无娶壮妻。女子十七不嫁，其父母有罪；丈夫二十不娶，其父母有罪。"(《国语·越语·勾践灭吴》) 生男生女都有奖赏，由政府提供助产婆，有生多胎者，由国家抚养。

西子浣纱

西施自幼随母浣纱江边，故又称"浣纱女"。她在河边浣纱时，鱼儿看见她乃至忘记了游水，沉到河底。后世便以"沉鱼"来形容女子貌美。

为麻痹夫差，他采纳大夫文种的灭吴九术，针对吴王奢侈荒淫的弱点，精选古代四大美人之一，有"沉鱼之美"的西施等数名绝色女子献给吴王，充当情色间谍，以乱吴宫，又赠送土石、木料、匠师给吴王大兴宫殿、亭台楼阁，耗其资财，疲其民力。得意忘形的夫差果然中计，他在吴都姑苏城（苏州）内大兴土木，在姑苏山上建起无与伦比、壮丽非凡的姑苏台，将西施等美女置于台上，终日醉酒笙歌、荒淫享乐。李白诗《乌栖曲》曰"姑苏台上乌栖时，吴王宫里醉西施"，就是对其糜烂生活的写照。

五、齐晋之争

在引诱吴王走向奢侈堕落的同时，勾践在外交上诱导吴国北上与齐、晋争霸，结怨于晋、齐、楚三国。相反，越国则"结齐、亲楚、附晋"，联合三国以制吴。勾践还将女儿嫁给楚昭王，生下后来的楚惠王。

而夫差在降服越国这腹背之患后，也不满足于只做东南霸主，想向中原地区扩张。此时的中原晋国却呈现出江河日下之势，晋国自晋献公大诛公族后，晋公室就已衰微，

汉代画像砖拓片《晏子谏齐景公》

到赵盾持政时又将各家异姓大夫代为公族。晋平公在位时期沉迷享乐，他加重赋税，兴修池台楼阁；不问政事，将朝中之事都交给六卿打理，结果导致君权旁落。朝中政治完全被异姓卿大夫所左右，史称"政皆出六卿私门"。而六卿之职又完全被赵氏、韩氏、魏氏、智氏、范氏、中行氏六大宗族所垄断。这六个卿家将自身利益放在国家利益之上，为争权夺利，尔虞我诈，相互争斗。六卿中韩、赵两家交好相善，范、中行两家结为同党。他们互相争权夺利，导致晋国国势日衰。

此时，齐国在齐景公的治理下，以晏婴为相，司马穰苴为将。晏婴文能安邦，能谋善谏，外交不辱使命；司马穰苴武能定国，威慑诸侯，其所写兵法，被后世编入与《孙子兵法》同列武经七书的《司马兵法》中。在这文武能臣的辅佐下，齐国正处在齐桓公之后最富强的时代，齐景公一心梦想着谋取中原霸权，再现齐桓公时的盛世，他趁着晋国声威日下，拉拢中原各国叛晋归齐。

公元前503年，最惯于见风使舵的墙头草郑国率先背晋与齐景公结盟，揭开了诸侯叛晋的序幕，随后卫国也因不满晋国叛晋归齐。公元前501年，齐景公正式

齐国名将司马穰苴像

向晋国开战，攻占了晋国安置在齐国与卫国间的战略基地——夷仪（今山东聊城），卫灵公也同时配合齐国出击，进攻晋国的寒氏（今河北邯郸西）地区。公元前499年，鲁国也加入以齐国为首的反晋联盟，齐、鲁、卫、郑在东方形成对晋国包围之势。公元前497年，齐卫联军又将战火烧到晋国的河内。

面对齐国咄咄逼人之势，晋国反应迟钝，无心抗争，因为就在同年晋国爆发了一场比外患更危急的内战。当时，晋国赵氏宗主赵鞅在山西晋水之阳筑造了今山西太原的故城——晋阳城。为增加新城晋阳的人口，赵鞅欲将由同族邯郸大夫赵午托管的500户民迁往晋阳。赵午不愿从命，赵鞅便将赵午召到晋阳处死。赵午之子赵稷得知后，当即在邯郸起兵叛赵。这本是赵氏宗族的内讧，却以此为导火索引发了六卿之间的大战。由于邯郸大夫赵午是中行氏宗主中行寅的外甥，范氏又是中行氏的死党，于是范氏与中行氏便协助邯郸赵氏攻打赵鞅，赵鞅寡不敌众，退守封邑晋阳。三家兵围城下。眼见赵氏有倒悬之危，晋国六卿中的韩氏历来与赵氏为盟，魏氏、智氏也皆与范氏、中行氏不和，他们遂向晋定公请命，言范氏、中行氏为乱，于是晋定公命韩、魏、智三家出兵解围。中行氏与范氏闻知不但没有退兵请罪，反而以下犯上，向晋定公发起进攻。晋定公惊恐万分，急忙下令全国百姓一起征剿叛军，范氏、中行氏未能攻克晋都，反成众矢之的，只好撤回封邑，赵氏之危遂解。

随后赵鞅被晋定公委任全权平叛，范氏、中行氏只好向齐景公求救，齐景公联合鲁、卫、郑等国出兵援助二卿以期分裂晋国。面对内忧外患，赵鞅表现出杰出的指挥才能和政治手段，激励晋人上下同心，齐力抗争，采取围城打援的战术，多次以少胜多，重创反晋联军，还截获齐景公送给二卿的千乘之粮。

齐景公见二卿败局已定，烂泥扶不上墙，便改变战略，直接向晋国腹地发起全面进攻，在几个月内就攻占了晋国从河北邢台到山西壶口的多座城池。眼见国土大片沦丧，齐人横行无忌，赵鞅坚持攘外必先安内的政策，不计较一城一地的得失，避开与齐国主力的正面冲突，然后集中兵力向范氏、中行氏残余势力发起最后的清剿。公元前490年开春，范氏、中行氏二卿最终在赵鞅的迅猛攻势前全线溃败，仓皇逃往齐国避祸。赵鞅就此平定了长达近8年的晋国内乱。

六、夫差北伐

就在晋国内乱平息同年，反晋联盟的领袖齐景公离世，和齐桓公一样，因其没有嫡子，死后诸子争位，诸臣夺权，齐国自顾不暇，齐景公苦心经营的反晋联盟就此土崩瓦解。吴王夫差闻知齐景公死后齐国新君年幼、大臣争权，而晋国历经内乱、国势大损，便欲趁机北进逐鹿中原，以成霸业。他先于公元前489年进攻黄河以南的陈国，后又在公元前487年降服今山东邹县的邾国，并逼迫鲁国成为吴国的附属盟国。

公元前486年夫差灭掉今长江北岸的邗国（今江苏扬州、南通一带），在邗国故地修建邗城[①]，作为北上基地。为方便吴军北进，夫差征调全国大量人力，开凿以邗城为起点，连接长江和淮河，南起今扬州，北达今淮安的淮扬运河——邗沟。越王勾践为促吴国北伐中原，也派文种率万名民夫协助吴国开凿邗沟。之后夫差又征服淮河流域的淮夷，将今江苏全境大部分都并

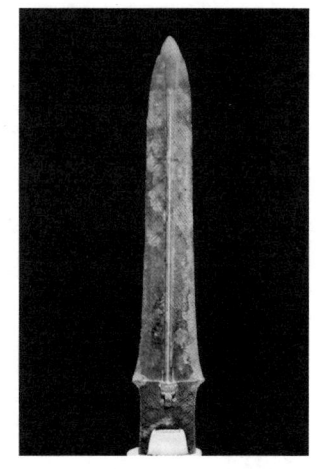

吴王夫差矛矛头

[①]　邗城即今江苏扬州，夫差修建邗城是扬州城市历史的开端。

入吴土，使吴国的疆域与齐鲁接壤。公元前485年，吴国率领鲁、邾、郯等国侵入齐国南境，恰逢齐国内讧，齐大夫鲍牧杀死齐悼公，以齐国国君病卒讣告吴王以求和。吴王夫差却以替齐悼公复仇为名，在军门外痛哭三日，并突发奇想发挥吴国舟师优势，从海上出奇兵绕道齐国后方奔袭山东半岛。这也是中国历史上第一次有记载的海战。但大海不是江河湖泊可比，江上无敌的吴军舟师在海上却行军不利，被以逸待劳的齐人所败，夫差只好退兵回国。

次年（公元前484年）春，齐国为报复先前随同吴国入侵齐国的鲁国，派兵伐鲁，结果反被鲁军击败。吴王夫差闻齐军攻鲁，便率吴军会同鲁军再次北上伐齐，吴鲁联军以锐不可当之势，先后攻占今山东的泰安、莱芜等地，然后在莱芜东北的艾陵取得对齐军前所未有的胜利，俘获齐中军将国书及众多大夫，并获革车800乘、甲首3 000件。经"艾陵之战"，吴国略取齐、鲁两国南疆土地，威震中原，吴国的霸业就此达到巅峰。

七、勾践称霸

当初吴国伐齐之时，越王勾践亲率越国群臣朝吴，为吴王和全军将士献上丰厚的贡礼，吴人皆喜。唯伍子胥屡谏：越国近在腹心之地，舍

伍子胥像

越攻齐，必有大患。吴王不听，就出兵攻打齐国，在艾陵大败齐军。回国后吴王责备伍子胥，吴国太宰伯嚭也趁机在吴王面前再三再四诽谤伍子胥，随后吴王派伍子胥出使齐国，伍子胥把自己的儿子委托给齐国鲍氏，回报吴王。吴王日夜受伯嚭谗言离间，早就怀疑伍子胥不忠，又见伍子胥不但不助己攻齐，反将儿子委托给齐国

鲍氏，便以勾结齐国等罪名，将伍子胥赐死。

随后，吴王召集鲁、卫二国国君在橐皋会盟，此时会盟表面上是商议伐齐之事，但齐国已败，吴王实际上是以伐齐为名会盟各诸侯，向长期垄断霸主地位的晋国示威。公元前482年夫差倾全国之兵，浩浩荡荡向西北进军，在黄池（今河南封丘）与晋、鲁、卫等中原各路诸侯会盟，晋国由执政赵鞅陪同晋定公亲自前来，周天子也派代表前来参加。吴国这次会盟的目的是想通过强大的军势，逼迫晋国让出霸主之位。夫差志在必得，晋国虽日薄西山，但也不愿相让，双方僵持不下。

结果正当吴军倾国北上，与晋相争之时，吴国突然后方起火，潜伏已久的勾践趁吴军倾国而出，国内空虚，悉起境内士卒，突袭攻入吴都姑苏，杀死吴太子友、王孙弥庸，焚毁姑苏台，尽获吴国大舟。吴人慌忙向前线的夫差告急，夫差为防止此事泄露影响自己当上盟主，连杀七名报信的吴兵灭口。最后晋吴谁为盟主，史料记载各不一致，只知夫差

吴王夫差像　　　　　　　　越王勾践像

在会盟之后匆匆赶回国内。此时吴国国都已失，士卒疲惫，无心应战，夫差派亲越的太宰伯嚭向越求和，勾践见吴军主力尚存，恐决战有失，遂与吴国媾和后撤军。

夫差回国后不但没有痛改前非，反而更失去了先前的进取之心，终日沉迷于酒色，不理朝政。公元前478年，吴国发生旱灾，"而大荒荐饥，市无赤米，而囷鹿空虚，其民必移就蒲赢於东海之滨"（《国语·吴语》）。勾践接受大夫文种伐吴之计，拣选精兵，大举攻吴。夫差闻越兵至，亦悉起士卒，双方在笠泽江（今吴淞江）隔水布阵，越在江南，吴在江北。越军兵分三路，于半夜派左右两路潜水渡河，鸣鼓诱敌，夫差急传分军迎战，不期勾践率领的主力中军部队偃旗息鼓，偷渡过江，突袭夫差所在的吴中军。吴军猝不及防，寡不敌众，溃败而逃。勾践乘胜紧追，一连三战三捷，吴军损伤无数。越国就此取得对吴国的决定性胜利。楚王得知吴国被越国打败，也发兵夹击吴国。吴国先前因争霸先后得罪楚、越、齐、晋四大国，如今国势危难，四面受敌，属国皆叛，已至穷途末路。勾践倾全国之力征剿吴国，吴都姑苏在被围三年后于公元前473年沦陷，夫差自裁身亡。强盛一时的吴国成为东周时期最早被灭亡的大国。

勾践在征服吴国全境后，乃领兵北渡淮河，与齐、晋、宋、鲁等诸侯在徐州会盟，周天子派使者赐勾践祭肉，封他为"伯"（霸）。勾践因难以消化吴国广大的土地，同时为交好四邻，遂把淮河流域送给楚国，把吴国侵占宋国的土地归还给宋国，把泗水以东方圆百里的土地划给鲁国，并将国都北迁至琅琊，以巩固北方的边疆。时"越兵横行于江、淮东，诸侯毕贺，号称霸王"（《史记·勾践世家》），宋、郑、鲁、卫等国皆归附越国，勾践成为春秋争霸中的最后一位霸主。

八、商业与货币经济的发展

越大夫范蠡是越王勾践灭吴的第一功
臣，他早年尊老子的弟子计然①为师，计然
传授范蠡七计。范蠡用其辅佐越王勾践，用
其五计就灭掉了吴国。计然传授范蠡之计策
中最重要的就是理财之策，他提出的"论其
有余不足，则知贵贱。贵上极则反贱，贱下
极则反贵"的商品供求理论，以及"积著之
理，务完物，无息币"的资金周转理论等，
是我国最早的经济学理论。

范蠡像

范蠡用计然之策协助越王勾践灭吴后，便功成离去，并劝同为灭
吴功臣的文种急流勇退，称："飞鸟尽，良弓藏；狡兔死，走狗烹。越
王可与共患难，不可与共乐。子何不去？"文种没走，最后果然没逃脱
被勾践赐死的命运。范蠡弃官后，改用计然的理财之策从事商业，他
迁移至四通八达、与列国交通便利的陶邑（今山东定陶），在此经商治
产，十九年之中三致千金，积累了巨万家财，自号陶朱公，开弃官经商
之先例。后世民众皆尊陶朱公为财神，世人誉之："忠以为国、智以保
身、商以致富，成名天下。"鲁国的贫寒书生猗顿因听闻范蠡经商暴富，
便赶到陶邑向他求学致富之术，陶朱公告诉他："子欲速富，当畜五牸
（母畜）。"猗顿听从陶朱公的建议，发展畜牧业，"十年之间，其息不可
计，赀拟王公，驰名天下"，终成倾国巨富。时称："虽上有天子诸侯之
势尊，而下有猗顿、陶朱之富。"把这些富商巨贾和天子诸侯并提，可
见当时商人地位之高。

---

① 计然，姓辛，名文子，道家尊其为通玄真人，是道教中的四大真人之一。

端木子贡像

全球史下看中国 轴心时代的到来

孔子的得意门生，孔门十哲之一的端木子贡（公元前520—？）也因善于经商，富致千金。他去列国结交诸侯，所到之处，国君与他只行宾主之礼，不行君臣之礼。孔子与其门徒能够周游列国，名扬天下，背后的经济保障就是子贡的资助，乃至当时许多人都认为"子贡贤于孔子"[1]。后人多用"端木遗风"以表示"君子爱财，取之有道"的儒商之风。春秋战国时期商人之活跃，地位之高，在后世重农抑商的专制王朝中再也没有见到。

诸多大商人的出现离不开商业经济的蓬勃发展，而这一时期商业的发展则得益于金属货币的流通。中国最早使用的货币是天然海贝，商周时期发现的铜铸海贝算是中国金属货币的鼻祖。到春秋时期，由青铜铲形农具镈演变而来的铲状铜币——布币（因形状似铲，又称"铲布"）替代贝币成为主流通货。青铜铲是当时人们劳动的必备品，所以成为民间流行的交易媒介。最早的铲布币十分厚重结实，其首部中空，还保留有作为工具时安柄的銎，与青铜铲根本区别在于其銎部向下延至铲身中部处多出一道隆脊，既可作为农具又可充当称量货币，被称为空首布。到春秋战国之交，空首布逐渐缩小，减轻变薄，变为布首扁平，无法装柄的平首布。平首布具备货币便于携带的特征，而且布面上通常铸有表示地名和钱币面值的文字，逐渐完成了从金属工具、实用货币到金属铸币的转化。布币主要在三晋、周王室地区通行，在东方的齐、燕等地则主要使用刀币。刀币比布币出现稍晚，和布币一样，是从另一种实用工具青铜削演变而来，因其形状像刀而得名。

---

[1] 《论语》：叔孙武叔语大夫于朝曰："子贡贤于仲尼。"

从实用青铜工具演化出的布币和刀币取代贝币通行北方中原各国，而长江流域的楚国由于镈、刀等青铜工具使用较迟，所以一直通行贝币。进入战国时期后，鉴于无文贝币属于"称量货币"，没有图案作为重量和成色的信用保证，楚国效仿北方中原各国在贝币上刻字，其文字笔画像一只蚂蚁和两个鼻孔，故通称为"蚁鼻钱"（后演化似鬼脸状，俗称"鬼脸钱"）。除铜币外，境内盛产黄金的楚国还是先秦时期唯一通行黄金铸币的国家。铜币与金银货币相比，熔点低、对金属成色纯度要求不大，所以铸造容易，导致民间私铸铜钱成风，且铜钱价格低，只适合小件零售，不适合大宗商品交易。中国在东汉以前，由于白银的冶炼

技术不高，所以当时通行的贵金属货币为黄金，楚国的"郢爰"是我国现存最早的金币，其外形分为方形的金版和扁圆的金饼两种，因其稀有一般只作为国礼赠送和官方交易，仅限流通于上层社会。由于使用范围较小，和渐成固定形制价量的铜币不同，"郢爰"依然是一种"称量货币"，交易时需要将金版或金饼凿切成块，通过称量鉴定后才能流通使用，出土的"郢爰"大多为大小轻重悬殊的零星碎块，到处都有被凿切过的痕迹。货币的革命加快了商品的流通，

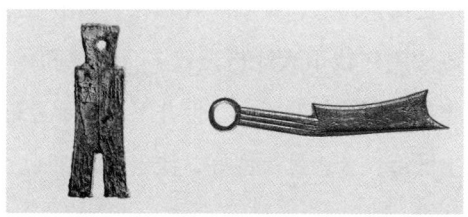

布币（左）与刀币（右）

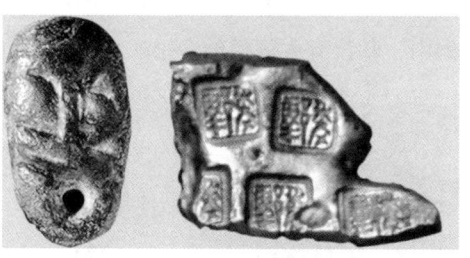

楚国的蚁鼻钱与郢爰

古希腊以弗所的铜币

让商人囤贩货物的能力大大加强，地位也得到前所未有的提高。

中国最早的金属铸币是铜币，历代铸币又以铜币为本位货币，在清末银元出现之前，在中国日常流通的贵金属货币（金银锭、银两）基本都是交易时需称量鉴定的称量货币，所以中国古代的货币史，实际上就是铜币史。西方则正好相反，正如马克思所说："金银天然不是货币，但货币天然是金银。"在西方最早出现的铸币就是贵金属货币，虽然西方在出现贵金属货币后不久也出现了铜钱，但小面额的铜币只被用于小规模的零售支付，大宗贸易仍以金银币为主。

东、西方货币文化上的差异，从技术角度上说是因为中国古代冶金术更擅长铸造，青铜①比白银、黄金熔点低，适合铸造。而且直接用浇铸法制作钱币火耗折损较多，成色和重量又较难精确统一，用于铸造廉价的铜钱问题不大，但并不适用于贵重的金银币；至于西方古代则注重锻造，金银延展性好，便于锻打加工，非常适合西方的冲压打制铸币技术。

而从矿产资源角度上看，中国古代是产铜大国，拥有铜绿山这样的铜山，却没有大规模的金银矿藏。而西方盛产金银，雅典的劳里昂银矿更是前罗马时期世界有记录可查的储量最高的银矿，因此双方都就地取材，寻找更方便使用的矿产。

最后，从地理环境角度上分析，中国地大物博，土地肥沃，自古以来就是以自给自足的小农自然经济为主，每个家庭都通过自己劳动生产出家庭所需的生活用品，长途贸易的需要量少，所以长期流通用于小额支付

古希腊的金币
金币上的人物是戴桂冠的宙斯。

全球史下看中国　轴心时代的到来

---

① 纯铜（紫铜）的熔点为 1 083 ℃，比黄金、白银熔点都高，但含锡量 25% 的冶炼青铜，熔点会降低到 800 ℃，远低于金银。

的铜币。反观环地中海地区，受地形方面的制约，在地理上支离破碎，土地又不都适合种植粮食，其单一的地理环境促成单一的产业结构，许多必需品都要通过对外贸易来获取。西方文明环绕地中海而诞生，正是因为海路贸易运输远比内河、陆路运输更便利。由于铜币价值低，保值功能差，长途大宗贸易携带大量铜币相当不便，所以西方各国都以单位价值大的金银币作为本位货币。

第三节　波斯帝国

> 传统能够定义一个民族，让人们紧紧依附于其中，令他们欢喜，同样可以巧妙地被征服者利用，对人们进行奴役。这条格言在波斯帝国广阔的疆域中为各位总督所谨记，这就是他们用以巩固整个帝国的哲学。无论来自何处的精英分子都可以通过这样的方式令其屈服。
>
> ——［英］汤姆·霍兰《波斯战火》

一、像克罗伊斯一样富有

在华夏各国的货币得到广泛流通的同时，西方的市场经济也因铸币的通用得到前所未有的发展。在当时欧亚大陆西部，货币经济最发达的不是希腊，而是最早发明铸币的吕底亚王国。在西方社会有一句流传千年的谚语"像克罗伊斯一样富有"。克罗伊斯（公元前560—前546年在位）就是这一时期吕底亚的国王。尼尔·麦格雷戈在《大英博物馆世界简史》中说道："在克罗伊斯王登基前的100年左右，吕底亚人已发明了货币，但纯度问题仍无法解决，他们使用的是自然状态的金银混合物，而非某种纯金属。"由于金银的价格差距较大，又难以直接从外观上判断金银成分的高低，因此这种合金货币的价值仍然难以保证。克罗伊斯王在吕底亚金银合金货币的基础上进一步提纯，由国家来铸造发行

古希腊陶器上的吕底亚国王克罗伊斯

固定重量、保证质量的纯金和纯银货币，西方的金银复本位制度就始于此。

此外，吕底亚人还发明了用来鉴定黄金真伪和成色的"试金石"。由于吕底亚的铸币拥有吕底亚王室的信用担保，从而得到人们的普遍信任，它的使用范围超出了吕底亚的国界，成为周边国家的通用货币，这使吕底亚王国在商贸中十分有利。通过积财通货，通商贸易，吕底亚的都城萨迪斯成为著名的财富之都。吕底亚王借助这笔财富，进行军事扩张，将侵略的矛头指向西邻的小亚细亚爱奥尼亚希腊诸城邦。在克罗伊斯当政时期包括爱奥尼亚城邦在内的所有小亚细亚希腊城邦都被吕底亚所征服。当时小亚细亚哈里斯河（今土耳其克泽尔河）以西唯一能保持独立的民族仅有吕基亚人和奇里乞亚人。

相比亚述和巴比伦从征服地区掠夺大量财富来修建自己的国都，财富如山的吕底亚王克罗伊斯则通过大撒金钱来安抚被征服的爱奥尼亚诸邦。他在约公元前550年出资在爱奥尼亚诸邦中的第二大城市以弗所建起与金字塔、空中花园齐名的世界七大奇迹之一的阿尔忒弥斯神庙。阿尔忒弥斯是古希腊和吕底亚共同崇拜的月亮和狩猎女神，她是奥林匹斯十二主神之一，也是以弗所的守护神。以弗所的阿尔忒弥斯神庙由希腊著名建筑师车西夫若恩设计，用纯白大理石建造，长约130米，宽约70米，用了126根高达18米的大理石柱，其规模甚至超过后来雅典的帕台农神庙，这是一座融合希腊与西亚艺术风格的建筑杰作。庙中藏有难以计数的金银财宝。可惜神庙于公元262年哥特人入侵时惨遭破坏，

以弗所的阿尔忒弥斯神庙

殿内的财宝也被劫走。不过后人在遗址中依然发掘出大量这一时期的金银钱币，既有吕底亚铸造的，也有米利都、以弗所等希腊城邦铸造的。它们被称为"阿尔忒弥斯神庙的宝藏"。

二、世界之王居鲁士大帝

克罗伊斯统治时期是吕底亚历史上最富强的时期，但吕底亚人万万没有想到克罗伊斯时代也是他们国家和民族最后的一段历史，在他们东边迅速崛起的波斯人将成为吕底亚历史的终结者。波斯人是今日伊朗人口的主体，和米底人一样同属迁入伊朗高原的西支雅利安人。米底人居住在今伊朗高原西北的米底亚地区，波斯人居住在伊朗高原西南的法尔斯地区。最初波斯人依附于伊朗最早的文明埃兰古国。约公元前 700 年，波

波斯人（前）与米底人（后）

斯部族长阿契美尼斯以埃兰古城安善为中心，创建了波斯最早的阿契美尼斯王朝，但仍然受到埃兰的制约。随着埃兰在亚述的打击下日渐衰败，在他的儿子铁伊斯佩斯统治时期，成功摆脱了埃兰人的控制，始称"安善王"，但不久后波斯又臣服于北方兴起的米底王国。

哈尔帕格将婴儿居鲁士交给牧羊人

公元前 585 年，米底王阿斯提阿格斯把女儿下嫁于隶属米底的波斯王冈比西斯一世，生下外孙居鲁士。由于阿斯提阿格斯多次梦见这个外孙长大后将成为推翻自己的亚洲霸主，便派下属哈尔帕格去杀死还是婴儿的居鲁士。哈尔帕格不忍下手，转而命令一位牧羊人将孩子弃之荒野。正好牧人的妻子刚产下一个死婴，他们于是留下了居鲁士，拿自己的死婴顶替交差。居鲁士在 10 岁时，和邻里的孩子玩耍，被孩子们推举为国王，并鞭笞了一个抗命的贵族之子，导致事情闹大，居鲁士的真实身份也被发现。米底王得知哈尔帕格未处死居鲁士，大怒之下杀死哈尔帕格 13 岁的独生子做成宴会上的菜肴逼其食用。而居鲁士因为在游戏中已成为国王，米底的宫廷祭司称他不会再第二次成为国王了，米底王也就不再追究此事，转将他送回波斯。

成年后的居鲁士在公元前 558 年继承王位，并统一了波斯的 10 个部落①。一心想为儿子复仇的哈尔帕格暗中联合居鲁士策划推翻米底王

---

① 波斯人与米底人同属于半农耕半游牧民族，这 10 个波斯部落中有 6 个为农耕部落、4 个为游牧部落。

米底王阿斯提阿格斯战败被俘

国。公元前 553 年，蓄谋已久的居鲁士起兵反叛自己的外公，与哈尔帕格里应外合，在公元前 550 年决定性的帕萨尔加德战役中彻底击败并俘虏了米底王阿斯提阿格斯，攻陷了米底都城哈马丹，波斯就此取代米底成为伊朗高原的霸主。直到今天，伊朗人仍将居鲁士尊称为"国父"。而显赫一时的米底人再也没能复兴。现多认为今生活在土耳其、伊拉克及伊朗扎格罗斯山脉和托罗斯山脉地区的库尔德人可能是他们的后代，他们也是仅次于阿拉伯、突厥和波斯的中东第四大民族。

居鲁士灭掉米底王国后，占领原附属于米底王国的卡帕多西亚、亚美尼亚等地，直接威胁到米底的联姻盟国——小亚细亚的吕底亚王国。吕底亚王克罗伊斯容不下居鲁士这个"暴发户"，当时居鲁士将米底王阿斯提阿格斯软禁宫中，阿斯提阿格斯是克罗伊斯的妹夫，克罗伊斯想出兵帮他恢复王位。为预知开战结果，他派使者去希腊德尔菲请求神谕。

德尔菲的阿波罗神庙遗址

　　德尔菲是古希腊与"奥林匹亚"齐名的宗教圣地，古希腊人认为德尔菲是"世界的中心""地球的肚脐"。德尔菲的阿波罗神庙、体育馆、运动场和大剧院等遗址至今留存。阿波罗是德尔菲圣地的守护神，由于光明之神阿波罗同时还是预言之神，因此德尔菲神庙也是阿波罗神昭晓其神谕的地方。希腊人每遇重要事务都会来德尔菲请求阿波罗的神谕。德尔菲城里有一道地缝会向外涌出能让人处于迷幻状态的气体，希腊人认为这种气体源自阿波罗的呼吸。阿波罗的女祭司就坐在地缝上的三足椅上。每到地缝气体喷发之时，呼入气体的女祭司就会变得疯疯癫癫，神志不清，这时如问她问题，就会得到一些捉摸不透的答复，这些模糊的答复就是阿波罗的神谕，里面藏有询问者想要的答案。但是神谕的回答总是晦涩多义、模棱两可的，人们按照自己理解的神谕内容去做，如果对了，那就是神谕灵验了，如果错了，那就是人们自己理解错误。总之，神谕永远不会错。后来人们就把这种可以有多种解释的语言称为"神谕式"。

德尔菲神谕给吕底亚王克罗伊斯的答案是"一旦交战，他将毁掉一个帝国"。克罗伊斯听闻大喜过望，以为自己将终结新兴的波斯帝国，便主动攻击了波斯帝国在小亚细亚中部的城市普特里亚。居鲁士被迫迎战，双方交战互有胜负。由于冬季将近，而波斯军队又拥有人数上的优势，吕底亚王克罗伊斯首先退兵了。他遣散了他的军队，打算在次年春季，联合埃及、巴比伦、希腊诸城邦组成规模庞大的联军，再与波斯开战。但他万万没想到，波斯王居鲁士得知他遣散军队后，竟然不收兵，反而趁此时机，全速行军，直接向吕底亚的都城萨迪斯发起进攻。

德尔菲的女祭司

293

第五章 宗教与哲学，帝国与共和（约公元前550—前480年）

很明显，居鲁士要在吕底亚人再一次把他们军队集结起来之前，一举攻陷萨迪斯。克罗伊斯匆忙调遣了一支军队在萨迪斯城前的平原迎战居鲁士。吕底亚人擅长手持长枪在马上作战，而骑兵部队正是吕底亚人赖以获胜的主要力量。居鲁士为对付吕底亚人的骑兵，建立了一支由骆驼骑兵组成的先锋部队。两军相遇后，居鲁士摆出特殊的侧翼阵，将骑兵、重步兵和新组建的骆驼骑兵布置在阵营的侧翼，而克罗伊斯则让吕底亚军队的两个侧翼呈扇形展开，试图包围居鲁士的奇特阵形。结果，由于波斯军的侧翼阵纵横较长，吕底亚大军为达包围散得太开，部队与部队之间出现空隙。居鲁士趁此时机，果断以主力侧翼部队向敌军间的空隙发起突击。

在随后的交战中，居鲁士新组建的骆驼骑兵大显神威，由于骆驼要比马高大得多，其身上还会分泌出令马匹厌恶的气味，吕底亚的战马见

居鲁士的骆驼兵击败吕底亚的骑兵

到骆驼后纷纷避让，不敢冲锋。作为主力的吕底亚骑兵很快溃败，吕底亚联军也随之惨败，逃回都城。居鲁士乘胜追击，成功攻陷吕底亚都城萨迪斯，并乘势兼并了附属于吕底亚的小亚细亚希腊诸城邦。

被俘虏的克罗伊斯面见居鲁士

吕底亚王克罗伊斯被俘后，被居鲁士重用为宫廷顾问，他所提的建议令居鲁士大为赞赏。虽然我们无法确知是不是克罗伊斯的建议，但我们可以确信波斯人迅速采用了吕底亚的铸币模式，并在吕底亚的都城萨迪斯铸造了自己的纯金纯银货币。而波斯人的生活水准也在征服吕底亚后有了质的提升。希罗多德就称："在征服吕底亚人以前，波斯人是没有任何奢侈品和令人赏心悦目的生活用品的。"

居鲁士想嘉奖克罗伊斯，便问他想要得到什么。克罗伊斯则要求派人拿着曾经枷过自己的枷锁，到德尔菲质问神谕答案为何相反。德尔菲祭司对此解释说："当初神谕所指交战将被毁掉的帝国就是您的国家。"就这样，富强的吕底亚王国继米底王国之后戏剧般地被波斯帝国永远终结了，小亚细亚从此被并入波斯帝国的领土。

在灭掉西邻强敌吕底亚后，居鲁士转头向东扩张，在公元前545—前539年的6年时间里征服了整个伊朗阿富汗高原和中亚部分地区，这是个各部曾附属于米底王国，此时正纷纷独立的地区，包括巴克特里亚（今阿富汗）、花剌子模、粟特、帕提亚、德兰吉安那、阿拉霍西那等。波斯大军所到之处，如摧枯拉朽，所有曾附属于米底的地区全告臣服，此时波斯帝国已崛起成为头号帝国。

居鲁士把原附属于米底王国及其周边的一些民族都收归自己的统治下后，便向巴比伦地区进军了。在波斯帝国迅速崛起的同时，原本最强盛的巴比伦王国在一代英主尼布甲尼撒二世驾崩后，发生王位之争，内讧不断。在公元前562—前556年的6年间，巴比伦就发生了两场宫廷谋杀，更替了三位国王，直到第五任国王那波尼德接任后，才趋于稳定。这时期，巴比伦的马尔杜克祭司势力已强大到难以控制的地步，国王只有通过祭司加冕才算合法。每年巴比伦都要举行登位仪式庆典，国王要摘下王冠，跪在地上，接受大祭司的抽打，表示敬神，然后才能再戴起王冠，接受神的祝福。这对那波尼德来说难以忍受，为提高王权地位，他有意不参加一年一度的宗教庆典，于公元前549年离开巴比伦城，前往阿拉伯沙漠的绿洲泰马，试图另立一个崇拜月神南纳的新教派，并将巴比伦各城市崇拜的

巴比伦王那波尼德时期的文物

守护神集中到巴比伦城，以对抗巴比伦的马尔杜克祭司们。马尔杜克祭司不愿坐以待毙，他们煽动信徒内乱，甚至引狼入室，勾结起早就对富裕的巴比伦垂涎欲滴的波斯帝国。

公元前 539 年，居鲁士亲率波斯大军直抵巴比伦城下，那波尼德也已从泰马返回巴比伦，以防御波斯人的入侵。巴比伦人看到先前居鲁士把一个又一个民族接连征服，故而事先在巴比伦城内囤积了可供多年食用的粮食，把自己关在城内坚守不出，打算靠着坚城强弓来耗尽远道而来的波斯军队的战斗力。经过先王尼布甲尼撒二世的大规模兴建，拥有双层加固城墙的巴比伦城固若金汤，再加上可以调控放水淹敌的水闸堤坝，在当时被称为"不可能被攻破的城市"。

由于巴比伦城墙坚固，波斯军队围攻巴比伦毫无进展可言，直到巴比伦盛大的宗教节日到来。当日，巴比伦的军民仗着高大坚固的城墙根本不把波斯大军放在心上，都专注于宗教活动，纵情庆祝，开怀畅饮，结果酒醒之后，发现巴比伦城已沦陷。原来居鲁士暗中派出了一半士兵将河水疏通到当时已成为一片沼泽地的人工湖里去，使横穿巴比伦城的幼发拉底河的水位突然降低到只有大腿中部的深度，然后趁着巴比伦军民在夜色中狂欢，从干涸的河道入城。巴比伦的军民对此毫无防备，国王那波尼德在宫殿中不明不白地就成了波斯人的俘虏。波斯人几乎兵不血刃就占领了"不可能被攻破"的千古名城巴比伦。巴比伦城的失陷正印证了不修城墙的斯巴达人那句话："守卫城邦的是它的战士，而不是围墙。"就

四翼天使

这位四翼天使可能代表了居鲁士大帝，也可能是其天使守护神。在浅浮雕上面用三种语言写着："我是居鲁士国王，一个阿契美尼斯人。"

这样，在一代英主尼布甲尼撒二世死后不到 30 年，历经千年历史的巴比伦古国就这样被居鲁士轻而易举地永远终结了。作为文明起源中心的两河流域文明也就此走完了长达约 3 000 年的文明历程 ①，此后这块富饶的土地先后被不同民族所控制，曾经创建西亚辉煌上古文明的闪米特语族从此先后被波斯、希腊、罗马、安息等印欧语系种族统治长达千年之久，一直到中世纪阿拉伯文明的兴起才得以改变。而两河流域更是到 1921 年伊拉克王国的建立，才再次实现独立发展。但原巴比伦的迦勒底人 ② 到今日仅剩下不到 3 万人，现代两河流域的主体民族已转变为阿拉伯人。

居鲁士入主巴比伦后，继续维持马尔杜克祭司的神圣地位，尊重巴比伦的传统习俗，沿用巴比伦历法为波斯国历。他与之前的亚述帝国和新巴比伦王国的统治者完全不同，居鲁士没有摧毁任何文明，而是充当文明的保护者和重建者，他是中东有史以来最为宽容开明的帝王。据大英博物馆收藏居鲁士征服巴比伦后所颁发的"居鲁士圆柱诏命"上的铭文："我，居鲁

居鲁士圆柱诏命被用作庆祝波斯帝国成立 2 500 周年的标志图案

士，世界之王、万王之王、宇宙之王、伟大的王、强有力的王、正统的王、巴比伦王、苏美尔和阿卡德之王、天下四方之王，把居于该处的神像送回各处圣城。虽然这些地方的圣所久已陷于荒凉，我却为它们设立永久的居所。我召集所有居民，把原居地归还给他们……"圆柱诏命记载居鲁士修复巴比伦、亚述、埃兰以及犹太人的神庙，确定宗教信仰自

---

① 在公元前 522 年（尼布甲尼撒三世）、前 521 年（尼布甲尼撒四世）和前 482 年（贝利马尼尼和沙玛什-埃里巴），巴比伦人曾发动起义，短暂地恢复了独立，但这些起义很快被镇压，所以通常将公元前 539 年居鲁士攻陷巴比伦作为两河文明结束的时间。

② 如今伊拉克的迦勒底人主要信奉基督教迦勒底教派教义，他们的民族语言是迦勒底语。

居鲁士允许犹太人回到圣地并重建上帝的圣殿

由，保留各民族的特权，圆柱诏命因此被一些人誉为"人类历史上第一部宗教和人权自由法案"①。

诏命最大的受益者就是被掳掠到巴比伦为囚的犹太人，居鲁士释放犹太人返回耶路撒冷，给予他们宗教自治的特权，并出资重建被毁的耶和华圣殿（史称第二圣殿），将巴比伦掠走的金银器皿归还，从而开创了犹太民族历史的新纪元。犹太人在《圣经》中盛赞居鲁士为"耶和华的牧羊人""救赎者""耶和华所爱的人"，他也是《圣经》中唯一的被

---

① 目前有关《居鲁士圆柱诏命》的错误翻译版本在一些地方流传甚广，其中包括宣称立法明文废除奴隶制，释放所有的奴隶，实行最低工资保障制度等，每个国家自行决定是否由居鲁士统治，这些内容并未出现在居鲁士圆柱诏命中。

称为弥赛亚（救世主）的非犹太人。犹太人认为是上帝借居鲁士之手解救了他们，因此更加坚信他们是上帝的选民，只要崇奉上帝，就一定会从苦难中得救，《圣经》中便这样写道："即使你们流浪到天涯海角，你们的上帝也会把你们聚集在一起，带你们回来，使你们重新拥有你们祖先住过的土地，而且比祖先更兴盛，人口更多。"（《旧约·申命记》30：4—5）

　　巴比伦并入波斯帝国后，除阿拉伯高原的沙漠荒地外，几乎全部的西亚都被并入波斯帝国的领土，如此在居鲁士即位后短短不到 30 年间，他通过一系列不可思议的胜利，将波斯从一个附属米底的部落变成一个亘古未有的帝国。波斯帝国强大的武力在很大程度上源自波斯人从小开始的军事教育，波斯人认为从军参战远比劳动生产更荣耀，"勇武"是"一项最大的美德"，勇士将得到国王最大的奖赏，因为如果没有人保家卫国，耕种多少亩地都是没有用的。波斯男孩自 5 岁起就要进行骑马、射箭等训练；7 岁以后，开始由国家统一管理训练；15 岁以后就要参加兵役，直到 50 岁退役。儿子众多，在波斯人看来是仅次于勇武的第二大美德，每年国王都把礼物送给子嗣最多的那个人，因为他们认为人多力量大，要有足够多的人口才能有足够的兵源。波斯人正是凭借勇武的美德与人口的增长实现了波斯帝国的扩张霸业。

　　征服两河流域的巴比伦后，自信非凡的居鲁士又打算将生活在中亚地区的游牧民族马萨格泰人也收归自己的统治之下。马萨格泰人属于广义斯基泰人的一支，他们的服饰和生活方式与斯基泰人类似。不同的是，斯基泰人实行一夫多妻制，而马萨格泰人却实行特殊的一妻多夫制，他们的男人都只能娶一个妻子，不过他们的妻子却可随便和别人交媾。当一个男子需要一个女人时，只要在这位女子乘坐的车上挂一个箭袋即可。马萨格泰人是一个勇武善战的强大民族，他们的战马护以铜制的胸铠，刀剑不入，他们会将年老的长辈或因荣耀而死的人献祭后吃掉，以此纪念死者的伟大。病逝的人则只能被埋在土里，没有被吃掉的资格。希罗多德说，斯基泰人就是被骁勇的马萨格泰人赶出了中亚，被迫西迁到西亚与东欧地区的。

当时，马萨格泰人的统治者是丈夫去世后即位的女王托米丽丝，居鲁士假意派使者前去代他向托米丽丝求婚，但遭到托米丽丝女王的坚拒，因为女王知道居鲁士想要的不是她本人，而是马萨格泰人的王国。居鲁士看到他的诡计未能得逞，便亲率大军远征中亚。

起初居鲁士进展顺利，并俘虏了马萨格泰王子。他本想将马萨格泰王子作为谈判的筹码，但马萨格泰王子在被俘后因羞愤难当自杀了。托米丽丝女王悲愤之余，决定率众死战，发誓要让居鲁士"饱饮鲜血，让他的军队淹没在血海里"。居鲁士一生所向无敌，根本就不把女人放在眼里，便轻易出击，深入敌境与女王决战。史载这一场战争非常激烈。双方在对峙的情况之下相互射箭，很快，在他们的箭全都射完的时候，他们便相互猛冲上来用枪、剑之类的武器进行殊死厮杀。最终，战无不胜的居鲁士竟然尝到了兵败的滋味，其代价是战死沙场。马萨格泰女王割下居鲁士的头颅，放在盛满血的革囊里，以兑现让他"饱饮鲜血"的誓言。

居鲁士之死不能阻挡波斯帝国日益强大的趋势，居鲁士之子冈比西斯二世继承王位后，率领波斯的复仇大军夺回了居鲁士的遗体，安葬在居鲁士所建的都城帕萨尔加德 ①，居鲁士陵墓至今仍是伊朗的著名古迹之一。

三、冈比西斯二世与高墨达之乱

居鲁士大帝一生英明神武，但其晚年远征中亚游牧民族的行为，无

---

① 帕萨尔加德其名意为"波斯的花园"，位于今伊朗法尔斯省，为世界文化遗产之一，遗迹的范围为 1.6 平方千米，包括居鲁士陵墓、堡垒、皇宫与花园等遗址，这些花园也包括已知最早的四重花园设计。

疑是军事外交战略上的败笔。游牧民族勇猛善战又居无定所，可以一边放牧一边行军，而农耕民族不仅作战运输成本高，而且即使占领了广袤的草原，也无法耕种，与游牧民族交战显然是一件吃力不讨好的事情。居鲁士大帝的继承人冈比西斯二世认识到这点，因此他不再惦记中亚的贫瘠之地，转而盯上了尼罗河流域的富饶土地。

公元前525年，冈比西斯二世趁着埃及新法老刚即位，亲率大军以阿拉伯人为向导向埃及进军，双方军队在埃及的东方要塞贝鲁西亚决战。据说波斯人在交战时，将猫绑在盾牌上，从而令对方的弓箭手不敢射箭，因为对于埃及人来说，猫这种动物是神圣不可伤害的[①]，埃及军队因此全线溃败，死伤惨重，法老普萨美提克三世狼狈逃至孟斐斯。波斯人不给埃及喘息的机会，以锐不可当之势直捣孟斐斯，俘虏了普萨美提克三世。冈比西斯二世自任埃及法老，史称埃及第二十七王朝（波斯第一王朝）。埃及沦陷后，埃及西边的昔兰尼等希腊在北非的殖民地和

波斯军队进攻埃及时，把猫当作防御护盾与投掷武器

① 古埃及人崇拜猫，猫女神巴斯特是古埃及人最崇拜的女神之一，其崇拜中心在布巴斯提斯。

301

第五章 宗教与哲学：帝国与共和（约公元前550—前480年）

冈比西斯二世征服埃及

利比亚诸部落闻风丧胆，都自愿臣服于冈比西斯二世。

冈比西斯二世和其父居鲁士一样是位能征善战的统帅，但却完全没有其父的宽容大度，他从小患有癫痫病，生性残暴，嗜杀成性。征服埃及后，他屠杀了包括法老儿子在内的2 000名显贵，至于法老本人虽在当时被免于处死，但后来也因参与策反被处死。随后冈比西斯二世沿尼罗河南下，试图将盛产黄金、香料、象牙、乌木的努比亚王国纳入波斯统治，但由于没有准备好充足的粮草，冈比西斯二世扩张受挫。兵败返回埃及的冈比西斯二世正好遇到埃及人在欢庆宗教节日，他把怒气发泄在埃及人身上，鞭打埃及的祭司，焚烧埃及人的神像，禁止埃及人过节，并杀死了埃及人节日上的圣牛。

史载冈比西斯二世在埃及期间，梦见他的兄弟巴尔迪亚将会夺取自己王位。为防止梦境成真，他派人返回波斯秘密杀死自己的亲兄弟巴尔迪亚，但由于他没有公布处死巴尔迪亚的消息，冈比西斯宫廷中的米底祭司高墨达利用了这一点，让他那个长相酷似巴尔迪亚的兄弟假扮巴尔迪亚发动政变，夺取了波斯王位。冈比西斯二世在赶回国内平叛途中，被从刀鞘中意外脱落的佩刀刺伤大腿，因伤口溃烂而暴卒。但高墨达兄

弟也仅统治了波斯帝国短短八个月，波斯
贵族欧塔涅斯就联合包括冈比西斯二世的
堂兄弟大流士在内的六名波斯贵族，发动
宫廷政变，杀死了篡位者高墨达兄弟。现
在的研究表明，所谓高墨达兄弟假扮巴尔
迪亚很可能完全是政变者的诬陷。冈比西
斯二世根本就没杀死他的兄弟巴尔迪亚，
七名政变者杀死的是真实的巴尔迪亚，以
及扶持巴尔迪亚当上波斯王的米底祭司高

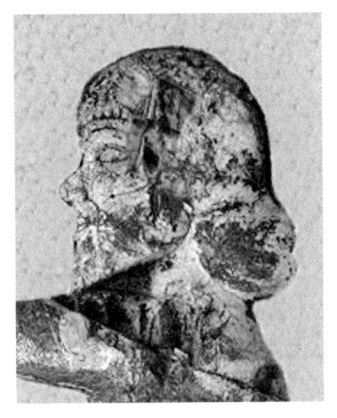

波斯浮雕《巴尔迪亚像》

墨达，然后他们再诬陷真实的巴尔迪亚是由高墨达的兄弟假扮。

随后发动宫廷政变的七名波斯贵族开会决定波斯未来的国家政体，
对于他们在这次会议上的发言，不仅现在的许多学者不相信，就连当
时的很多希腊人也不相信，但是希罗多德依然声称他们确实发表了这些
意见。

欧塔涅斯是这次政变的最先发起者，所以由他最先发言。欧塔涅斯
主张实行民主制度，扩大人民的权利，他反对独裁，并认为冈比西斯二
世和高墨达就是独裁暴政的最佳例子。他说："民主制度的优点首先就
在于它最美好的名声，那就是在法律面前人人平等。其次，那样也便不
会产生一个国王所易犯的任何错误。任职的人需对他们任上所做的一切
负责，而对于他们的一切意见均交由人民大众加以裁决。"

七人中的美加比佐斯当即反对这种民主制度。他认为："没有比不
好对付的群众更愚蠢和横暴无礼的了。把我们自己从一个暴君的统治之
下拯救出来，却又用它来换取那肆无忌惮的人民大众的专擅，那是不能
容忍的事情。不管暴君做什么事情，他还是明明知道这件事才做的，但
是人民大众连这一点都做不到而完全是盲目的。"他强调群众的特点是
无知与盲目，如此国家将会大乱，他建议实行寡头统治，由他们政变七

人与一批最优秀的人物来统治国家。

接着，大流士发言，他认为寡头政府会引起派系倾轧，民主制造成的混乱则会被小人所利用，所以"没有什么能够比一个最优秀人物的独裁统治更好了，因为他既然拥有与他本人相适应的判断力，因此他能完美无缺地统治人民，同时为对付敌人而拟定的计划也可以隐藏得最严密……既然一个人的统治能给我们自由，那么我们便应当保留这种统治方法，而不应当废弃我们父祖的优良法制"。其他四名贵族也都支持大流士的观点。最后，除反对独裁的欧塔涅斯弃权外，其余六名贵族商定，明日清晨大家骑马在郊外的树林会合，在日出时，谁的马先叫起来就让谁当国王。

据说，大流士的马夫当晚将大流士的马与一匹母马牵到要比赛的森林中交配。第二天临行前，马夫又将满手沾上那母马的骚味，待大流士与五名贵族骑马在森林中会和后，马夫将留有母马气味的左手放到大流士马匹的鼻子旁，大流士座下的公马闻到了母马的气味，当即兴奋得昂首嘶鸣，它的求偶一叫为自己的主人大流士赢得了波斯帝国的王冠。随后，大流士与居鲁士大帝的女儿结婚，以居鲁士合法继承人的身份登上王位。"马叫选国王"的故事很可能只是后人的附会之说，因为在这七人中，除大流士以外，其他六人都没有阿契美尼斯家族的血统，因此从血统上来说，理当由大流士担任国王。虽然还是有许多波斯贵族和各民族权贵不认可这位新王，不过很快大流士就证明了他是无愧于居鲁士事业最佳继承人的。

马叫选国王

四、万王之王大流士大帝

有关大流士的生平事迹，除来自希罗多德等古希腊历史学家的记载外，最重要的便是在伊朗克尔曼沙汗省贝希斯敦山上发现的长达25米，共420行的"贝希斯敦铭文"，这也是已发现最重要的古波斯铭文。铭文用波斯、巴比伦和埃兰三种楔形文字书写，详细记述了大流士内征外讨、开疆扩土、当政治国的丰功伟绩。

从铭文的内容可知，在冈比西斯二世驾崩后，波斯帝国偌大的江山濒于瓦解，被征服的各族纷纷造反争取独立，在埃兰、巴比伦、波斯、米底、萨迦尔提亚、马尔吉安娜和亚美尼亚等地区都发生大规模的暴动。大流士针对叛军分散各地、互不协调、独立作战的情况，采取各个击破的战略。在继位后一年多时间里，先后进行了18次大战役，擒获了8个自立的国王①，扭转了帝国分崩离析的局势，使波斯帝国迅速重归统一。

贝希斯敦的浮雕与部分铭文

---

① "贝希斯敦铭文"提及进行了"十九战，俘九王"，但这九王包括政变前的高墨达，如果以大流士当上国王后计算，那么就应该是十八次战争，八个国王。在该铭文浮雕"俘九王"中的八个王，长索系颈，背缚双手，面向大流士。高墨达则被大流士一脚踏在地上。

公元前518年，在帝国内部稳定之后，大流士再次率军出征埃及，镇压了埃及的反波斯起义。随后，大流士在公元前516年远征印度，据古希腊历史学家色诺芬记载，早在居鲁士大帝时期，波斯的军队可能就曾经到过印度。印度次大陆西北部因兴都库什山脉、苏莱曼山脉等高大山体而与西亚地区隔开，当时的印度对于波斯人来说还是一个十分陌生的地域，不过印度河上游支流喀布尔河正好在波斯帝国统治的西亚境内，喀布尔河的中下游河道可以通行木筏和驳船抵达印度河。大流士想知道印度河通往何方，便派出包括希腊水手在内的探险船队从喀布尔河与印度河的会流处顺流而下，一路途经印度十六雄国中的犍陀罗等地，最后抵达印度河的入海口。然后他们再从海上折向西行，抵达红海，进而打通从印度河口到埃及的海上线路。在这次成功的航行后，大流士便征服了印度河流域，将印度十六雄国中地处印度河流域的甘菩遮、犍陀罗纳入波斯帝国版图，并通过从印度河入海口到红海、波斯湾的海上航线进行运输与贸易活动。如此两河流域、尼罗河流域、印度河流域这四大河流域文明中的三个首次被波斯人统合在一起。

刻有大流士国王形象的印章

重建波斯帝国后，大流士认为波斯帝国先前沿用米底王国那种分散自治、由内及外的统治政策，是导致被征服地区独立分裂的重要原因。为加强和巩固波斯中央对地方的控制，预防再起叛乱，大流士创立起高效健全的行政体系。他设立最高法院和地方法院；将全国划分为 5 大军区与 23 个行省 ①；实行军政分权，互不统属，各行省驻军归军区管辖，不受行省总督节制；军区司令和行省总督互相牵制，直属于国王，由其任命，同时要接受行省御史、帝国巡查官的明察以及中央特务组织的暗探。当地土著民族禁止在所在军区服役，负责驻防各地的地方部队基本是由其他省区的兵员构成，且每支部队中都有由波斯人组成的小分队，由中央定期检阅。大流士为统治空前广袤的帝国开创的军区和行省制度为后来的罗马帝国、阿拉伯帝国等世界性帝国所继承。

确立军区和行省制度后，大流士重新统计全国耕地、粮食、矿产等资源，进行赋税制度改革。在居鲁士和冈比西斯统治年代里，没有固定的贡税，而是以送礼的形式缴纳的。大流士根据各省经济特产的不同，明文确定各省的贡赋数目和种类，如"小亚细亚 4 省每年共缴纳 1 760 塔兰特银，腓尼基-叙利亚省要缴 350 塔兰特银、埃及-利比亚省缴纳 700 塔兰特银、巴比伦-亚述省缴纳 1 000 塔兰特银、人口最多的印度（犍陀罗）行省则要缴纳价值约 4 680 优卑亚塔兰特 ② 白银的沙金，比其他任何地区所缴纳的贡税要多" ③，波斯人居住的直隶特区则免除一切税金，还有一些偏远地区也不纳税只定期供奉实物。各地的实物税分别根据当地的特产缴纳，如埃及需每年给孟斐斯的波斯驻军供应谷物与渔产，巴比伦不仅要供应宫廷和帝国军队全年所需粮食的 1/3，还要提供 500 名充当太监的童男，黎巴嫩要供应木材，奇里乞亚进贡马匹，阿拉伯供应香料，高加索地区则要敬献童男童女。据记载，除去实物税，

---

① 希罗多德所记载的行省有 20 个，不包括波斯直隶省。现代学者们认为，希罗多德所列举的行省属于公元前 5 世纪中期，不属于大流士在位的时候。据大流士时期的《贝希斯敦铭文》，当时波斯帝国共有 23 个行省，包括波斯、埃兰、巴比伦、亚述、阿拉伯、埃及、沿海诸地、吕底亚、爱奥尼亚、米底、亚美尼亚、卡帕多西亚、帕提亚、德兰吉安那（锡斯坦）、阿里亚、花剌子模、巴克特里亚、索格底亚那（粟特）、干达拉（梵语为犍陀罗）、斯基泰、萨塔吉地亚、阿拉霍西那、马卡。
② 大流士规定缴纳白银的要按照巴比伦塔兰特（约 30.3 千克）来缴纳，缴纳黄金的要按优卑亚塔兰特（约 25.86 千克）来缴纳。
③ 以上数据皆出自希罗多德的《历史》（第三卷）。

大流克金币

在波斯帝国，只有国王才有特权发行金币。

全球史下看中国

轴心时代的到来

大流士单是每年从各行省收缴的税金总和就有 14 560 优卑亚塔兰特（约 376 521.6 千克）。

大流士将收缴上来的金银存入国库，需要时铸成钱币使用。他还统一货币和度量衡制度，在全国发行和流通三种合法铸币，分别为由帝国中央铸造信誉最高全国通用的大流克金币、各行省铸造的银币、自治市铸造的铜币，以满足商品交易的需要。大流士的赋税制度改革为波斯朝廷积累了巨大财富，希罗多德说，就连波斯人也看出了大流士聚财有方，因此，他们称居鲁士为父亲，称冈比西斯二世为主人，称大流士一世为商人，因为居鲁士是慈祥的，并且总是给他们谋求福利，冈比西斯二世苛酷而傲慢无情，而大流士一世在每件事上都贪图利益。

为维护君权统治，大流士奉琐罗亚斯德教为国教，宣扬"君权神授"，他把自己的一切行为都说成是秉承主神阿胡拉·马兹达的旨意："伟大之神阿胡拉·马兹达创造了这个世界，创造了高远的天穹，创造了人类，为人类创造了幸福，创造了大流士王，他乃众王之王，众王之主。我是伟大之王大流士，众王之王，阿胡拉·马兹达使我占有这个王国，天下皆遵从我的法律，凡与我为敌者，就是与神为敌。""赖阿胡拉·马兹达之佑，凡不崇拜阿胡拉·马兹达的不义之人，我惩罚他们一任己意。凡崇拜阿胡拉·马兹达者，无论生前死后，必永远蒙神恩典。"

琐罗亚斯德教随着波斯帝国的扩张，迅速发展成中东第一大教，琐罗亚斯德教的圣典《阿维斯陀》（意为知识）也在这一时期开始编著成经，成为这一地区诸多民族信仰和遵循的圣书，被称为《波斯古经》。

这部圣典被抄写在 12 000 张羊皮纸上，共 21 卷，约 35 万字，是已知较早的羊皮书卷。尽管波斯帝国推崇琐罗亚斯德教，但依然坚持居鲁士大帝宗教信仰自由的政策，尊重所辖各民族的宗教与文化，笼络当地的宗教祭司以巩固帝国的统治。如在埃及，大流士就效仿过去埃及法老来统治埃及，并修缮与兴建了许多埃及的神庙。不过需要指出的是，尚武的波斯人对文化教育十分轻视，希罗多德记载："波斯人只教其子三事：骑马、射箭和诚实无欺。"直到公元前 5 世纪，波斯贵族才接受神庙教育，连大流士本人都是文盲。在波斯统治时期，由于政府资助的减少，原本领先的埃及和巴比伦学术发展近于停滞，逐渐被后起的希腊赶上。

大流士时期的波斯金盘

为加强对辽阔领土各地的控制，方便军队的调动和命令的传达以及各省间的联系，大流士在原亚述帝国御道的基础上，修筑了覆盖全帝国的道路网络——波斯御道。御道东起印度河和中亚，西至埃及和爱琴海岸，沿线各段设有驿站，提供住宿饮食和换骑的马匹、驭手，保护商旅行人免遭抢劫。其中主干道从小亚细亚行省首府、原吕底亚都城萨迪斯直通波斯在埃兰的首都苏萨，全长约 2 699 千米，沿途设有 111 座驿站，宽度能够容纳 3 辆牛车并行。商队走完御道的全程需 3 个月，而波斯的皇家信差只需 7 天。西方后世常用波斯御

波斯波利斯的大流士浮雕

道和波斯信差来形容平坦捷径和优秀的邮递员。波斯帝国修建的道路质量上等，后代一直沿用，并成为未来丝绸之路的西段，一部分的道路桥梁保留至今。

除加速陆路建设外，大流士还继续开凿了埃及尼科二世法老未曾完工的尼罗河至红海苏伊士湾之间的运河，运河长达 84 千米，其宽度能使两艘大船并列划桨航行，通过连通尼罗河将红海与地中海、印度洋与大西洋连为一体。大流士又组织了一支腓尼基人为主干的舰队，抵达迦太基、西西里岛和意大利半岛，建立起海上联系，并授予腓尼基人贸易自治特权，以支持其和希腊人进行海上商业竞争，从而让被亚述、巴比伦长期围困的腓尼基城邦得以复兴。

四通八达的水陆交通网的建立不仅加强了中央与地方的联系，而且促进了帝国境内贸易交流的迅速发展，无论是贸易额还是贸易活动的地理范围，都远远超过了过去任何时代，世界的联系更紧密了，连远在东方的今阿富汗等地都能发现希腊的钱币。希腊、腓尼基、阿拉伯、埃及、印度的商人川流不息地往返于帝国最东部到最西部的省份，大大促进了诸文明的交流与传播。大流士十分注重技术的推广，他将巴比伦的果树移植到亚洲更多的地方，将印度河流域的水稻引入两河和尼罗河流域，印度驯养的孔雀传入波斯，家鸡被引入欧洲。大流士还在阿富汗和中亚地区修建了长达 200 千米的灌溉水渠，将农业灌溉技术引入阿富汗和中亚。起源于伊朗高原的坎儿井 ① 也随着波斯帝国的扩张或波斯匠人的移居传遍各地。

---

① 坎儿井是通过主干渠引地下潜流进行农田灌溉的旱地灌溉工程，伊朗东南部克尔曼省的雅雅丘遗址中发现的坎儿井，是目前考古发现可以确定的年代最早的坎儿井，其年代约为公元前 840 年至前 410 年间。伊朗也是世界上拥有坎儿井最多的国家，据统计，伊朗现有 36 300 条坎儿井，其中有 11 条坎儿井被列入《联合国世界文化遗产名录》，因而国际上主流看法认为坎儿井起源于伊朗高原。中国新疆吐鲁番地区也有多达 1 100 多条的坎儿井，大多为清代以来陆续修建，新疆维吾尔语称之为"坎儿孜"，而波斯语称坎儿井为"坎纳孜"，发音基本相同，因此有学者认为新疆的坎儿井可能也是由波斯传入的。也有些国内学者认为坎儿井是在汉朝由今陕西大荔经敦煌传入新疆地区，因为据史书记载，汉武帝时在陕西大荔出现过名龙首渠的井渠，井下可通水，在丝绸之路开通后，"井渠"技术向西传到西域，演变成坎儿井。

出于商业贸易和文化交流的需要，原本在两河流域通用、方便学习使用的字母文字——阿拉米文在整个波斯帝国境内传播开来。波斯人最早用两河流域的楔形文字书写，用阿拉米文做批注，到后来绝大多数官方文件都已改用阿拉米文字。阿拉米文随着波斯征服印度河流域传入印度，形成印度最古老的字母文字佉卢字母和婆罗米字母，婆罗米字母又演化出在南亚、东南亚以及中国西藏广泛使用的字母文字，就此阿拉米字母成为亚洲几乎所有字母系统的始祖。

随着经济的发展，中东文明也迎来了前所未有的繁荣时期，巴比伦、埃兰故都苏萨、米底故都哈马丹、吕底亚故都萨迪斯是当时波斯最繁华的四大都城。虽然巴比伦是波斯境内最大的城市，但由于巴比伦人多次反抗波斯人的统治，所以大流士将埃兰故都苏萨定为波斯帝国的都城，苏萨城因此迎来了历史上最辉煌的时刻。这座都城被建造得富丽堂皇，乃至希罗多德告诉希腊人："谁要是占有苏萨的财富，谁就可以与宇宙斗富。"此外大流士还兴建了一座属于波斯人自己的都市——波斯波利斯（意为"波斯之都"）以便接受各族朝拜。这座都城从大流士始建，历时70多年才建成，征调全国来自埃及、巴比伦、埃兰、印度、希腊、腓尼基各地的大批能工巧匠和建筑材料营建，是一座融合各民族艺术风格的宝库。

大流士在行政、军

波斯波利斯的大流士宫遗址（上）及复原图（下）

事、赋税等方面对后世影响深远的改革，使他与波斯帝国开创者居鲁士相比更像是一位伟大的建设者，但大流士也为波斯帝国开拓了更多的疆域。他不仅征服了印度河流域，还沿高加索山脉的顶部建立了波斯帝国的北部前哨，并对中亚地区进行了远征，将波斯东北的疆界扩张到今中国边界的帕米尔高原，这座平均海拔超过青藏高原、同被称为"世界屋脊"的天柱挡住了波斯军队东进的道路，对于难以逾越的高原东面的华夏诸国，当时的波斯人似乎并不了解。

　　抵达东北的极限后，公元前 513 年，大流士在欧亚交界的土耳其博斯普鲁斯海峡建起一座浮桥，让波斯大军挺进西北的欧洲地区。先是占领了博斯普鲁斯海峡对岸的色雷斯地区（今保加利亚），然后沿黑海西海岸往东北方向进军，架桥渡过了多瑙河，向生活在今罗马尼亚和乌克兰一带的斯基泰游牧部落发动进攻，一路打到今俄罗斯伏尔加河沿岸。斯基泰王伊当提尔苏斯采取游击战术，不组织大军与波斯人正面对抗，却不断派小部队轮流进行袭扰。大流士派使者嘲笑斯基泰人老是逃跑，斯基泰王伊当提尔苏斯回答："波斯人，我从未因惧怕任何人而逃跑过，现在我也不会因为害怕你而逃跑。至于，我不接受你的挑战，是因为我们没有耕地和城市，我们不害怕被攻陷或踩躏。所以除非我们认为适宜的时候，才会接战。"波斯军队最终因斯基泰人的游击骚扰陷入困境，溃退回多瑙河南岸。征服斯基泰人的企图失败后，大流士转向多瑙河西南方扩张，征服了色雷斯全境，并使希腊北部的马其顿王国臣服，还夺取了希腊人在爱

大流士会见斯基泰使者

琴海上的诸多岛屿。

此时波斯帝国已扩张成为人类历史上史无前例，地跨欧、亚、非三洲的世界性大帝国，其领土囊括今埃及、伊朗、伊拉克、科威特、以色列、巴勒斯坦、黎巴嫩、叙利亚、土耳其、阿塞拜疆、格鲁吉亚、阿富汗、亚美尼亚、塞浦路斯、土库曼斯坦、乌兹别克斯坦、巴基斯坦、保加利亚的全境或大部分地区，以及吉尔吉斯斯坦、塔吉克斯坦的西部、哈萨克斯坦南部的部分地区，将两河流域、尼罗河流域和印度河流域的文明首次连为一体，在过去从来没有一个国家的规模能达到当时波斯帝国的 1/3。各族文化、各类文明第一次出现在同一个国家、同一个民族的统治之下，波斯人的宽容政策，使波斯帝国成为古代亚非诸文明的保护者和集大成者，演绎了上古中东文明史上最后一段辉煌。

第四节　希腊与罗马

民主来自人们认识到人类既然生而相似，便应生而平等。

——［古希腊］亚里士多德

一、雅典僭主庇西特拉图

大流士一生的事业近乎完美，但他晚年对雅典的战争却成为他晚节不保的重大污点。雅典自梭伦民主改革后，各方势力为争夺执政官之位经过斗争和组合，形成了利库尔戈斯领导的"平原派"、迈加克利斯为首的"海岸派"和庇西特拉图组建的"山地派"三大政治派系。三派均以各自支持者的主要分布地而得名。其中"平原派"主要为占有平原大片沃土的旧贵族，"海岸派"主要是海岸边靠工商业发家的新显贵，而"山地派"主要系偏远山区的公民。"山地派"地区民风剽悍，但因经济生产条件较弱，在雅典的财阀政治选举中处于十分不利的地位，因此十分不满雅典的现行政体。公元前 561 年，"山地派"领袖庇西特拉图被选为雅典执政官。他依靠"山地派"的支持建起一支由 40 名以木棍为武器的护卫组成的贴身卫队，公然发动政变，占领雅典卫城，建立僭主政权。结果没统治几年就被"平原派"和"海岸派"联手赶出了雅典。

但不久，"海岸派"与"平原派"闹翻。"海岸派"的领袖迈加克利斯打算请庇西特拉图回雅典重新当统治者，但条件是庇西特拉图必须娶他的女儿为妻。庇西特拉图同意了，于是他们派人在雅典城内传言，说雅典娜女神将亲自送庇西特拉图回雅典城，结束雅典党争。然后他们将一位名叫费厄的色雷斯卖花姑娘装扮成雅典娜，让她与庇西特拉图同车进入雅典。色雷斯姑娘费厄的外貌与当时习见的雅典娜肖像相符，因此被许多雅典民众误认为是真的雅典娜，庇西特拉图因此成功复辟。但庇西特拉图成功入主雅典后，虽如约娶了迈加克利斯的女儿，却不肯与她生儿育女，因为他已有多个长大成人的儿子，迈加克利斯感觉受到欺骗，便再次联合"平原派"赶走了庇西特拉图。

离开雅典后，庇西特拉图流亡到希腊东北的色雷斯（今保加利亚一带），

庇西特拉图与假扮的雅典娜同车进入雅典

雅典人庆祝庇西特拉图的回归

穷途末路的他在那里竟然意外地发现了一个大金矿，庇西特拉图通过在
色雷斯经营金矿一举暴富。他利用这天赐之财，招募雇佣兵，并从与雅
典敌对的国家取得援助，联合雅典内部"山地派"，于公元前546年通
过武力成功重返雅典，从此独揽大权至死。

庇西特拉图自诩为平民头领，他向农民发放农具和低息贷款，把土
地税降低至收获的1/10—1/20，没收贵族的土地奖赏给穷人，建立巡回
审判制度，及时处理农村地区的诉讼案件，以防当地贵族干涉中央司
法，大大改善了小农阶层的地位。亚里士多德说："在城邦事务方面，
庇西特拉图奉行一种谦和的政策，比僭主制更为开明；他在各方面都仁
爱而温和，并且对过失者甚为宽容。"他得到贵族和平民两方面的支持，
"这是由于他因通达而赢得了前者，因帮助其私务而赢得了后者"。庇西
特拉图还通过大力发展工商业来团结"海岸派"，他建造商船和战舰，
占领了爱琴海上的一些重要小岛，在小亚细亚西北部建立殖民地，以便
发展爱琴海和黑海的通商贸易，并由此获得巨额贸易利润，大大促进了
雅典经济的发展。

庇西特拉图用贸易赚来的财富
为雅典修筑输水管道，整顿和美化
市场，兴建神庙，建立雅典最早的
图书馆，出资举办宗教节日庆典，
邀请文艺名人参与庆典创作，修建
圆形剧场以方便民众观看戏剧。他
还设立了悲剧竞赛的奖项，开创了
每年一度的悲剧比赛，西方戏剧的
源头——古希腊戏剧就形成于这一
时期。雅典戏剧起源于对酒神狄俄
倪索斯的祭祀，葡萄酒是古希腊的

古希腊陶器上的酒神狄俄倪索斯

雅典的"红彩陶器"

支柱产业，所以每当葡萄收获的日子就要祭奠酒神狄俄倪索斯，人们在节日上饮酒作乐，欢歌悦舞。公元前534年，雅典人忒斯庇斯以非神职人员身份在酒神节上扮演角色，上演了西方第一部悲剧，这一年被定为西方戏剧的诞生年。

亚里士多德称："庇西特拉图的僭主政治犹如黄金时代。"他的独裁统治给处于无休止的政权斗争、长期混乱的雅典带来了和平稳定的秩序，以及经济上的空前繁荣。雅典迅速发展，超过科林斯成为希腊本土最繁荣的城市，雅典生产的黑底红绘图案的"红彩陶器"也取代原产科林斯红底黑绘图案的"黑彩陶器"，成为地中海各国最受欢迎的陶制品。

二、伯罗奔尼撒联盟

如果说雅典是希腊经济最繁荣的城邦，那斯巴达则是希腊军事最强大的城邦，与雅典僭主庇西特拉图同时期的斯巴达领袖是"古希腊七贤"之一的契罗，他于公元前556年担任斯巴达的监察官，为限制国王和长老会的权力，他强化了监察官制度，使其可召集长老会及公民大会，还能审讯和罢免国王。从此监察官成为权势高于国王的斯巴达城邦中最有实权的人。古希腊的历史学家在记录历史年代时，往往都要说明斯巴达首席监察官的名字（如某某首席监察官第八年），而非斯

斯巴达的贤者契罗

巴达国王的名字，以使某些年代得以确认。契罗的改革让斯巴达除来自贵族的国王外，有了监察官这样可由平民担任、强有力的领袖，增强了斯巴达内部的活力。

斯巴达凭借军事上的优势，开始寻求在伯罗奔尼撒半岛上的霸权。当时伯罗奔尼撒半岛上最强大是斯巴达、科林斯、阿尔戈斯三个城邦，其中位于斯巴达和科林斯之间的阿尔戈斯是斯巴达称霸的最强劲敌。阿尔戈斯是希腊重装步兵战术的发源地，民风尚武，军事强大，早在斯巴达征服美塞尼亚的战争中，阿尔戈斯就暗中支持美塞尼亚人，在平定美塞尼亚后，斯巴达和阿尔戈斯矛盾日益加剧。约公元前 669 年，斯巴达在依欣战役中惨败于阿尔戈斯，从此开始卧薪尝胆，在吕库古长老的带领下走上军事化强国的道路。

约公元前 545 年，已经实现蜕变的斯巴达和阿尔戈斯为争夺土地进行了一场仪式化的冠军之战，双方约定各派出 300 名精英战士在约定地点决斗，双方勇士势均力敌，杀得难解难分，最后只剩下 2 名阿尔戈斯

阿尔戈斯的古代剧场遗址

人和 1 名斯巴达人。阿尔戈斯人认为已经取胜便离开了战场，而斯巴达人却留在战场上，用传统的战胜仪式从战死的阿尔戈斯人身上剥下他们的盔甲宣布胜利。结果双方都认为自己取胜，阿尔戈斯说他们活着的人较多，而斯巴达却说阿尔戈斯活着的人逃走了，斯巴达才是最后的胜利者。争执的结果是双方大军相见，最终斯巴达取得胜利。此战之后，习惯留长头发的阿尔戈斯人全部剃光头，并定下法律，在收复被斯巴达占领的土地之前，绝不再留头发，并且不许他们的妇女佩戴金饰。① 斯巴达人却反其道而行之，规定战士以后都要留长发，而在这之前他们是不留长发的。至于在 300 人冠军之战中唯一存活下来的斯巴达战士，因耻于同伴战死，唯自己独活，便在胜利后当场自戕了。

斯巴达打败阿尔戈斯后，又支持科林斯的旧贵族重建贵族寡头政权，科林斯从此成为斯巴达坚定的盟邦。伯罗奔尼撒半岛上的各城邦被震慑于斯巴达的武力，大都加入尊斯巴达为盟主的伯罗奔尼撒同盟。作为同盟盟主，唯有斯巴达才能主持召开同盟大会，提交同盟大会的建议都需经斯巴达公民大会的批准。在军事上由斯巴达人担任指挥官，出兵作战时，各城邦都需派出 2/3 的军队参战，并承担相应的军费开支。此时，希腊各城邦内部因平民和贵族矛盾多出现僭主统治，实行贵族寡头制的斯巴达常以维护希腊贵族寡头政治传统为名，出兵干涉其他城邦的内政，以扩大斯巴达的影响力。

当时雅典在僭主庇西特拉图的统治下走向繁荣富强，但僭主统治效果的好坏完全取决于僭主个人的能力和品格。公元前 527 年，雅典僭主庇西特拉图死后，他贪婪傲慢的儿子希庇亚斯继位，立马就暴露出独裁统治的奢侈浪费、贪污腐败、官僚专制等种种缺陷。被庇西特拉图驱逐出国的政敌们卷土重来。公元前 510 年，雅典"海岸派"的领袖克里斯

---

① 阿尔戈斯最终也没能击败斯巴达，在约公元前 494 年斯巴达与阿尔戈斯的决战中，阿尔戈斯再次败北，6 000 名阿尔戈斯精锐战士被杀，从此一蹶不振，再难与斯巴达抗衡。

德尔菲女祭司在发布神谕

提尼通过收买德尔菲女祭司，使斯巴达人得到了推翻雅典僭主统治的神谕。斯巴达王克里昂米尼一世根据神谕亲率大军联合雅典内应攻入雅典城，推翻雅典僭主希庇亚斯的统治。以雅典僭主时代结束为标志，古希腊历史由古风时代进入古典时代。

三、克里斯提尼的民主改革

推翻雅典僭主政权后，斯巴达试图扶持亲近斯巴达的旧贵族首领萨哥拉斯为雅典的执政官，但亲近平民的贵族克里斯提尼更受雅典人民大众的支持。萨哥拉斯在斯巴达王克里昂米尼一世的支持下驱逐了克里斯提尼，恢复了传统的旧贵族寡头统治。这遭到雅典民众的奋起反抗，斯巴达因此再次出兵雅典。但与上次备受雅典人欢迎不同，这次入侵雅典的斯巴达军队却因遭到雅典人的群起围攻，被迫打道回府。雅典人的斗志源自雅典民众对自身权利的维护，上次是他们借斯巴达之手赶走了独裁僭主，而这次斯巴达要面临的则是雅典庞大的公民阶层。

于是，靠公民阶层扶持上台的克里斯提尼为维护公民利益，在梭伦改革的基础上进行更彻底的民主变革，其主要改革内容包括：

第一，组建 10 个行政区域代替传统的 4 个地域血缘部落。雅典最早由阿提卡半岛上的 4 个氏族部落联合组建，政府的重要职位的任职人员都是从 4 个部落中选举而来。由于 4 个部落是以血缘地域关系组成，因此各部族拥地自重的贵族世家在选举中总是独执牛耳。克里斯提尼将阿提卡半岛划分为城市区、沿海区、内陆区 3 个大区，每一大区又分为 10 个小区，然后通过抽签方式从 3 个区域的 10 个小区中各抽取一块组建成一个行政区，最后建成共 10 个行政区域（下设 139 个社区）。每一个行政区域都占有城市、沿海、内陆 3 个区域中的一个小区，而且这 3 个片区不许相连，必须被其他行政区域隔开。这种由相互散落的地区混合而成的行政区域削弱了原各部族的血缘地域联系，打破了旧部落贵族世家的权力垄断，从而防止因部族斗争损害城邦利益的现象发生。

第二，从 10 个行政区域各选举 1 名将军组成十将军委员会，它作为城邦最高军事机构，在出征期间轮流掌握兵权。10 个行政区域不仅是一个政治组织，而且具有军事职能，每个地区都要提供 1 支步兵队和骑兵队，以及 5 艘配有船员和船长的舰船，各区域每年换届选举 1 名将军统率各自区域的全部武装力量，同时参与城邦管理。

第三，把梭伦建立的 400 人议会扩充为 500 人议会，使原本最贫困的第四等级公民也有参选议事会的权利。500 人议会在国家最高权力机关公民大会闭会期间负责处理国家日常政务，并为公民大会准备议案。500 人议会的成员通过抽签从 10 个行政区域各选 50 人担任，这 50 人团分组轮流执政。所有的雅典公民都可通过抽签的办法入选议事会和当选普通官员，当选后享有免费食住、免服兵役和各种福利特权，对专业技能要求较高的职位要通过职前训练及测试，执政官等高官则通过选举产生。500 议员和各级行政官员完结一年的公职后，都必须接受特别法庭为期数月的调查，在调查期间是严禁出任公职的。

第四，建立"陶片放逐制度"。为杜绝再次出现独裁的僭主，克里

雅典使者向波斯人奉上代表臣服的"土与水"

斯提尼规定在每年公民大会上,可用全体公民陶片投票的方式将可能威胁雅典民主制度的高官显贵放逐出国 10 年,10 年后被放逐者可返国并恢复公民权。

克里斯提尼的改革标志着民主制在雅典的最终确立,但他的民主政策依然遭到贵族们的反对,而斯巴达人也随时准备联合雅典城内的贵族再次入侵雅典。为此,克里斯提尼派出使团与波斯的小亚细亚总督阿塔佛涅斯会晤,向波斯人奉上代表臣服的"土与水",希望能依靠波斯帝国的力量对抗斯巴达。但是这种丧权辱国的做法不仅让克里斯提尼与他的使团受到国内雅典人极大的羞辱,也使波斯人有了干涉雅典内政的借口。不久后,被推翻的雅典僭主希庇亚斯逃亡波斯,向波斯的小亚细亚总督阿塔佛涅斯求助,以图复辟,并许诺将让雅典完全臣服于波斯。阿塔佛涅斯随即要求雅典人迎接希庇亚斯回去。雅典人对此拒不从命,那么这也表明雅典公然与波斯为敌,双方之间的战争已不可避免。

四、米利都起义和马拉松战役

雅典和波斯战争的直接导火索是"米利都起义",波斯人征服了吕底亚后,也使小亚细亚西海岸的希腊爱奥尼亚城邦匍匐在他们的利爪下,波斯人委任忠于波斯的傀儡僭主管理爱奥尼亚各邦,但习惯了自由的希腊人一直都是不顺从的子民，爱奥尼亚的城邦一直在寻求独立的机会。

公元前500年，爱奥尼亚最大的城邦米利都最先揭竿而起反抗波斯人的统治，其他城邦随即纷纷响应。爱奥尼亚人深知单靠他们的力量无法对抗波斯，便向希腊本土求援。求助者最先来到希腊最强大的城邦斯巴达，但当斯巴达人一知晓从波斯帝国的边境走到首都需要花三个月的时间，就立马下了逐客令。无奈下，求助者来到雅典。雅典和爱奥尼亚诸城邦同属爱奥尼亚部族，早期的米利都人全是从雅典移民过去的，双方的经贸文化交往十分密切，雅典人十分同情这些海外同胞的遭遇。此时的雅典与波斯刚刚决裂，被波斯控制隔海相望的爱奥尼亚，对雅典的海上贸易十分不利，便同意派出军队增援。

有了雅典的支援后，爱奥尼亚城邦联盟一下就变得得意忘形，反守为攻，向波斯小亚细亚行省的首府、原吕底亚首都萨迪斯发起进攻，波斯人对此毫无防备，萨迪斯瞬间沦陷，被洗劫一空，烧成废墟。火烧萨迪斯的后果很严重，大流士听到萨迪斯被焚毁后非常震怒，发誓要让希腊人付出血的代价。他要求仆人每天在晚餐的时候都要提醒他三次"陛下，记住雅典人"。波斯大军很快就击败了起义军队，雅典军队被吓得扬帆回府。波斯人逐个攻破反叛的爱奥尼亚城邦，从海、陆两方面切断了米利都城与希腊

希腊人火烧萨迪斯

本土的联系。

公元前 494 年，在起义 6 年后，米利都沦陷，波斯人在城破后屠杀了几乎所有的男人，幸存的妇女和儿童则被贩卖为奴。爱奥尼亚的其他城邦也大多遭到了血洗的命运，希俄斯岛、莱斯博斯岛、提涅多斯岛被杀得空无人烟，许多爱奥尼亚人的城市与神庙被付之一炬。希腊人为爱奥尼亚同胞的命运悲痛不已，后来古希腊悲剧诗人普律尼科司创作了一部《米利都陷落》的剧本，演出中"全体观众都哭了起来。他们以普律尼科司使他们想起

古希腊花瓶画中的波斯王大流士

了同胞的令人痛心的灾祸而课了他一千德拉克玛的罚金，并且禁止以后任何人再演这出戏"。①

然而，希腊人的灾难将不止于爱奥尼亚城邦。公元前 492 年，大流士在平息了爱奥尼亚叛乱之后，乘胜讨伐隔海相望的希腊，不过天有不测风云，波斯的舰队还未到达希腊，就在阿托斯海角遭飓风袭击，大部分舰船沉入海底，只好掉头退回亚洲。

在第一次入侵半途而废后，大流士转而幻想让所有希腊城邦都不战而降，他派遣使者前往希腊各邦要"水和土"作为归顺的标志。声势浩大的波斯军队早就让许多希腊城邦闻风丧胆，许多希腊城邦因恐惧而表示屈服，雅典和斯巴达则分别将波斯使者丢入深谷和水井中，让他们自

第五章 宗教与哲学，帝国与共和（约公元前550—前480年）

① ［古希腊］希罗多德：《希罗多德历史》，王以铸译，商务印书馆，2011 年，第 6 卷，第 21 节。

斯巴达将波斯使者投入水井中，让他自己去取"水和土"

己去取"水和土"。

　　大流士于是在公元前 490 年派出海陆两方共约 10 万大军 ①，600 艘战舰再次杀奔希腊而来。这次的目的便是征服曾出兵援助米利都的雅典与爱勒特里亚，被推翻的雅典僭主希庇亚斯也加入远征队作为向导。在这位前僭主的引导下，波斯人先是攻破了爱勒特里亚城，然后在雅典郊外的马拉松平原登陆。雅典立即派长跑健将斐里庇第斯火速奔赴斯巴达求援，斯巴达虽没有拒绝，但却要按祖规到月圆之日才出兵。

　　此时雅典军队只有约 9 000 名重步兵和 2 000 名轻步兵，面对军力数倍于自己的波斯人，按道理雅典人应该坚守阵地以待斯巴达援军到来。但兵力占决定优势的波斯人则可趁此之机，兵分两路，留下陆军牵制住可能出城野战的雅典主力军队，再派海军绕道前进，联合雅典城的内应，直取后方毫无防备的雅典城。因此雅典将军之一的米太亚德召集诸将开会，决定不等斯巴达军队到达就先向波斯人发起袭击。

　　波斯人根本没料到雅典人会这么快就赶来以卵击石，等到他们杀到

---

① 现代的军事史家估计所谓的 10 万大军是指船舰上包括水手与后勤人员在内的所有人员，如果仅指运载的陆战部队，那么估计波斯有 25 000 名步兵和 1 000 名骑兵。

自己眼前时才仓促应战。面对敌我兵力悬殊的情况，米太亚德将作战阵列拉得与波斯军队同长，然后跑步前进，快速发起突击。这样波斯人就无法依靠人多包围雅典军，作为波斯军队主力的弓箭部队也无法尽力发挥自己远程上的优势，被迫直接和雅典军队展开近距离的肉搏战。两军交接后，人数占优势的波斯军队轻易地就突破雅典阵列的中央。自以为得手的波斯人纷纷拥入突破口，雅典军中央且战且退，而

马拉松之战 1

这正是雅典统帅米太亚德所期望的。因为在此之前，他已把主力精锐步兵重点布置在阵形的两翼，在波斯大军尾追雅典军中央后，雅典两翼精

马拉松之战 2

锐便成功突破波斯较薄弱的两翼部队形成"凹状"的鹤翼阵形，将中央的波斯军合围夹击，波斯人三面不能相顾，狼狈逃窜回船上遁走。希腊军追至海边，夺取了 7 艘战船。整场战役中，雅典方仅阵亡 192 人，而波斯则损失了 6 400 人。雅典人阵亡的 192 名战士的陵墓至今仍存留在马拉松平原之上。

斐里庇第斯赶回雅典报捷

虽然雅典人夺取了 7 艘敌船，但还是有很多波斯战舰得以离开。波斯人试图走海路绕过苏尼昂海角，在雅典军队返回城内之前攻占雅典主城。当时的雅典城中有许多人因害怕，准备投降波斯，为安稳雅典城内民心，雅典军队在马拉松战役胜利后立马再派长跑健将斐里庇第斯赶回雅典报捷。这位长跑能手从马拉松战场一口气跑完约 40 千米路程，说完胜利消息后，就累得倒地而死。[①] 斐里庇第斯带来的好消息，大大鼓舞了雅典城内军民的士气，最终雅典军队赶在波斯军队到达之前赶回雅典，成功保卫了他们的城市。

孤军奋战的雅典取得对波斯帝国的辉煌胜利，打破了波斯人不可战胜的神话，极大地鼓舞了希腊人为自由和独立而战的勇气和信心。就面积与人口而论，雅典战波斯就好比蝼蚁斗大象，但是这只小小的蝼蚁却成功击退了大象的进攻。雅典人把胜利归功于他们对自由民主的追求。

---

① 为了纪念马拉松战役的胜利和长跑英雄斐里庇第斯，雅典人根据当年斐里庇第斯跑过的距离，制定了今日的马拉松长跑赛。

因为在那个时代的希腊人看来，最珍贵的财富就是自由。民主自由也是当时新兴的西方希腊文明与古老的中东诸文明最本质的区别。希罗多德曾记述，一个希腊人对一个波斯人说："你们不知自由为何物，一旦你们懂得了，即便手无寸铁，也会为自由而战的。"雅典对波斯的胜利，常常被视为自由民主对专制王权的胜利，是为自由平等而战的公民对波斯王强拉来的壮丁的胜利。希罗多德称："权利的平等，不是在一个例子，而是在许多例子上证明是一件绝好的事情。当雅典人在受僭主压迫统治时，他们在战争中并不比他们的任何邻人高明，就好像为主人做工的人一样，他们宁可做个懦夫。可是他们一旦摆脱了僭主的桎梏，就远远超出了他们的邻人，每一个人都尽心竭力地为自己做事情了。"

　　无疑，雅典的民主制度是他们能以少胜多，赢得马拉松战役胜利的关键，雅典的民主制是西方民主制的源头，而罗马的共和制也同样对西方后世产生了极为深远的影响。公元前509年，就在雅典人推翻僭主独裁进行民主改革的同年，罗马人也推翻了专制王权进入共和国时代，从此走上文明发展的新纪元。

五、罗马共和国

　　罗马王国因第六代王塞尔维乌斯（公元前578—前534年）的改革迅速崛起，但塞尔维乌斯最后却不得善终，在公元前534年被他的女婿小塔克文（前王老塔克文之子）谋杀。小塔克文继承王位后，残暴专制、贪婪成性。他兴建宫殿，穷兵黩武，四处扩张。罗马王国在他统治时期势力范围达到鼎盛，但连年征战和繁重劳役导致罗马民怨沸腾。滥杀成性的小塔克文疯狂镇压反对派，古罗马残忍的"十字架刑"相传就是始于他统治时期。

　［美］汉密尔顿：《希腊的回声》，曹博译，华夏出版社，2008年，第1章。

第五章　宗教与哲学：帝国与共和（约公元前550—前480年）

前任国王塞尔维乌斯被谋杀后，他的外孙通过佯装成傻子幸免于难，长大成人后，他的名字布鲁图斯在拉丁文里面就是"傻子"的意思。公元前509年，罗马贵族科拉蒂努斯的妻子卢克莱西娅因被小塔克文的儿子强奸而自尽。这事引起了罗马人对小塔克文暴政的众怒。一直装疯卖傻的布鲁图斯见时机成熟，便撕去傻子的伪装，在广场上痛诉塔克文的种种罪行，号召人民揭竿而起推翻暴君统治。在布鲁图斯的领导下，罗马人成功赶走了塔克文家族。出于对王权专制的痛恨，罗马公民大会决定以后不再实行国王统治，改选布鲁图斯与科拉蒂努斯为执政官替代国王执政。罗马王政时代就此告终，罗马共和国从此开始。

布鲁图斯与众人宣誓，永远不让任何人成为罗马国王

小塔克文被逐出罗马后，妄想卷土重来，他暗中联络国内保王党反对共和国，其中还包括罗马执政官布鲁图斯的两个儿子和执政官科拉蒂努斯的两个外甥。结果阴谋败露，所有内应全被抓获。两位执政官在罗马中心广场当众审判亲人。布鲁图斯大义灭亲，依法判处自己两个儿子死罪，而科拉蒂努斯却徇私护亲，提议将他的两个外甥逐出罗马。这遭到布鲁图斯的坚决反对，最后人民都拥护布鲁图斯的宣判，他们迫使科拉蒂努斯辞职并离开罗马，另选出瓦莱刘斯接替他的职务。

小塔克文见内应被抓，便找来外援，他的祖系属伊特鲁里亚人，便从伊特鲁里亚城邦搬来一支大军围攻罗马。共和国之父布鲁图斯死于卫国战争，罗马周边的拉丁城邦也落井下石，入侵罗马。同时罗马国内发生经济危机，在之前伊特鲁里亚-塔克文王朝统治罗马时期，许多伊特鲁里亚人移入罗马，带来了众多的资金和先进的生产技术，伊特鲁里亚王朝被推翻后，这些人开始大量流出。

面对内忧外患，罗马新任执政官瓦莱刘斯制定出一系列稳定人心的紧急措施，包括：减免税收，将海盐贩卖权收归国有；将国库财政移交财务官管理，最高执政官不得参与；阴谋实行独裁专制者要处以死刑；对于司法官的判决，凡是罗马公民都有权提出上诉。这些措

罗马共和时期的布鲁图斯青铜像

施的颁布，使罗马人心逐渐安定，经济生产也开始恢复，全民一心抗击侵略者。依靠人民的支持，罗马成功挫败了王室复辟的企图，保住了共和政体，但也被迫割让了大面积土地给伊特鲁里亚人。罗马为实现共和牺牲了王政时代的国土面积，变回建城初期的蕞尔小国，其领土范围大概只有当时雅典城邦范围的 1/10，但罗马人民再也不愿回到过去的王权专制时代了。

罗马共和国实行执政官、元老院、百人团会议三权分立的制度。与雅典首席执政官只有一名不同，罗马共和国的最高执政官共有两名，由百人团会议选举产生，一年一任，没有薪俸，卸任后供职于元老院。每名执政官各有 12 名扈从，肩扛插战斧的束棒，象征绝对的最高的权力，这种束棒称作"法西斯"，日后成为专制独裁的代名词。两名执政官权力平等

肩扛"法西斯"的扈从

互制，可相互撤除对方的决议，在危急时期，可选出独裁官代替两名执政官对付紧急局势。独裁官拥有 24 名肩扛"法西斯"的扈从，但任期仅为半年。由于两名执政官每年改选，互相牵制，危急时期任职半年的独裁官也须元老院提名，同时百人团会议所提议案都要经元老院批准，所以元老院实际上掌握了最高权力。元老院由 300 名氏族长老和退任的执政官组成，任职终身，不仅有权监督执政官的行动，百人团会议也只能对元老院审查过的议案进行表决，不能讨论，所以罗马的共和时代就是由元老院贵族寡头统治的时代。

因为罗马共和国是贵族元老的共和国，平民有当兵的义务，但在政治上却毫无地位，所以经济上备受贵族剥削，经常当兵回来，发现自己的土地和财产都已被债主出售一空，甚至连家人也沦为债务奴隶。面对贵族的压迫，罗马平民的对策是拒服兵役。公元前 494 年，罗马再遭外族入侵的威胁，而罗马平民却拒绝作战，带着武器和粮草纷纷离开罗马前往圣山，史称"第一次撤离运动"。罗马贵族没有出兵镇压，而是派出使者到圣山与平民的代表谈判，最后贵族做出让步，罗马元老院颁布"禁止债主出售在军中服役公民的财产或扣押其家人"的法令，并授予平民举行平民大会（特里布斯会议）和选举保民官的权利。平民大会具

第一次撤离运动

有行政职能，但决议仅对平民有效。保民官由平民大会从平民中选出，初为 2 名，后增至 10 名，负责保护平民的利益，有权出席元老院会议，担任军团司令官，否决一切侵犯平民利益的行为和法令，这样就打破了元老院贵族垄断政坛的局面，从而缓解了贵族与平民之间的矛盾。

第五节　结语

> 这个时代产生了所有我们今天依然在思考的基本范畴，创造了人们今天仍然信仰的世界性宗教。
>
> ——［德］雅斯贝尔斯《论历史的起源与目标》

在中国的春秋时期，诸侯争霸的霸主体系取代传统的周王室封建政治体系，春秋五霸先后轮番登场，却没有一个能够再重建周王朝时期的和平与秩序。与此同时，印度同处在战乱不断的列国时代，希腊则依然处于城邦林立的小国时代。至于上古的中东诸文明，在短暂复兴后全都被纳入波斯帝国的统治下。如果说这一时期最强盛的国家，那毫无疑问是强大的波斯帝国，不过同期中国、古印度、古希腊三大文明对后世的影响力丝毫不亚于波斯文明。虽然当时这三大文明的政治局势并不稳定，但在这三个地区都出现了伟大的思想家，留下了不朽的传世著作，古典文明正是在这一时期发展起来的，成就了人类精神文明的"轴心时代"。

德国哲学家雅斯贝尔斯在《论历史的起源与目标》一书中写道："公元前 800 年至公元前 200 年是人类文明的'轴心时代'，这是人类文明精神的重大突破时期，当时中国、希腊、印度等文明都出现了伟大的精神导师……他们提出的思想原则塑造了不同文化传统，并一直影响着人类生活。而且更重要的是，虽然中国、印度、中东和希腊之间有千山万水的阻隔，但它们在轴心时代的文化却有很多相通的地方。"诚然，上古时代并不缺乏伟大文明，但雅斯贝尔斯的"轴心时代"理论更加关注人类文明的精神层面，他认为，只有产生了伟大思想家，并由他们提出的思想原则塑造出了各自文化传统的文明，才可以称为人类文明的"轴心民族"。

在雅斯贝尔斯看来："在所有地方，轴心期结束了几千年古代文明，它融化、吸收或淹没了古代文明，而不论成为新文化形式载体的是同一民族或别的民族。前轴心期文化，像巴比伦文化、埃及文化、印度河流域文化和上古中国文化，其本身规模可能十分宏大，但却没有显示出某种觉醒的意识。"而在这个时代，中国、印度、希腊等地区都发生了"终极关怀的觉醒"，那里的人们开始用理智和道德的方式来思考这个世界，最终使自身文明超过上古时代诸文明。而那些没有实现突破的上古文明，如古埃及文明、巴比伦文明等最终都难以摆脱被灭亡的命运。

在这一时期的历史中，巴比伦和古埃及相继被后起的波斯帝国所征服，而实现精神突破的古希腊人则成功击败了波斯帝国，并成为以后地中海文明的中心，从此古希腊取代了古埃及、巴比伦成为欧亚大陆西部地区文明发展的主角。古典思想文化的初步形成，在中国是以孔子、老子为代表的儒学道家，在西方是以泰勒斯、毕达哥拉斯为代表的古希腊自然哲学家的出现为标志的，在中东有琐罗亚斯德和犹太教的先知们，在印度则产生了婆罗门教和佛教。四大区域文明都实现了不同类型的"思想突破"，而正是这些不同思想文化塑造了中国、西方、中东、古印度四大区域不同的文化传统。

在中国、波斯、古印度、古希腊这四个轴心时代的文明中心，只有中国的文明是一脉相承下来的，波斯、古印度、古希腊都是在第一批古文明被毁灭后作为第二批古文明出现的，这充分展现了中华文明的延续性和自我突破能力。如果对比中国、中东、古印度、古希腊四大区域

"思想突破"的起始与差异，可知中国哲学注重伦理政治，因为中国哲学产生于周朝礼崩乐坏、天下失序后，人们对国家与社会关系的思考。古印度哲学主讲宗教人生，因为古印度的婆罗门阶层试图用宗教思想来维护种姓特权，同样反对婆罗门教的人士也要用宗教思想对其加以反驳。古希腊哲学的开端是以自然界为研究方向的自然哲学，这源于古希腊人学习到古埃及、巴比伦人的自然知识后，试图通过理性给出自己认为合理的解释。至于中东，所关注的是神学而非哲学，这可视为上古时期神学思想的变革与发展。不同的思想发展方式决定了它们以后不同的发展方向。

不过在当时的人们看来，东、西方文明最本质的差异绝非自然哲学与伦理、宗教哲学的区别，而是民主共和与君主专政之分。古希腊古罗马的公民政治是古代民主思想与实践的摇篮，具有政治主体资格的古希腊、古罗马公民确实享受着其他国家的臣民所没有的政治权力。在古代的中国，西周、春秋时期，臣属于诸侯国君的人口被称作"公民"，由卿大夫控制的人口被称作"私人"，在"公民"阶层也存在"国人"和"野人"之分。国人作为介于上层贵族与普通平民之间的社会阶层，他们不仅与希腊、罗马的公民一样有从军的权利和义务，还是一股强大的政治势力。如《左传·定公八年》记载卫侯欲叛晋，却担忧大夫们不听从，后他通过"朝国人"而询国危，最终做出"叛晋"的重大决定。《左传·哀公元年》也记载了吴楚争霸时，陈怀公为向楚还是向吴的问题，朝国人而问焉，曰："欲与楚者右，欲与吴者左。"相比晋、楚、齐、秦等大国，像卫、曹、陈、许、莒等小国国人干政的现象更为明显。但这仍与古希腊古罗马国人的政治参与本质上不同。在当时印度列国时代的十六国中，只有两个实行共和制，其他都实行君主制。十六国之外的小国，反而多数是实行共和制。这也正好说明为何小国寡民的罗马城邦更容易形成民主政治，等到疆域广大的罗马帝国时期，公民大会就几乎完全丧失了作用。为什么会出现这样的现象，值得思考。

另外，春秋时期的邦国和古希腊古罗马的城邦他们都有一个共同之处，就是都以一个城市为中心，居住在邦国城中的国人与居住在城邦中的公民都拥有政治权力和从军卫国的义务。在春秋邦国时期，是国人力量和影响最强盛的时期，但随着各诸侯国纷纷打破国野分界，将全国居民都纳入国家控制之下，原本诸侯国君的"公民"和卿大夫的"私人"的分别也逐渐消失，到了战国时期，各诸侯国的民众都陆续变为统一的编户民，拥有政治权力的国人阶层也消失了，像希腊城邦那样的公民政治当然就更无从谈起。中国的历史从邦国时代走向帝国时代，其间的过渡时期是战国时期，而这一时期也正是希腊城邦民主盛极而衰、马其顿帝国兴起的时代。

历史大事件对照表

中原	长江流域	波斯	古希腊	古罗马	古印度
约公元前571—前471年，老子在世。 公元前551—前479年，孔子在世。 公元前547—前490年，齐景公在位。 公元前501年，晋阳赵氏之战。 公元前497—前489年，晋国范氏、中行氏之乱，齐国趁乱改政。 公元前490年，齐景公过世，齐国内乱。 公元前484年，齐国在艾陵之战惨败给吴国。	公元前541年，楚公子围弑君即位，是为楚灵王。 公元前537年，楚晋联姻。 公元前536年，楚国先后在鹊岸之战、房钟之战败给吴国。 公元前514年，专诸刺吴王僚，公子光（吴王阖闾）即位。 公元前506年，吴王阖闾在柏举之战大败楚国，攻进郢都，楚昭王出逃。 公元前505年，楚国在秦国帮助下，收复郢都。 公元前496年，越王勾践、吴王阖闾元年，吴军伐越，吴王阖闾同兵败而亡。 公元前494年，吴王夫差动反攻越国，越王勾践在夫椒之战大败吴国，退王勾践求和。 公元前492年，吴越讲和。 公元前486年，越王勾践灭吴，越王勾践成功便死去。 公元前482年，吴越姑苏之战，吴国求和。 公元前473年，越王勾践灭吴，越在徐州会盟诸侯，为春秋最后一个霸主。	公元前558年，居鲁士大帝即位，统一波斯各部。 公元前550年，波斯吞并米底王国。 公元前546年，波斯灭吕底亚，征服小亚细亚。 公元前538年，波斯灭新巴比伦。 公元前530年，居鲁士死于与中亚游牧民族的战争。 公元前530—前522年，波斯王冈比西斯二世在位。 公元前525年，冈比西斯二世征服埃及，波斯统治的第二十七王朝（公元前525—前404年）。 公元前522—前486年，波斯王大流士一世在位，进行行省制改革，大面积扩张领土，波斯成为世界第一个地跨欧亚非的大帝国。 公元前500年，希腊爱奥尼亚城邦米利都等反抗波斯统治的起义，希波战争爆发。 公元前494年，波斯人攻陷米利都。 公元前492年，波斯第一次远征希腊因风暴无功而返。 公元前486年，埃及爆发起义，大流士未及镇压便死去。	约公元前580—前500年，哲学家、数学家毕达哥拉斯在世。 公元前546—前527年，雅僭主庇西特拉图在位。 约公元前540—前470年，辩证法之父赫拉克利特在世。 公元前535年，迦太基在今天的科西嘉岛附近击败希腊人的船队，希腊大殖民时代结束。 约公元前530年，伯罗奔尼撒的大多数城邦加入了以斯巴达为首的"伯罗奔尼撒同盟"。 公元前510年，雅典人民联合斯巴达军队推翻雅典僭主政治，古希腊历史进入古典时代。 公元前509年，克里斯提尼民主改革，雅典民主政治最终建立。 公元前490年，波斯第二次远征希腊，在马拉松战役惨败而归。	公元前509年，罗马人推翻王政，建立共和国。 罗马王政时代结束。 公元前494年，罗马第一次平民撤离运动，罗马平民授予平民保民官的权力。	约公元前565—前486年，佛陀释迦牟尼在世。 约公元前544—前493年，印度摩揭陀国瓶沙王在位。 约公元前486年，第一次佛法结集。

主要参考文献

全球史下看中国

轴心时代的到来

- A.H. 丹尼、V.M. 马松:《中亚文明史》(第一卷),芮传明译,中国对外翻译出版公司,2002 年。

- A.T. 奥姆斯特德:《波斯帝国史》,李铁匠、顾国梅译,上海三联书店,2010 年。

- K.M. 潘尼迦:《印度简史》,简宁译,新世界出版社,2014 年。

- R.E. 杜派、T.N. 杜派:《世界军事历史全书》,传海等译,中国友谊出版公司,1998 年。

- R.G. 柯林武德:《历史的观念》,何兆武、张文杰等译,中国社会科学出版社,1986 年。

- 阿巴·埃班:《犹太史》,阎瑞松译,中国社会科学出版社,1986 年。

- 阿彻·琼斯:《西方战争艺术》,刘克俭、刘卫国译,中国青年出版社,2001 年。

- 阿甫基耶夫:《古代东方史》,王以铸译,上海书店出版社,2007 年。

- 阿诺德·汤因比:《历史研究》,刘北成、郭小凌译,上海人民出版社,2000 年。

- 阿诺德·汤因比:《人类与大地母亲:一部叙事体世界历史》,徐波译,上海人民出版社,2001 年。

- 埃尔顿·丹尼尔:《伊朗史》,李铁匠译,东方出版中心,2010 年。

- 白寿彝总主编:《中国通史》,上海人民出版社,1994 年。

- 柏拉图:《柏拉图全集》,王晓朝译,人民出版社,2003 年。

- 柏杨:《中国人史纲》,同心出版社,2005 年。

- 查尔斯·辛格:《技术史(Ⅰ—Ⅶ)》,王前、孙希忠等译,上海科技教育出版社,2004 年。

- 崔连仲主编:《世界军事后勤史资料选编古代部分(公元前 3500—公元 476)》,金盾出版社，1990 年。

- 范文澜：《中国通史简编》，人民出版社，1955 年。

- 费尔南·布罗代尔：《地中海考古：史前史与古代史》，蒋明炜等译，社会科学文献出版社，2005 年。

- 费尔南·布罗代尔：《文明史》，常绍民、冯棠、张文英、王明毅译，中信出版社，2014 年。

- 葛剑雄主编，曹树基著：《中国人口史》，复旦大学出版社，2005 年。

- 拱玉书：《西亚考古史（1842—1939）》，文物出版社，2002 年。

- 海斯、穆恩、韦兰：《全球通史》，冰心、费孝通等译，红旗出版社，2015 年。

- 汉密尔顿：《希腊的回声》，曹博译，华夏出版社，2008 年。

- 荷马：《荷马史诗·奥德赛》，刘晓菲译，北方文艺出版社，2012 年。

- 荷马：《荷马史诗·伊利亚特》，罗念生译，人民文学出版社，2015 年。

- 赫德逊：《欧洲与中国》，王遵仲、李申、张毅等译，中华书局，1995 年。

- 亨德里克·房龙：《人类的故事》，刘缘子等译，生活·读书·新知三联书店，1997 年。

- 季羡林主编：《印度古代文学史》，北京大学出版社，1991 年。

- 贾雷德·戴蒙德：《崩溃——社会如何选择成败兴亡》，江滢、叶臻译，上海译文出版社，2011 年。

- 贾雷德·戴蒙德：《枪炮、病菌与钢铁——人类社会的命运》，谢延光译，上海译文出版社 2006 年。

- 杰弗里·帕克等：《剑桥插图战争史》，傅景川等译，山东画报出版社，2004 年。

- 杰里·本特利、赫佰特·齐格勒：《新全球史文明的传承和交流》，魏凤莲、张颖、白玉广译，北京大学出版社，2007 年。

- 靳文翰等主编：《世界历史词典》，上海辞书出版社，1985 年。

- 保罗·卡特里奇主编：《剑桥插图古希腊史》，郭小凌等译，山东画报出版社，2005 年。

- 克莱默：《文明摇篮》，苏耀成译，中国言实出版社，2004 年。

- 孔子等编著：《四书五经》，北京古籍出版社，1997 年。

- 蓝勇：《中国历史地理学》，高等教育出版社，2002 年。

- 勒内格鲁塞：《草原帝国》，蓝琪译，商务印书馆，2007 年。

- 理查德·奥弗里：《泰晤士世界历史》，新世纪出版社，2011 年。

- 厉以宁：《希腊古代经济史》，商务印书馆，2013 年。

- 联合国教科文组织编：《非洲通史》，中国对外翻译出版公司，1984 年。

- 林承节：《印度史》，人民出版社，2004 年。
- 林太：《印度通史》，上海社会科学院出版社，2012 年。
- 林沄：《林沄文集文字卷》，上海古籍出版社，2019 年。
- 刘建、朱明忠、葛维钧：《印度文明》，中国社会科学出版社，2004 年。
- 刘文鹏：《古代埃及史》，商务印书馆，2000 年。
- 刘文鹏主编：《古代西亚北非文明》，中国社会科学出版社，1999 年。
- 鲁保罗：《西域文明史》，耿昇译，中国藏学出版社，2014 年。
- 罗伯特·路威：《文明与野蛮》，吕叔湘译，生活·读书·新知三联书店，1984 年。
- 罗素：《西方哲学史》（上卷），李约瑟、何兆武译，商务印书馆，1963 年。
- 罗素：《西方哲学史》，张作成译，北京出版社，2007 年。
- 吕澂：《印度佛学源流略讲》，上海人民出版社，1979 年。
- 吕思勉：《吕著中国通史》，华东师范大学出版社，1992 年。
- 吕思勉：《中国文化史》，海潮出版社，2008 年。
- 尼尔·麦格雷戈：《大英博物馆世界简史》，余燕译，南京大学出版社，2016 年。
- 普鲁塔克：《希腊罗马英豪列传》，席代岳译，安徽人民出版社，2012 年。
- 钱穆：《国史大纲》，商务印书馆，1996 年。
- 乔治·威尔斯、卡尔顿·海斯：《全球通史》，李云哲译，中国友谊出版公司，2017 年。
- 饶尚宽译注：《老子》，中华书局，2006 年。
- 色诺芬：《色诺芬〈斯巴达政制〉译笺》，陈戎女译笺，华东师范大学出版社，2019 年。
- 色诺芬：《希腊史》，徐松岩译，上海三联书店，2013 年。
- 史仲文、胡晓林主编：《世界全史：百卷本》，中国国际广播出版社，1996 年。
- 史仲文、胡晓林主编：《中国全史：百卷本（艺术卷）》，中国书籍出版社，2011 年。
- 世界上古史纲编写组：《世界上古史纲（上册）》，人民出版社，1979 年。
- 司马迁：《史记》，中华书局，2011 年。
- 斯塔夫里阿诺斯：《全球通史：1500 年以前的世界》，吴象婴、梁赤民译，上海社会科学院出版社，1999 年。
- 斯塔夫里阿诺斯：《全球通史：从史前史到 21 世纪》，吴象婴、梁赤民等译，北京大学出版社，2005 年。
- 斯威布：《希腊神话和传说》，楚图南译，人民文学出版社，2003 年。
- 孙武：《孙子兵法》，上海古籍出版社，2006 年。
- 汤姆·霍兰：《波斯战火：第一个世界帝国及其西征》，于润生译，中信出版社，2016 年。

全球史下看中国　轴心时代的到来

- 王海利：《埃及通史》，上海社会科学院出版社，2014 年。
- 王家范：《中国历史通论》，华东师范大学出版社，2000 年。
- 王世舜译注：《尚书》，中华书局，2011 年。
- 王文锦译解：《礼记译解》，中华书局，2001 年。
- 威尔·杜兰特：《信仰的时代》，台湾幼狮文化译，天地出版社，2018 年。
- 威廉·C. 莫瑞：《罗马史纲》，张晓校译，黑龙江人民出版社，2017 年。
- 韦尔斯：《全球通史》，桂金译，民主与建设出版社，2016 年。
- 吴慧：《中国古代商业史》，中国国际广播出版社，2010 年。
- 吴于廑、齐世荣主编：《世界史：古代史编》，高等教育出版社，2011 年。
- 吴宇虹、杨勇、吕冰编：《世界消失的民族》，山东画报出版社，2009 年。
- 吴宇虹等：《古代两河流域楔形文字经典举要》，黑龙江人民出版社，2006 年。
- 希罗多德：《历史》，徐松岩译，中信出版社，2013 年。
- 希罗多德：《希罗多德历史》，王以铸译，商务印书馆，2011 年。
- 修昔底德：《伯罗奔尼撒战争史》，徐松岩译，上海人民出版社，2017 年。
- 徐帮学主编：《失落的文明探索》，内蒙古人民出版社，2009 年。
- 许序雅：《世界文明简史》，华东师范大学出版社，2002 年。
- 卡尔·雅斯贝斯：《历史的起源与目标》，魏楚雄等译，华夏出版社，1989 年。
- 盐野七生：《罗马人的故事》，计丽屏等译，中信出版社，2013 年。
- 杨伯峻：《春秋左传注》，中华书局，2016 年。
- 杨飞主编：《中国建筑》，中国文史出版社，光明日报出版社，2004 年。
- 杨飞主编：《中国文物》，中国文史出版社，光明日报出版社，2004 年。
- 姚卫群编著：《印度哲学》，北京大学出版社，1992 年。
- 叶蓓卿译注：《列子》，中华书局，2011 年。
- 尤瓦尔·赫拉利：《人类简史》，林俊宏译，中信出版社，2014 年。
- 张殿吉主编：《外国历史大事典》，河北教育出版社，1989 年。
- 张广智：《西方史学史》，复旦大学出版社，2000 年版。
- 赵乐生译：《吉尔伽美什：巴比伦史诗》，译林出版社，1999 年。
- 赵艳：《佛传与图像：释迦牟尼神话》，社会科学文献出版社，2019 年。
- 中国基督教协会译：《圣经》，中国基督教协会，1996 年。
- 中国社会科学院考古研究所编著：《21 世纪中国考古学与世界考古学》，中国社会科学出版社，2002 年。

- 周一良、吴于廑主编：《世界通史》，人民出版社，1962 年。
- 周有光：《汉字和文化问题》，辽宁人民出版社，2000 年。
- 朱伯雄主编：《世界经典雕塑建筑鉴赏辞典》，中国青年出版社，2004 年。
- 朱伯雄主编：《世界美术史》，山东美术出版社，2006 年。
- 朱明忠：《恒河沐浴——印度教概览》，四川民族出版社，1994 年。
- 朱绍侯、齐涛、王育济编：《中国古代史》，福建人民出版社，2010 年。
- 朱庭光主编：《外国历史大事集》，中国社会科学出版社，2017 年。
- 左丘明：《国语》，上海古籍出版社，2015 年。
- 《读点经典》编委会主编：《读点经典：希腊·罗马文明》，凤凰出版社，2012 年。
- 《中国大百科全书》总编委会：《中国大百科全书》，中国大百科全书出版社，2009 年。

图书在版编目(CIP)数据

全球史下看中国 ：轴心时代的到来 / 翁启宇著 .—
上海 ：上海社会科学院出版社，2025
ISBN 978-7-5520-4315-0

Ⅰ. ①全… Ⅱ. ①翁… Ⅲ. ①中国历史—春秋时代
Ⅳ. ①K225

中国国家版本馆 CIP 数据核字(2024)第 039287 号

全球史下看中国：轴心时代的到来

著　　者：翁启宇
责任编辑：王　勤
封面设计：陆红强
出版发行：上海社会科学院出版社
　　　　　上海顺昌路 622 号　邮编 200025
　　　　　电话总机 021 - 63315947　销售热线 021 - 53063735
　　　　　https：//cbs.sass.org.cn　E-mail：sassp@sassp.cn
照　　排：南京理工出版信息技术有限公司
印　　刷：上海盛通时代印刷有限公司
开　　本：890 毫米×1240 毫米　1/32
印　　张：11.25
字　　数：296 千
版　　次：2025 年 1 月第 1 版　2025 年 1 月第 1 次印刷

ISBN 978 - 7 - 5520 - 4315 - 0/K · 717　　　　　　　　定价：59.80 元